云南大学"一带一路"沿线国家综合数据库建设项目
中国周边外交研究省部共建协同创新中心 联合推出

"一带一路"沿线国家综合数据库建设丛书 ｜ 林文勋 主编

企聚丝路
海外中国企业高质量发展调查

越南

毕世鸿 等 著

Overseas Chinese Enterprise and
Employee Survey in B&R Countries
VIETNAM

中国社会科学出版社

图书在版编目(CIP)数据

企聚丝路：海外中国企业高质量发展调查. 越南／毕世鸿等著 . —北京：中国社会科学出版社，2020.3

("一带一路"沿线国家综合数据库建设丛书)

ISBN 978 - 7 - 5203 - 5844 - 6

Ⅰ. ①企…　Ⅱ. ①毕…　Ⅲ. ①海外企业—企业发展—研究—中国　Ⅳ. ①F279. 247

中国版本图书馆 CIP 数据核字(2019)第 291716 号

出 版 人	赵剑英
责任编辑	马　明
责任校对	任晓晓
责任印制	王　超

出　　版	中国社会科学出版社
社　　址	北京鼓楼西大街甲 158 号
邮　　编	100720
网　　址	http://www.csspw.cn
发 行 部	010 - 84083685
门 市 部	010 - 84029450
经　　销	新华书店及其他书店

印　　刷	北京明恒达印务有限公司
装　　订	廊坊市广阳区广增装订厂
版　　次	2020 年 3 月第 1 版
印　　次	2020 年 3 月第 1 次印刷

开　　本	710×1000　1/16
印　　张	21.5
字　　数	314 千字
定　　价	99.00 元

《"一带一路"沿线国家综合数据库建设丛书》
编 委 会

出版前言

　　党的十八大以来，习近平总书记和党中央准确把握时代发展大势和国内国际两个大局，以高瞻远瞩的视野和总揽全局的魄力，提出一系列富有中国特色、体现时代精神、引领人类社会进步的新理念新思想新倡议。在全球化时代，从"人类命运共同体"的提出到"构建人类命运共同体"理念写入联合国决议，中华民族为世界和平与发展贡献了中国智慧、中国方案和中国力量。2013 年，习总书记在出访哈萨克斯坦和印度尼西亚时先后提出共建"丝绸之路经济带"和"21 世纪海上丝绸之路"重大倡议。这是实现中华民族伟大复兴的重大举措，更是中国与"一带一路"沿线国家乃至世界打造政治互信、经济融合、文化包容的利益共同体、命运共同体和责任共同体的探索和实践。

　　大国之路，始于周边，周边国家是中国特色大国外交启航之地。党的十九大报告强调，按照亲诚惠容理念和与邻为善、以邻为伴的周边外交方针深化同周边国家关系，秉持正确义利观和真实亲诚理念加强同发展中国家团结合作。当前，"一带一路"倡议已从谋篇布局的"大写意"转入精耕细作的"工笔画"阶段，为推动人类命运共同体建设结出了硕果。

　　在推进"一带一路"建设中，云南具有肩挑"两洋"（太平洋和印度洋）、面向"三亚"（东南亚、南亚和西亚）的独特区位优势，是"一带一路"建设的重要节点。云南大学紧紧围绕"一带一路"倡议和习总书记对云南发展的"三个定位"，努力把学校建设成为立足于祖国西南边疆，面向南亚东南亚的综合性、国际性、研究型一流大学。2017年9月，学校入选全国42所世界一流大学建设行列，学校党委书记林文勋（时任校长）教授提出以"'一带一路'沿线国家综合数据库建设"作为学校哲学社会科学的重大项目之一，对"一带一路"沿线国家开展社会调查。2018年3月，学校正式启动"'一带一路'沿线国家综合数据库建设"项目。

一是主动融入和服务国家发展战略。该项目旨在通过开展"一带一路"沿线国家中资企业与东道国员工综合调查，建成具有唯一性、创新性和实用性的"'一带一路'沿线国家综合调查数据"和数据发布平台，形成系列学术和决策咨询研究成果，更好满足国家重大战略和周边外交等现实需求，全面服务"一带一路"倡议和习总书记对云南发展的"三个定位"。

二是促进学校的一流大学建设。该项目的实施，有助于提升学校民族学、政治学、历史学、经济学、社会学等学科的建设和发展；调动学校非通用语（尤其是南亚、东南亚语种）的师生参与调查研究，提高非通用语人才队伍的科研能力和水平；撰写基于数据分析的决策咨询报告，推动学校新型智库建设；积极开展与对象国合作高校师生、中资企业当地员工的交流，促进学校国际合作与人文交流。

项目启动以来，学校在组织机构、项目经费、政策措施和人力资源等方面全力保障。目前，经过两年多的努力，汇聚众多师生辛勤汗水的"海外中资企业与东道国员工综合调查"第一轮任务已经完成，其有如下特点：

一是群策群力，高度重视项目研究。学校成立以林文勋书记任组长，杨泽宇、张力、丁中涛、赵琦华、李晨阳副校长任副组长，各职能部门领导作为成员的项目领导小组。领导小组办公室设在社科处，由社科处处长任办公室主任，孔建勋任专职副主任，陈瑛、许庆红任技术骨干，聘请西南财经大学甘犁教授、北京大学邱泽奇教授、北京大学赵耀辉教授、北京大学翟崑教授为特聘专家，对项目筹备、调研与成果产出等各个环节做好协调和指导。

二是内外联合，汇聚各方力量推进。 在国别研究综合调查数据库建设上，我校专家拥有丰富的实践经验，曾依托国别研究综合调查获得多项与"一带一路"相关的国家社科基金重大招标项目和教育部重大攻关项目，为本项目调查研究奠定了基础。国际关系研究院·南亚东南亚研究院、经济学院、民族学与社会学学院、外国语学院、政府管理学院等学院、研究院在问卷调查、非通用语人才、国内外资料搜集等方面给予大力支持。同时，北京大学、中国社会科学院、西南财经大学、广西民族大学等相关单位的专家、驻外使领馆经商处和企业代表处，以及部分"走出去"的国企（包括央企）和民营企业都提供了无私的支持和帮助。

三是勇于探索，创新海外调研模式。 调查前期，一些国内著名调查专家在接受咨询时也指出，海外大型调查数据库建设在国内并不多见，而赴境外多国开展规模空前的综合调查更是一项艰巨的任务。一方面，在初期的筹备阶段，项目办面临着跨国调研质量控制、跨国数据网络回传、多语言问卷设计、多国货币度量统一以及多国教育体系和民族、宗教差异性等技术难题和现实问题；另一方面，在出国调查前后，众师生不仅面临对外联络、签证申请、实地调研等艰难，而且调查期间还遭遇地震、疟疾、恐袭等突发事件的威胁。但是，项目组克服各种困难，创新跨国调研的管理和实践模式，参与调查的数百名师生经过两年多的踏实工作，顺利完成了这项兼具探索性、创新性和唯一性的调查任务。

四是注重质量，保障调查研究价值。 项目办重视各国别组调查人员的培训，强调国别组调查人员对在线调查操作系统、调查问卷内容以及调查访问技巧的熟悉掌握；针对回传的数据，配备熟悉东道国语言或英语的后台质控人员，最大限度形成"调查前、调查中和调查后"的质量控制体系，保证海外调查数据真实可靠。经过调查，国别组在对数据进行系统集成的同时，着力开展分析研究，形成"企聚丝路——海外中资企业高质量发展报告"，展现了"一带一路"沿线国家中资企业的经营与发展状况、面临的困难与风险，为我国高质量推进"一带一路"建设提供了数据支持。

作为本项目的标志性成果之一，《"一带一路"沿线国家综合数据库建设丛书》即将出版，这是凝聚着 700 多名国内外师生（其中 300 多名为云南大学师生）汗水和集体智慧的结晶，也是"'一带一路'沿线国家综合调查数据"的阶段性研究成果。本项目首批由 20 个国别调研组组成，涉及 4 个片区，由专人负责协调，其中孔建勋负责东南亚片区，毕世鸿负责南亚片区，张永宏负责非洲片区，吴磊负责中东片区。20 个国别组负责人分别为邹春萌（泰国）、毕世鸿（越南）、方芸（老挝）、孔建勋、何林（缅甸）、陈瑛（柬埔寨）、李涛（新加坡）、刘鹏（菲律宾）、杨晓强（印度尼西亚）、许庆红（马来西亚）、柳树（印度）、叶海林（巴基斯坦）、冯立冰（尼泊尔）、胡潇文（斯里兰卡）、邹应猛（孟加拉国）、刘学军（土耳其）、朱雄关（沙特阿拉伯）、李湘云（坦桑尼亚）、林泉喜（吉布提）、赵冬（南非）和张佳梅（肯尼亚）。国别组负责人同时也是各个国别调查报告的封面署名作者。

今后，我们将继续推动"'一带一路'沿线国家综合数据库建设"不断向深度、广度和高度拓展，将其打造成为国内外综合社会调查的知名品牌。项目实施以来，尽管项目办和各国别组竭尽全力来完成调查和撰稿任务，但由于主客观条件限制，疏漏、错误和遗憾之处在所难免，恳请专家和读者批评指正！

云南大学《"一带一路"沿线国家综合数据库
建设丛书》编委会
2020 年 3 月

目　　录

第 一 章

越南宏观政治经济形势分析

越南全称越南社会主义共和国，是亚洲地区为数不多的社会主义国家之一。根据 1980 年《越南社会主义共和国宪法》，越南是无产阶级专政的国家，越南共产党（越共）是领导国家、领导社会的唯一力量，也是越南唯一的政党，故社会主义国家政党政治是越南政治的基本定位。自越南实行经济革新与开放政策以来，经济便取得了迅猛发展，且一直保持着良好的发展势头。相较于东南亚其他国家，越南具备更多后发优势及制度优势。当前，中国不断加深加快与东盟开展经济合作，而越南是东盟成员国中政局较为稳定的社会主义国家，经济稳步发展，又与中国山水相连，人文相亲，加上越南政府积极实施各种投资优惠政策，中国企业到越南开展跨国经营有着得天独厚的区位优势。因此，凭借其良好的自然条件和低廉的劳动力，越南吸引了诸多中国企业投资设厂，大大刺激了地区经济发展，也带动了当地就业市场发展。

第一节　2013 年以来越南形势概述

一　政治革新

（一）国会改革

为防止国会成为将党中央决议变为国家法律的"表决机器"和

"橡皮图章"，2013 年以来，越共中央继续执行各项举措，推进越南国会改革。

其一，严格执行选举程序。根据《国会代表选举法》，严格筛选代表资格，需经过单位推荐/自荐、组织审查、同选民会面、媒体公示四个环节。投票阶段，坚持普遍、平等和不记名投票原则，实施差额选举制度。越南选举法规定，公民不分民族、性别、社会成分、宗教信仰、文化程度和职业，凡年满 18 周岁均有选举权，年满 21 周岁均享有被选举权。[1] 2016 年 5 月，第十四届国会选举拉开序幕，共有 6700 多万名选民参加投票，参选率达 99.35%。第十四届国会代表选举中，共有 870 名候选人，只有 496 名当选，差额率为 43%。当选代表逐渐呈现"年轻化、高素质"趋势。在第十四届国会代表中，40 岁以下的代表 71 名，较上一届增加 1.9%；本科学历代表 180 名，本科以上学历代表 310 名（占 62.5%）。[2]

其二，加强民主监督。21 世纪初，《国会监督法》《对由国会和人民议会推选或批准的领导人投信任票的决议》相继生效，国会和各级人民议会可根据各级政府官员履职表现、权限执行、政治素质和生活作风等方面，对同级官员进行信任表决。评价分"非常信任""信任""低信任"三类。每届政府需进行两次表决，对获"低信任"票超过 2/3 的官员或连续两次超过半数"低信任"票的官员，将进行"不信任"投票。如票数过半，将请其主动辞职或由上级免职。[3] 2013—2018 年，国会针对 40 余名领导干部共进行了 4 次信任表决。其中，阮氏金银获得最佳评价。

其三，提高妇女地位。为保证妇女的政治权利，越南在《国会选举法》《人民议会选举法》中建立了女性代表名额制度。2002 年

---

① 潘金娥：《越南革新与中越改革比较》，社会科学文献出版社 2015 年版，第 125 页。

② ［越］《全国选出 496 名新一届国会代表》，《越南共产党电子报》，http://cn. dangcongsan. vn/news/全国选出 496 名新一届国会代表—392782. html，2016 年 6 月 9 日。

③ 潘金娥：《2013 年越南共产党党情：防治"内寇"与抵御"外敌"并举》，《当代世界》2014 年第 2 期。

1月，《至2010年提高越南妇女地位国家战略》出台，计划女性代表在第十一届国会（2002—2007）任职人员中占30%，长此以往，不断提高女性代表占比。遗憾的是，这一目标至今仍未能实现，连续三届国会选举中，妇女代表占比有所下降，第十一届国会妇女代表占比27.31%、第十二届国会妇女代表占比25.76%、第十三届国会妇女代表占比24.4%。第十四届国会取得积极成果，阮氏金银当选越南历史上首位女性国会主席，女性代表有133名（占比26.8%）。

（二）行政改革

行政改革是越南政治革新的重要内容。2011年11月，政府发布的《2011—2020年国家行政改革总体计划》提出机构改革、行政程序改革、加强人民监督、提高公职人员素质等重点。2016年1月，越共十二大把"推进整个政治体系的机构精简优化，提高其工作效率，加强反贪污、反浪费、反官僚主义斗争"作为今后的一项重要任务。[1]

在政府机构改革方面，越南逐步精简党政机关单位和人员编制，明令禁止党政机关、军队公安等部门经商办企业。2013年5月，在越共十一届七中全会讨论的《革新、完善越南政治体系》提案中，越共中央委员、中央民运部常务副部长阮世忠指出政府存在人员编制冗杂问题，将加剧国家财政压力，甚至拉低公务员工资。2014年11月，中央政府会议通过决议并强调"中央及地方政府部门必须贯彻落实中央政府关于不增加2015年公职人员编制和事业单位人员编制的决定，新招聘人员不得超过退休名额的50%"[2]。

在简化行政程序方面，因越南长期存在行政手续烦琐、办事效率低、透明度不足、缺乏统一性等问题，政府颁布了许多决议、指示，

---

① 陈明凡：《越南的行政改革及其启示》，《世界社会主义与国际共运》2016年第1期。

② 同上。

旨在推进土地、税收、海关、社保、经营登记、建设、户口登记、户籍、身份证签发等若干领域的行政改革，从而改善营商环境、提高竞争力和吸引投资。2013 年 4 月，越南首次成立行政手续改革咨询委员会，旨在加强政府与企业、人民间的交流，认真听取意见，以简化行政程序。此外，部分省级政府和直辖市设立了"一站式"电子机构，公民可以通过门户网站查询行政程序和审批结果。2015 年 7 月，阮春福撰文指出，越南要逐步形成"电子政府"，在国家行政机关事务处理流程中大力采用信息技术。[①]

在干部队伍建设和管理方面，政府认识到干部队伍素质与工作效率有着极其紧密的联系，越共中央总书记阮富仲强调"党建是关键任务，而干部工作则是关键任务之关键"。[②] 为建立一支高水平的干部队伍，党和政府采取了以下措施：开展干部培训，包括理论知识、专业知识及职业道德培训；实施干部轮换制度，以规避"关系网"问题。在改革干部薪金制度方面，2015 年 11 月，越南第十三届国会第十次会议通过决议，决定从 2016 年 5 月 1 日起将政府干部、公职人员工资提高 5%，适当提薪对稳定干部队伍起到积极作用。[③] 此外，实行干部、公职人员财产申报公开制度，2012 年 11 月，国会通过《反贪污腐败法》，规定从 2013 年 2 月 1 日起，越南所有干部及公职人员必须申报个人收入和财产，并将申报内容在机关单位会议上公布，每年进行一次，对造假者给予相应惩处。

---

① ［越］《阮春福继续推进国家行政改革，为今后阶段促进高速、可持续发展和融入国际社会打下基础》，《共产主义杂志》，http：//cn. tapchicongsan. org. vn/Home/economic/178/Story，2015 年 7 月 13 日。

② ［越］《继续革新干部工作，为党的地方各级代表大会人事工作做准备，确保越共十二大圆满成功》，《共产主义杂志》，http：//cn. tapchicongsan. org. vn/Home/party/204/Story，2015 年 12 月 21 日。

③ 《越南将于 2016 年 5 月 1 日起提高公职人员工资额 5%》，中华人民共和国驻越南社会主义共和国大使馆，https：//www. fmprc. gov. cn/ce/cevn/chn/jmxx/t13 14957. htm，2015 年 11 月 11 日。

（三）司法改革

越南经济的快速发展迫切要求加强社会主义法制建设。2005 年，越共中央出台《关于 2005—2020 年司法改革战略》，致力于建立一个廉洁、权威、民主、严谨、公平、维护正义的司法机关，推进司法机关向现代化发展，有效服务于国家和人民。2011 年召开的越共十一大、2016 年召开的越共十二大报告中均强调继续贯彻和推行《关于 2005—2020 年越南司法改革战略》。

一是完善诉讼审判制度。越南现行审判模式为审问制，法院依赖于公安机关的调查资料和监察机关的文件，使得审判失去实质意义。为根除该问题，越南法院开始从审问制向控辩制转变，双方当事人在法庭上控辩，法官持中立并给予公断，以确保诉讼审判制度的公正性、民主性和透明性。二是改组法院和检察院系统。越共中央政治局建议重新组织法院系统，增加县级法院职权，可审判有期徒刑至 15 年的案件。省级法院侧重处理复审、县级法院无法处理的案件，国家法院主要发挥指导作用。[①] 三是加强法官培训，尽量减少冤假错案。推进司法学院建设，继续完善法官队伍的培养和选拔机制，适当延长法官任期，对于部分优秀人员可委以终身任职。[②]

二　经济发展

（一）多项规划助推经济发展

2011 年 11 月，越南国会通过的《2011—2015 年越南经济社会发展计划决议》，是 2013—2015 年越南经济发展的"指路明灯"。决议细化了未来五年的各类发展指标：GDP 增长 6.5%—7%；5 年内全社会投资比重占 GDP 的 33.5%—35%；2012 年始逐渐减少贸易逆差，至 2015 年贸易逆差占出口总额的比重控制在 10% 以下；至 2015 年财政赤字占 GDP 的 4.5% 以下；GDP 单位耗能年均减少 2.5%—3%；

---

① 陈明凡：《越南政治革新研究》，社会科学文献出版社 2012 年版，第 207 页。
② 陈明凡：《越南的司法改革》，《云南社会科学》2013 年第 1 期。

高科技产品占工业总产值的比重约达 30%；税费在财政收入中的比重不超过 GDP 的 23%；至 2015 年公共债务不超过 GDP 的 65%；政府债务不超过 GDP 的 50%；国家债务不超过 GDP 的 50%；2015 年 CPI 上涨 5%—7% 等。[①]

2016 年 1 月，越南共产党第十二次全国代表大会在河内召开，十二大文件对十一大提出的"到 2020 年将越南基本建设成为迈向现代化工业国"的目标做出修正。同年 4 月，越南第十三届国会通过《关于 2016—2020 年 5 年经济社会发展规划的决议》，更新各类发展指标，包括 5 年内 GDP 年平均增速 6.5%—7%；到 2020 年人均 GDP 达 3200—3500 美元；2020 年工业和服务业占 GDP 比重达 85%；全社会总投资平均占 GDP 的 32%—34%；2020 年财政赤字控制在 GDP 的 4% 以下；全要素生产率（TFP）对经济增长的贡献达 30%—35%；社会劳动生产率年平均增长 5%；单位 GDP 能耗年平均下降 1%—1.5%；2020 年城市化比例达 38%—40%。

除了宏观发展规划外，越南政府还制定了具体领域的发展规划。电力领域颁布了《越南国家电力第七个电力发展规划（2011—2030 年)》；交通运输领域出台了《到 2020 年公路建设规划》和《到 2020 年、展望 2050 年交通运输发展战略规划》；煤炭领域颁布了《到 2020 年、展望 2030 年煤炭发展规划》；纺织工业领域出台了《到 2020 年、展望 2030 年纺织工业发展规划》；汽车行业出台了《到 2010 年、展望 2020 年汽车工业发展战略规划》。[②]

（二）特色产业加速发展

农林渔业、工业与服务业是越南经济的重点产业，其中，以汽车

---

① 《越南国会通过 2011—2015 年经济社会发展计划决议》，中华人民共和国商务部，http://www.mofcom.gov.cn/aarticle/i/jshz/new/201111/20111107821873.html，2011 年 11 月 9 日。

② 商务部国际贸易经济合作研究院、中国驻越南大使馆经济商务参赞处、商务部对外投资和经济合作司：《对外投资合作国别（地区）指南：越南（2018 年版)》，2018 年，第 18 页。

工业、电子工业与电力工业为特色。越南汽车行业现有 12 家外资企业和 100 多家本国企业，其中，近 20 家从事整车组装、近 20 家生产汽车车身以及 60 多家生产汽车零部件。总体而言，越南汽车企业以进口部件组装为主，国产化率较低。电子工业聚焦电子产品、计算机和光学产品生产。三星、微软等大型投资企业均在越投资设厂，三星投资额近 100 亿美元，2017 年出口额达 540 亿美元，约占越南对外出口总额的 25%。越南电力工业以水力和火力发电为主，总容量 43010 兆瓦，在东盟国家中排名第二。高压电网 1.3 万多公里。中资企业在越南电力市场有较强竞争力，已经完成和正在实施的电力项目包括：海防一、二期热电项目，锦普一、二期热电项目，广宁一、二期热电项目，山洞电站项目，永新二期热电项目，沿海一、三期热电项目等。

（三）积极融入国际经济

越南对外开放水平持续提升，辐射市场持续扩大，全方位融入国际经济。截至目前，越南已与 55 个国家建立自由贸易关系，59 个国家正式承认越南完全市场经济地位，同 224 个国家和地区建立了经贸关系，与欧盟、澳大利亚、日本、韩国等签署 10 个多双边自贸协定，结束 2 个自贸协定谈判进程，正在推进 4 个自贸协定谈判。2015 年 12 月底，越南加入东盟共同体。同时，越南还在亚洲太平洋经济合作组织（APEC）、区域全面经济伙伴关系（RCEP）、澜沧江—湄公河合作和大湄公河次区域经济合作（GMS）等多边平台上表现活跃。2017 年 11 月，越南成功举办第 23 届 APEC 领导人非正式会议及系列活动。2018 年 3 月，包括越南在内的除美国之外的 11 个 TPP 成员国签署"全面且先进的跨太平洋地区合作协议"（CPTPP）。2019 年 6 月，越南与欧盟正式签署了《欧盟—越南自由贸易协定》（EVFTA）及《欧盟与越南投资保护协定》（EVIPA）。[1]

---

① ［越］《〈欧盟与越南自由贸易协定〉及〈欧盟与越南投资保护协定〉正式签署》，越南通讯社，https：//zh. vietnamplus. vn/欧盟与越南自由贸易协定及欧盟与越南投资保护协定正式签署/98880. vnp，2019 年 6 月 30 日。

三　开展全方位外交

（一）越南外交的历程及其特点

2011 年，越共十一大通过的《社会主义过渡时期国家建设纲领》指出，要长期实行独立、自主、和平、合作与发展的外交路线以及促进多边化、多样化国际关系。越共十一大政治报告重申，要继续落实好"扩大对外关系，主动而积极地融入国际"，越南要成为国际社会的朋友和信任的合作伙伴；巩固和发展与周边国家的友好合作关系，积极参与东盟共同体建设。2016 年 1 月，越共十二大总结了越南 30 年革新开放的经验教训，指出新时期越南的外交发展方向，即捍卫国家的独立、主权、统一和领土完整，维护国家发展的和平、稳定环境，扩大和深化对外关系，在新的条件下有效融入国际社会，继续提高越南的国际影响力。

总体而言，越南外交逐渐体现以下特点：从基本原则来看，越南既强调独立自主，又主张全面位、多层次地融入国际社会。既保持民族文化特性，做到"融入而不融化"，又要积极参与全球化进程，提高国际影响力。从发展历程来看，2013 年起，越南外交开始由维护安全、经济利益向谋求国际影响力迈进。从策略来看，大国平衡外交仍是越南的主要外交策略，提高越南的战略吸引力，利用大国间矛盾，灵活平衡各种利益，为越南谋求外交实惠创造有利条件。此外，越南还注重经营周边，借助东盟平台，深化与发展中国家的关系，不断提高越南在东盟组织内部的影响力。从外交手段来看，政党外交、政府外交与民间外交各有侧重，互为补充；政治、经济与人文外交并重，相辅相成；双边外交与多边互动并重，以期形成合力，谋求外交利益最大化。[①]

（二）越南外交的主要成果

截至目前，越南已与 15 个国家建立战略伙伴关系，与 12 个国家

---

① 潘金娥：《越南革新与中越改革比较》，社会科学文献出版社 2015 年版，第 240 页。

建立全面伙伴关系。具体表现为：其一，越南奉行全方位、多样化、愿与各国交友的外交路线。保持与周边邻邦的传统友好关系，积极发展与东盟国家的友好合作，重点发展与中国、美国、俄罗斯、日本、印度和欧盟等大国以及世界银行、亚洲开发银行等国际组织的关系，积极参与国际事务，已同180个国家建交，同近200个国家和地区保持经贸往来。其二，越南继续积极主动融入世界经济。越南同有关各国签署了CPTPP，同时积极推动RCEP谈判进程，努力推动欧盟尽早签署、批准和落实《越南—欧盟贸易自由协定》。与此同时，越南与各伙伴国一致同意有效落实《越南与欧亚经济联盟自由贸易协定》《越南—韩国贸易自由协定》。其三，坚决维护国家主权、统一及领土完整。逐步与中国、老挝和柬埔寨等周边国家解决了陆地边界问题，同时也与中国、马来西亚、印度尼西亚、菲律宾和泰国等国建立了海上问题的解决机制。

第二节　2013年以来中越关系发展态势评估

中国和越南同为社会主义国家，2013年以来，中越政治关系基本保持稳定，高官互访和党际交流频繁，2014年受南海问题影响，两国关系略有波动，但巩固与深化"全面战略合作伙伴关系"仍然是中越政治互动的主旨。中越经济关系实现重大突破，中国连续15年成为越南第一大贸易伙伴，对越投资连年增长。积极推动宏观战略对接，探讨"一带一路"框架下基础设施建设和产能合作的诸多细节，表达了中越两国政党高层对共建"一带一路"的决心和信心。自2013年以来，中越两国在设施联通、资金融通和民心相通等领域取得务实成果。

一　中越政治、经济关系

（一）政治关系

中越政治关系基本保持稳定，高官互访和党际交流频繁，虽然南海问题造成双方关系的紧张，但巩固与深化"全面战略合作伙伴关系"仍然是中越政治互动的主旨。2013 年 6 月，越南国家主席张晋创访华，两国领导达成三点共识，奠定了两国合作基调：一是推进中越海上共同开发，成立中越海上共同开发磋商工作组；二是加强两国经济发展战略协调，抓紧落实《中越 2012—2016 年经贸合作五年发展规划》，探讨实施基础设施互联互通合作项目；三是扩大友好交往，拓展文化、教育等领域合作，尽快启动互设文化中心。2014 年，受南海问题及其引发的"打砸抢烧"暴力事件影响，两国关系出现波动，中国政府出台针对的新措施，将中国公民赴越旅游安全提示等级提升至"暂勿前往"，并暂停部分合作计划。但双方仍保持高度克制，通过外交途径进行交涉。

为缓解紧张局势，越方政府积极行动。2015 年 9 月 3 日，正值"中国人民抗日战争暨世界人民反法西斯战争胜利 70 周年"纪念活动之际，越南国家主席张晋创出访中国，深入交流两国共同关心的问题，推动双边关系逐步回归正轨。同年 11 月，中国国家主席习近平正式出访越南，两国表示将秉持"长期稳定、面向未来、睦邻友好、全面合作"方针和"好邻居、好朋友、好同志、好伙伴"精神，推动中越全面战略合作伙伴关系持续健康稳定发展。2016 年 9 月，阮春福应邀访华并出席第十三届中国—东盟博览会。其间，阮春福表达了希望改善与中国外交关系的积极意愿，多次强调"越南无比珍视与中国的外交关系"。①

此后，两国政治关系持续回温。2017 年 1 月，中越共同发表了《中越联合公报》并签署了 15 份合作文件。同年 5 月，越南国家主席陈大光出席了"一带一路"国际合作高峰论坛，表示越南对"一带一路"倡议表示欢迎，愿同各国合作研究展开带来共同利益的项目。②

---

① 《中越联合公报》，新华社，http：//news. xinhuanet. com/world/2016-09/14/c_ 1119567232. htm，2016 年 9 月 14 日。

② ［越］《陈大光主席出席"一带一路"论坛领导人圆桌峰会》，越南通讯社，https：//zh. vietnamplus. vn/陈大光主席出席"一带一路"论坛领导人圆桌峰会/65284. vnp，2017 年 5 月 15 日。

2017 年 11 月，习近平对越南进行国事访问，表示将积极推进"一带一路"倡议和"两廊一圈"发展规划的战略对接，进一步加强两国民间交流。2018 年 10 月，中越两国签署了《中越两国国防部至 2025 年的防务合作共同愿景声明》，针对南海问题双方均强调，将严格遵守《南海各方行为准则》，愿意本着同舟共济的精神，协商对话，管控分歧和矛盾，排除干扰，高度重视与推动中越全面战略合作伙伴关系不断向前发展。① 在 2019 年 4 月出席第二届"一带一路"国际合作高峰论坛圆桌峰会期间，阮春福表示，"一带一路"倡议与地区和世界其他合作框架的对接将会成为致力于和平、平等互利、共同繁荣和可持续发展的有效融合、高效互动的模范和表率。阮春福重申，越南愿同中国和各国保持良好的合作，共建互利、有效的合作形式。②

（二）经济关系

经贸合作是中越关系的重要推力，2011 年 10 月，两国签署《中越经贸合作五年发展规划》。2013 年 10 月，双方签署《关于建设发展跨境经济合作区的谅解备忘录》。2016 年 9 月，中越双方签署《中越经贸合作五年发展规划补充和延期协定》，并重签《中越边境贸易协定》。2013 年以来，两国贸易、投资及跨境合作不断向纵深发展，持续推进中越全面战略合作伙伴关系。

贸易方面，在"一带一路"倡议引导下，中越贸易合作进展迅速。一方面，两国贸易规模不断扩大。如图 1 - 1 所示，中越贸易额从 2013 年的 503 亿美元增长到 2018 年的 1067 亿美元，增长了 112.1%。2018 年，越南已超越马来西亚成为中国在东盟的最大贸易

---

① ［越］《越南国防部部长吴春厉大将出席第八届北京香山论坛》，越南通讯社，https：//zh. vietnamplus. vn/越南国防部部长吴春厉大将出席第八届北京香山论坛/87513. vnp，2018 年 10 月 24 日。

② ［越］《越南政府总理阮春福：越南愿继续同中国和各国保持良好的合作以构建有效的互利合作模式》，越南通讯社，https：//zh. vietnamplus. vn/越南政府总理阮春福：越南愿继续同中国和各国保持良好的合作以构建有效的互利合作模式/95131. vnp，2019 年 4 月 27 日。

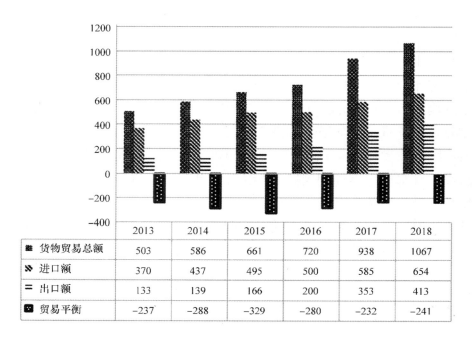

	2013	2014	2015	2016	2017	2018
▓ 货物贸易总额	503	586	661	720	938	1067
▧ 进口额	370	437	495	500	585	654
═ 出口额	133	139	166	200	353	413
▨ 贸易平衡	-237	-288	-329	-280	-232	-241

图 1-1 2013—2018 年中越贸易统计（单位：亿美元）

资料来源：根据《越南国情报告》及越南国家统计局数据整理。

伙伴，中国则连续 15 年成为越南第一大贸易伙伴。越南对华贸易逆差问题有所改善，虽略有波动，但中国已不再是越南的最大贸易逆差国。另一方面，两国贸易结构不断优化，技术、资本密集型产品逐渐取代农副产品、初级工业制成品、矿产原料等初级产品，成为中越贸易的主力产品。[①] 其中，中越原材料贸易正由越南对中国的单向供给转向双向流通，中国成为越南纺织等工业品的重要原材料市场。据越南国家统计局统计，2018 年，越南进口最多的中国商品是机械设备，进口额达 120.25 亿美元，同比增长 10.2%；其次是电话及零件，进口额达 85.8 亿美元，同比下降 1.9%；第三是电脑、电子产品及零

---

① ［越］《为越中关系健康发展注入新动力》，人民军队网，http：//cn. qdnd. vn/webcn/zh-cn/120/365/380/354050. html，2015 年 4 月 7 日。

件，进口额达 78.3 亿美元，同比增长 10.6%。此外，越南进口中国商品超 10 亿美元的还有普通金属、塑料原料、燃油等 14 类商品。而越南对华出口的商品逐渐呈现出由低附加值向高附加值转变的趋势。2018 年越南出口中国最多的商品是各类电话及零件，出口额达 93.75 亿美元，同比增长 31.1%；其次是电脑、电子产品及零件，达 83.64 亿美元，增长 21.9%。此外，越南出口中国的主要商品还有照相机、摄像机及零件 28.01 亿美元；果蔬 27.84 亿美元；各类纤维、纱线 22.16 亿美元；纺织品 15.41 亿美元；鞋类 14.92 亿美元；木材及木制品 10.72 亿美元。

不可否认，中越贸易仍存在一些突出问题：一是越南边境贸易双方边贸政策不统一，口岸及边民互市点管理欠规范，基础设施较落后；二是越南采取贸易保护措施频率加大；三是两国海关部门关于双边贸易额统计存在很大差异，值得相关各方高度重视。① 在 2019 年 4 月的第二届 "一带一路" 国际合作高峰论坛期间，李克强与阮春福举行会谈时表示，中方愿在扩大两国贸易规模的基础上，实现两国贸易平衡和可持续发展，欢迎适销对路的越南优质产品进入中国市场，支持有实力有信誉的企业赴越投资，希望越方创造良好营商环境。阮春福表示，为促进贸易平衡发展，希望中方为越南乳制品和山竹打开市场大门，建议中方继续为越南猪肉和燕窝等其他农产品打开市场，为两国大米贸易创造便利；欢迎中国在越南投资先进技术和环境友好型的项目，并尽早建设连接河口—老街铁路线，为两国企业有效参加重庆—新加坡班车线路创造便利条件。②

投资方面，越南近年来经济稳步发展，又与中国山水相连、风俗

---

① 商务部国际贸易经济合作研究院、中国驻越南大使馆经济商务参赞处、商务部对外投资和经济合作司：《对外投资合作国别（地区）指南：越南（2018 年版）》，2018 年，第 31 页。

② ［越］《越南政府总理阮春福与中国国务院总理李克强举行会谈》，越南通讯社，https：//zh. vietnamplus. vn/越南政府总理阮春福与中国国务院总理李克强举行会谈/95108. vnp，2019 年 4 月 26 日。

文化相近、人文相亲，且地处中国和东南亚的连接部，加上越南政府积极实施各种投资优惠政策，中国企业到越南开展跨国经营便有着得天独厚的区位优势和文化优势。因此越南凭借其良好的自然条件和低廉的劳动力，吸引了许多中国企业，且随着贸易结构的不断优化，中国对越投资也呈现出稳步增长态势。2013 年以来，中国在越南投资项目的注册资金和数量都在高速增长。越南国家统计局报告显示，2018 年，中企对越南直接投资协议金额超过 25 亿美元，在对越南投资的 106 个国家和地区中排名第五。截至 2018 年底，中国在越南累计投资项目 2149 个，协议金额达 133.5 亿美元，是越第七大外资来源地。另据越南外国投资局（FIA）统计，仅 2019 年 1—5 月，中国对越直接投资金额快速增加至 15.6 亿美元，投资项目 233 个，在所有对越投资国家中暂列第一。[①] 中国对越投资领域也发生转变，加工制造业、房地产和电力生产行业成为投资和产能合作热点。中国对越投资主要聚焦三个平台：一是光伏产业合作平台。在越南北江省，由近 20 家国内光伏企业自然集聚形成产能达 7.5 个吉瓦的产业群，成为中国最大的海外光伏产品生产基地。二是电力装备制造合作平台。在越南中部的永新和沿海国家热电中心，集中装备了 13 台国产单机 60 万千瓦及以上的燃煤发电机组，总功率近 800 万千瓦，成为中国在东南亚最大的电力装备展示中心。三是综合服务合作平台。以龙江工业园、深圳—海防经贸合作区、海河天虹纺织工业园等为代表的中资工业园区分布越南全境，成为中资企业对越投资的主要承接服务平台。[②] 但在投资方面，仍然存在一些问题：一是在越南中资企业行政成本相对较高；二是纺织品、钢铁、水泥等部分产业趋于局部饱和，部分地区土地、劳动力等要素成本水涨船高；三是中国对越投资项目

---

① ［日］《中国新投资、大型制造业项目剧增》，日本贸易振兴机构，https：//www. jetro. go. jp/biznews/2019/06/f4cb6f14f05f193a. html，2019 年 6 月 13 日。

② 胡锁锦：《夯实合作成果，迈上崭新台阶——中越"一带一路"合作现状和展望》，《国际商报》2019 年 4 月 25 日第 B04 版。

平均规模较小, 高新技术产业项目较少; 四是中国企业对当地法律法规了解不够, 融入当地的意识有待增强。①

在跨境经济合作方面, 目前, 中越两国共有四个跨境经济合作区, 其中, "东兴—芒街" 和 "河口—老街" 跨境合作区建设发展迅速。2014 年 3 月, 中国国家发展改革委员会正式批复东兴试验区规划, 对该经济区建设在投资、金融、基建等方面全面展开, 如中越北仑河二桥项目、冲榄生态产业园区和口岸联检设施等。2014 年 1 月, 云南省人民政府与越南老街省人民委员会经多次磋商, 最终确定 "河口—老街跨合区" 的空间布局区域, 4 月启动域内基础设施建设, 坝洒区路网工程 (一期)、"坝洒—河口" 一级公路改建工程也步入正轨。②

二 "一带一路" 在越南的推进情况

自 2013 年 "一带一路" 倡议提出以来, 中越两国不断深化战略互动, 明确彼此政策意愿, 基本达成设施联通成果丰富、资金融通逐步推进、民心相通异彩纷呈的合作局面。

(一) 政策沟通

两国高层互访频繁, 积极推动宏观战略对接, 探讨 "一带一路" 框架下基础设施建设和产能合作的诸多细节, 表达了两国政党高层对共建 "一带一路" 的决心和信心。2013 年 10 月, 中国国务院总理李克强出访越南, 两国决定成立并启动海、陆、金融三个联合工作组。2015 年 4 月, 阮富仲在访华期间表示, 越方正积极研究参与 "21 世纪海上丝绸之路" 建设, 愿同中方加强农业、制造业、基础设施以及互联互通等领域合作。同年 11 月, 中国国家主席习近平首次访越并

---

① 商务部国际贸易经济合作研究院、中国驻越南大使馆经济商务参赞处、商务部对外投资和经济合作司:《对外投资合作国别 (地区) 指南: 越南 (2018 年版)》, 2018 年, 第 31 页。

② 《中越 "跨合区" 助推河口经济发展》, 中国财经新闻网, http://www.prcfe.com/web/2016/11-23/136338.html, 2016 年 11 月 23 日。

与越方达成共识，积极推动中国"一带一路"倡议和越南"两廊一圈"对接，协调推进两国多领域产能合作，集中精力做好大项目建设，大力推进两国边境和金融合作，推动双边贸易均衡可持续发展。2017 年 1 月阮春福访华期间，双方同意积极推进陆地边境口岸合作、农产品贸易合作以及银行投融资合作，尽早签署《中越跨境经济合作区建设共同总体方案》。同年 5 月，在"一带一路"国际合作高峰论坛期间，时任越南国家主席陈大光访华，双方确定农产品领域在内的优先合作方向。

（二）设施联通

在"企业为主、政府推动、市场化运作"的原则指导下，中国实施优惠贷款、专项贷款融资政策，积极参与越南铁路、公路、电站、港口、桥梁等基础设施建设并取得务实成果。其中，"三高两铁三桥"、河内轻轨二号线（吉灵—河东）项目以及"老街—河内—海防"标准轨铁路项目是代表性项目。

"三高"指中越合建的三条高速公路，一是"南宁—凭祥（友谊关）—谅山—河内"线，南宁—凭祥段已建成通车，剩余路段正开展施工招标。二是"南宁—东兴—芒街—河内"线，广西境内高速已建成通车，越南境内云屯—芒街段积极开展招标，计划建设 96 公里、四车道，预计一期投资 3.82 亿美元，工期 48 个月，[①] 剩余路段均在建或已建成。三是"南宁—百色—靖西—龙邦—高平—河内"线，现已全线通车。[②] "两铁"指中越合建的两条铁路，一是"南宁—凭祥（友谊关）—同登—河内"线。其中，南宁—凭祥路段扩建已初步纳入中国国家铁路发展"十三五"规划，2017 年开工建设并适时延伸至凭祥。越南境内河内—同登段已纳入越南国家铁路网规划。二是

---

① 《越拟就云屯—芒街高速公路项目贷款条件与中方进行谈判》，中华人民共和国商务部，http：//www. mofcom. gov. cn/article/i/jyjl/j/201607/20160701364726. shtml，2017 年 7 月 22 日。

② 《（六十四）靖西至龙邦高速公路》，广西高速公路局，http：//www. gxewa. com/News_ show. asp？2018 年 12 月 21 日。

"防城港—东兴—海防—河内"线,中国境内段已于2017年开工,越南境内段纳入国家铁路网规划。① "三桥"即中越合建的三座跨境桥梁,一是"中越北仑河二桥",该桥于2014年4月开工,2017年9月底完成竣工验收并正式投入使用;② 二是"水口—驮隆二桥",目前该桥中方侧已于2017年5月开工建设;三是"峒中—横模大桥",该项目于2017年1月全面开工,工期一年。

此外,中方积极支持越南国内建设。河内轻轨(吉灵—河东)线是河内首条城际铁路,也是"一带一路"建设与越南"两廊一圈"发展规划对接的示范工程。该项目由中铁六局以EPC形式承建,采用中国技术和标准。工程于2011年10月开工建设,2016年10月工程全线架梁合龙,2019年4月正式投产运行。③ "老街—河内—海防标准轨铁路"由中铁五院派遣技术人员参与编制规划报告,其中包括(越南)老街至(中国)河口连接线,确定中越铁路新接轨点以及连接河内、海防港枢纽铁路线路,④ 目前,项目尚未完工。

(三)资金融通

中越两国资金融通取得了积极进展,中国贷款为越南经济发展做出了积极贡献。2015年4月阮富仲访华期间,两国宣布正式成立基础设施合作工作组和金融与货币合作工作组,两国金融合作稳步推进。目前,主要有两大融资平台,一是亚洲基础设施投资银行(亚投行)。亚投行现有57个创始成员国,成员数达100个(截至2019年

---

① 《广西加快建设有机衔接"一带一路"的南北陆路新通道》,中华人民共和国商务部,http://www.mofcom.gov.cn/article/resume/n/201702/20170202519252.shtml,2017年2月20日。

② 《防城港市互联互通建设大提速》,新华社,http://www.xinhuanet.com/local/2017-05/10/c_129598182.htm,2017年5月10日。

③ 《河内轻轨吉灵—河东线项目预计将于2019年4月正式投产运行》,人民网,http://world.people.com.cn/n1/2019/0220/c1002-30807757.html,2019年2月20日。

④ 《铁五院中标商务部援越南老街—河内—海防标准轨铁路线路规划项目》,中国铁建股份有限公司,http://www.crcc.cn/art/2017/6/21/art_104_44817.html,2017年6月21日。

7 月），法定股本为 1000 亿美元，主要向亚洲基建项目提供资金支持。2015 年 6 月 29 日，越南作为亚投行的创始国在北京签署了《亚洲基础设施投资银行协定》。2017 年 3 月，亚投行行长金立群访越时向阮春福表示，亚投行将向越南提供优惠信贷，推动基础设施发展，承诺向越南私营企业提供各项信贷款项，而不需要政府担保。二是中国进出口银行。该机构长期致力于推动对外经贸合作。截止到 2017 年初，中国进出口银行对越南批准 21 个"两优"贷款（政府优惠贷款和优惠出口买方信贷）项目，涉及能源、电力、制造业以及基础设施等领域，批准贷款金额超过 20 亿美元。"两优"贷款的条件公开、透明且中方愿意就具体项目与对象国相关部门进一步探讨贷款条件，不是强迫使用，而是双方自由选择的市场行为。①

（四）民心相通

"一带一路"实施以来，中越两国在文化教育、旅游、医疗等领域合作取得实质性进展。文化教育方面，2013 年，中越两国签订了《关于互设文化中心的谅解备忘录》和《关于合作设立河内大学孔子学院的协议》，有效推动了两国人文教育领域的交流合作。随后，两国文化部签署了《2016—2018 年中越两国文化交流执行计划》和《中越 2016—2020 年教育交流协议》，进一步推动两国教育合作发展。旅游方面，2015 年，两国签订了《合作保护和开发德天瀑布旅游资源协定》，该项目成为中越首个跨境旅游合作区。2018 年，中国赴越南的旅游人数达 630 万人次，中国已连续 18 年成为越南最大外国客源国。② 医疗方面，2017 年 1 月阮富仲访华期间，双方签订了《关于合作开展越南公共医疗卫生领域专项援助谅解备忘录》和《中国红十字会与越南红十字会合作备忘录》，这为进一步深化两国民心相通奠定了坚实的基础。

---

① 《驻越南大使洪小勇接受越南〈经济时报〉书面采访》，中华人民共和国外交部，https：//www. fmprc. gov. cn/web/gjhdq _ 676201/gj _ 676203/yz _ 676205/120 6_ 677292/1206x2_ 677312/t1429732. shtml，2017 年 1 月 11 日。

② ［越］《中国文旅部：越南是中国主要客源市场》，越南通讯社，https：// zh. vietnamplus. vn/中国文旅部：越南是中国主要客源市场/92800. vnp，2019 年 3 月 4 日。

第二章

越南中资企业调查技术报告

近年来，越南作为"一带一路"建设的重要合作对象国之一，越来越多的中资企业赴越南投资建厂，企业风险和机遇并存。但在"一带一路"建设的新形势下，中国国内尚未建立有关投资越南的完备的数据信息采集和分析系统，因而全面了解和掌握越南营商环境和劳动力素质并建立数据信息采集分析系统显得非常必要。本章主要介绍越南中资企业课题组赴越南的调查方案、分析中资企业和越南员工的基本特征，为后续章节的企业数据和员工数据分析提供基础资料。

第一节　调查方案

为实现上述目标，云南大学组建越南中资企业课题组并赴越南各地开展实地调研，初步建立起了功能完备的数据信息采集分析系统，以期为深化中资企业赴越南投资、改进投资方法、提升投资水平和质量，从而实现"一带一路"建设"共商、共建、共赢"的目标提供参考。

一 项目的背景、宗旨和主要内容

（一）项目背景

越南对于中国"一带一路"倡议建设意义重大。一方面，越南作为"21世纪海上丝绸之路"构想中唯一与中国海陆相连的国家，陆地与中国云南和广西接壤，边境线长达1300多千米，海上在北部湾和湾口外与中国广西、海南两省区有重叠海域，是中国西南出海通道的必经之地，也是"21世纪海上丝绸之路"第一个途经的国家。① 另一方面，中越在"一带一路"框架下开展各种合作对于推进中国与东盟的关系具有重要意义。东盟是中国周边外交和"一带一路"倡议的重要合作对象。越南作为中国与东盟合作的重要支点，承担起促进中国与东盟发展的桥梁作用。中国与越南在"一带一路"框架下的合作对巩固东盟成员国对"一带一路"的共识、拓展合作空间起到很好的示范作用。越南的"两廊一圈"发展规划与中国"一带一路"倡议的对接也会在东盟国家中形成一个很好的合作范本。②

目前，越南在"一带一路"建设中属于连通型国家③，"一带一路"建设在越南取得丰硕成果的同时也面临着诸多挑战，中越两国在政策沟通、设施联通、资金融通上还有较大的发展空间。具体而言，一是在政策沟通上，越南在"一带一路"建设中属于连通型国家，中越两国高层交往频繁，从推动宏观大方向对接，细化到推动框架下的产能和基础设施对接，再逐步落实到商签对接合作备忘录，展示出中越党政高层对于共建"一带一路"的决心，但是也面临着政治互信和合作成果偏低的困扰。二是在设施联通上，越南在"一带一路"

---

① 潘金娥：《越南以疑虑眼光审视"一带一路"》，《社会观察》2015年第12期。

② 金丹：《"一带一路"倡议在越南的进展、成果和前景》，《学术与探索》2018年第1期。

③ 陈艺元：《2017年东南亚国家"一带一路"五通指数解读》，《东南亚研究》2019年第1期。

建设中属于良好型国家，中方按照"企业为主、政府推动、市场化运作"的原则，充分运用优惠贷款、专项贷款等融资渠道积极参与越方铁路、公路、电站、港口、桥梁等基础设施建设，并取得诸多务实成果，① 目前较具代表性的项目主要有"三高两铁三桥"、河内轻轨二号线（吉灵—河东）项目和老街—河内—海防标准轨铁路项目。但是，也面临着越方经济实力弱小，基础设施落后，资金缺乏等困扰。② 三是在贸易畅通上，越南在"一带一路"建设中属于畅通型国家，"一带一路"倡议提出后，中越两国贸易、投资、跨境合作不断向纵深、多元化发展，两国畅通程度较高，但贸易环境和产能合作还有提升的潜力和空间。四是在资金融通上，越南在"一带一路"建设中属于连通型国家，中越两国主要通过亚洲基础设施投资银行和中国进出口银行这两个平台进行融资和贷款，但是在金融合作、信贷体系和金融环境方面还有大幅度的提升空间。五是在民心相通上，越南在"一带一路"建设中属于畅通型国家，民心相通指数较高，中越在文化、教育、旅游、医疗、出版等领域加强合作，取得了诸多务实成果。

具体到中国企业对越投资层面，基于中越两国政府的推动、紧密的经贸合作关系、两国合作的巨大潜力和互补性以及越南丰富的天然资源、优越的地理位置、充沛的劳动力资源，此外还基于越南与许多国家和地区签署了自贸协定，其进出口成本明显降低，面对一些欧美国家频繁针对中国设置各种贸易壁垒，中资企业"落户"越南还可以绕开反倾销等种种限制，因此越来越多的中资企业为降低生产成本、获得经济效益，便赴越南投资。但从总体上来看，目前中国企业在越南投资呈现出规模有限、难以扩大的局面，主要由以下几个层面造成：在政治层面，一方面，中越南海争端引发的民族主义情绪冲击

---

① 《"一带一路"与"两廊一圈"加速对接中越贸易今年有望破千亿美元》，21 世纪经济报道，http：//epaper.21jingji.com/html/2017-05/19/content_62626.htm，2017 年 5 月 19 日。

② 冯氏惠：《"一带一路"与越南》，FT 中文网，http：//www.ftchinese.com/story/001083773？full=y&from=groupmessage&isappinstalled=0，2019 年 7 月 26 日。

着越南投资和营商的整体环境；另一方面，越南政策多变，法律透明度不高，政府行政效率低下，腐败案件时有发生。在基础设施层面，越南存在明显的短板，铁路、港口、高速公路等设施不够发达，运输和物流系统不够完善，造成运输和物流成本较高。在产业链层面，由于越南人口和国内市场有限，加之缺乏完整的产业链和行业体系，无形中造成成本增加。在企业层面，对越南投资和运营环境不够了解、中资企业在越南的无序竞争和自我竞争、企业的短视行为比较严重，缺乏知识产权的保护意识等。

因此，在当前各方高度重视"一带一路"建设的新形势下，针对"一带一路"倡议在越南的推进开展多层次中资企业营商环境综合问卷调查，全面掌握越南的基本国情，了解中资企业在越南的营商和基本情况，了解越南民众对区域合作和双边、多边关系的态度和看法，对于中越两国共同建设好"一带一路"具有十分重要的现实意义。

（二）宗旨

基于以上背景，为实现本课题研究的目标，课题组确立了以下调查和研究宗旨。

第一，建立完备的投资越南的数据信息采集和分析系统。2016年5月，习近平总书记在哲学社会科学工作座谈会上的讲话中指出："要运用互联网和大数据技术，加强哲学社会科学图书文献、网络、数据库等基础设施和信息化建设，加快国家哲学社会科学文献中心建设，构建方便快捷、资源共享的哲学社会科学研究信息化平台。"[①] 此前，中办、国办于2015年初联合印发《关于加强中国特色新型智库建设的意见》，要求新型智库要具备八大基本标准，其中之一便是"具备功能完备的数据信息采集分析系统"。[②] 教育部《中国特色新型

---

① 《习近平：在哲学社会科学工作座谈会上的讲话（全文）》，人民网，http：//politics. people. com. cn/n1/2016/0518/c1024-28361421. html，2016 年 5 月 17 日。

② 《中共中央办公厅、国务院办公厅印发〈关于加强中国特色新型智库建设的意见〉》，中华人民共和国中央政府门户网站，http://www. gov. cn/xinwen/2015-01/20/content_ 2807126. htm，2015 年 1 月 20 日。

高校智库建设推进计划》也明确提出，要实施社科专题数据库和实验室建设计划，促进智库研究手段和方法创新。① 围绕内政外交重大问题，重点建设一批社会调查、统计分析、案例集成等专题数据库和以模拟仿真和实验计算研究为手段的社会科学实验室，为高校智库提供有力的数据和方法支撑。然而，迄今为止还没有一套完整的数据可以用来对越南中资企业营商环境进行分析。因此，通过系统地调查，可以建立完备的投资越南的数据信息采集和分析系统。

第二，对越南中资企业进行全面、系统的调查，了解和把握中资企业在越南的营商环境以及企业自身运营的实际情况、遇到的风险和面临的困难，主要调查内容包括越南中资企业的行业分布和生产经营基本情况、运营环境（包括主要风险和制度性困难）、商业利益和社会责任之间的平衡情况和对中国形象塑造的影响等。

第三，对越南中资企业工作的越南员工进行全面、系统的调查，了解和把握越南员工对中资企业的态度和看法，从一定程度上把握越南的社会基本情况和特征，调查内容主要包括员工的个人信息、目前工作状况与工作环境、个人与家庭收入、家庭耐用消费品的使用情况、企业对本地社区影响的认知与评价、对中国国家形象的看法、各大国在当地的软实力影响评价等。

第四，以有限的研究成本、最快的速度和最优质的数据质量提供开放、共享的越南中资企业调查数据，为关注和研究越南的专家、学者、政府部门和企业提供最优质的调查数据，为"一带一路"倡议的推动和稳定持续地发展与越南的双边关系开展决策咨询研究提供坚实的数据支撑，同时为在越南投资的中资企业以及即将向越南投资的中资企业提供数据基础。

（三）主要内容

本次调查设置了企业问卷与雇员问卷，两套问卷相互匹配，即将

---

① 《教育部印发"中国特色新型高校智库建设推进计划"》，中华人民共和国中央政府门户网站，http：//www.gov.cn/gzdt/2014-02/28/content_ 2625304.htm，2014 年 2 月 28 日。

每一个企业问卷设置为父问卷，该企业的雇员问卷为子问卷。

企业调查内容具体由以下四个方面构成：（1）基本信息，包括企业管理人员基本情况和企业基本信息；（2）企业经营状况，包括企业生产经营、融资、固定资产、绩效等方面信息；（3）企业运营环境，包括企业在越南履行企业社会责任情况、企业投资风险、企业公共外交开展情况、企业活动对中国国家形象影响等；（4）企业具体指标，包括公司人员构成和具体经营状况指标。

员工调查内容具体由以下六个方面构成：（1）员工信息，包括婚姻、民族、教育和宗教信仰等；（2）职业发展与工作条件，包括职业经历、工作环境、职业培训和晋升、工会组织、社会保障；（3）收支，包括个人和家庭收入、家庭经济状况、家庭地位、耐用品消耗等；（4）社会交往与态度，包括社会交往、社会距离、企业评价、公共议题等；（5）企业对社区的影响；（6）员工对大国软实力评价，包括媒体使用行为、大国影视文化产品接触、家庭耐用品消耗产地、对中国制造的认知和评价、各大国影响力评价等。

此次越南中资企业调查，以中国商务部境外（越南）投资备忘录名录中的企业作为抽样的总体参考样本，选取在越南运营时长超过一年的中资企业进行访问，其中调查对象分为两类，一类是针对企业问卷选取熟悉本企业情况的高层管理人员；另一类是针对员工问卷选取在该中资企业连续工作至少 3 个月以上，且年满 18 岁的越南员工。通过实地调查，课题组最终共获得合格问卷 1061 份，其中企业问卷 36 份，越南员工问卷 1025 份。

二 实地调查模式、路线及行业

实地调查模式以"1 + 1 + 1 + X"的模式（1 位组长、1 位访问督导、1 位后勤人员、多位越南语访员）分成若干小分队，按照受访中资企业的规模和越南员工的人数灵活安排越南语访员的人数，由课题组长带领前往越南各地的中资企业进行调查。

为确保调查的顺利进行，一方面，课题组在招募访员时，没有招募越南籍访员，而是以云南大学国际关系研究院、外国语学院和"一带一路"研究院的师生作为访员、督导和后勤人员；另一方面，课题组分两次赴越南进行调查，第一次为预调查，根据调查的初步结果，总结经验教训，改进调研方法，提升调研效率。在此基础上，进一步增加参与调查的人数，赴越南各地进行大规模的第二次调查。

越南课题组第一次的调查区域以河内市和北江省为主。其中，河内市的受访中资企业由工业行业中的电力、建筑业、制造业和服务行业中的娱乐业、金融业、运输业相辅相成，北江省主要以经济开发区内的制造业为主。

越南课题组第二次的调查区域以海防市为中心及其周边省份为主，包括海防市、海阳省、义安省、北宁省、太平省及北江省等地。海防市主要以服务行业中的批发和零售业、宾馆和餐馆业为主，海阳省、义安省、北宁省、太平省及北江省则以经济开发区内工业行业中的制造业、建筑业为主。

三 质量控制

本次调查主要通过事前质量控制、实地质量控制和后期质量控制来保证调查数据的真实性、有效性和完整性。同时，调查使用了 CAPI（计算机辅助个人访谈）数据收集方法来提高质量控制水平，并通过减少数据录入、编辑和运输硬拷贝问卷到总部的时间加快数据的收集。

（一）事前质量控制

1. 访员培训

为确保越南中资企业调查的质量和效率，课题组在出访前对访员进行了为期4天的系统培训，培训项目的主题和主要内容包括：（1）详细解释调查项目的目的；（2）解释、说明问卷结构和内容；（3）调查所用的 CAPI 系统的使用方法；（4）访员的基本行为规范；（5）访员的职责与要求；（6）调查过程中的访问技巧；（7）项目团队对访员质量的控制；（8）模拟访问练习，包括督导与访员之间的信息传递练习、每个访员尝试扮演采访者和受访者进行访员之间的调查练习；（9）实地访问练习，每个访员都进行一次室外实地采访，以检验问卷和系统的熟悉程度；（10）对任何可能出现的问题和受访者可能提出的疑问进行讨论；（11）调查的后勤保障工作。

2. 雇员问卷的翻译

为了确保访问过程中不出现语言偏差，课题组将中文版的雇员问卷委托云南大学的越南语教师对问卷的各模块进行翻译和交叉互校。

（二）实地质量控制

调查期间，课题组以"1+1+1+X"的模式（1位组长、1位访问督导、1位后勤人员、多位越南语访员）分成若干个调查小组，由小组长带领前往调查企业，访员在督导的监督下进行面对面访问。督导主要通过考察拒访率、问卷完成时间、随机陪访监督等对访问数据质量进行控制。同时，督导就访员访问过程中实际遇到的困难及时与访员沟通并加以解决。

课题组根据"'一带一路'沿线国家中资企业调查"项目的总体要求，每天撰写调查日志和报告，对当天工作进度进行报告。访问督导在当天总结会议上，对访员每天撰写的实地调查日志和报告进行总结，并监督访员将问卷数据进行核查与回传。

此外，为保证问卷数据质量，所有课题组在完成6天的实地数据调查工作后，获得1天的休息时间。

（三）后期质量控制

第一，调查期间数据回传后的质量控制：在云南大学访问终端后台，针对越南课题组，设置了由专门的技术人员、越南语专业学生组建的核查、质控小组。每天对回传的录音文件及问卷数据按照15%的比例进行重听及核查，避免出现由于误听误填等情况而导致的误差，并每天将所发现的问题与相应的访员进行联系，提醒其访问过程中存在的错误，以便及时改正。

第二，在总的调查项目结束后，课题组的编辑团队同核查、质控小组对调查问卷进行第二次检查，以确保调查数据的准确性。

第二节　企业数据描述

本节将描述受访企业的基本信息和特征，为本书有关企业数据的进一步分析做铺垫。本节主要从企业内部特征和企业外部特征两个方面进行描述，企业内部特征包括企业受访者职务、企业高层性别、是否加入越南中国商会、企业工会的建立、国有控股情况、在中国商务部备案情况、母公司情况及类型与企业的注册和运营时间；企业外部特征包括企业行业类型分布、是否位于经济开发区和企业规模。

一　企业内部特征

主要从企业受访者职务、企业高层性别、是否加入越南中国商会、企业工会的建立、国有控股情况、在中国商务部备案情况、母公司情况及类型与企业的注册和运营时间来考察企业的内部特征。

从越南中资企业受访者职务来看，如表 2 - 1 所示，受访者职务分布较为平均，其中企业所有者所占比例为 25.00%；总经理或 CEO 所占比例为 22.22%；副总经理所占比例为 27.78%；其他职务占比为 25.00%。因此，通过访问对企业有全面了解和把握的高层管理人员，使得本次调查的企业数据具有真实性、全面性和有效性。

表 2 - 1　　　　　　　　　　受访者职务占比　　　　　　　　（单位:%）

受访者职务	占比
企业所有者	25.00
总经理或 CEO	22.22
副总经理	27.78
其他	25.00

　　从企业高层有无女性占比来看，如表 2 - 2 所示，近七成（69.44%）的企业有女性高管，有三成左右（30.56%）的企业无女性高管。这从侧面说明，在越南的中资企业中管理人员主要以男性高管为主。

表 2 - 2　　　　　　　　　　企业高层有无女性占比　　　　　　　　（单位：%）

有无高管女性	占比
是	69.44
否	30.56

　　企业加入商会可以获得人脉网络、信息渠道、宣传窗口、话语权重和求助平台。越南中国商会以促进中越两国经贸和投资为宗旨，以"睦邻友好，全面合作，长期稳定，面向未来"的十六字为方针，致力于增进两国工商业界的了解和沟通，扩大经贸合作和相互投资，积极落实中国"走出去"的发展战略，不断推动中越双边经贸合作的发展。① 从企业是否加入越南中国商会来看，如表 2 - 3 所示，有近七成（70.59%）的企业加入了越南中国商会以获得加入商会带来的优势和便利，而有近三成（29.41%）的企业基于自身利益和企业规模的考虑还未加入越南中国商会。

表 2 - 3　　　　　　　企业是否加入越南中国商会占比　　　　　（单位：%）

是否加入中国商会	占比
加入中国商会	70.59
未加入中国商会	29.41

　　企业工会作为员工与企业沟通的桥梁和纽带，是员工反映和保障自身利益的重要渠道，也是企业倾听、管理和解决与员工利益冲突的重要平台。从企业是否有企业工会的占比来看，如表 2 - 4 所示，有

---

　　① 《会长致辞》，越南中国商会，http：//www.vietchina.org/shjs/hczc/，2015 年 6 月 30 日。

企业工会与没有企业工会的企业占比大致相当。其中，有企业工会的企业占比45.71%，没有企业工会的占比为54.29%。从调查的实际情况来看，企业是否建立工会主要是基于企业规模、企业性质和越南员工的流动性等因素。

表 2 - 4　　　　　　　　　企业是否有企业工会占比　　　　　（单位：%）

是否有企业工会	占比
有企业工会	45.71
无企业工会	54.29

从企业是否为国有控股占比来看，如表2-5所示，国有控股企业仅占比约两成（19.44%），非国有控股企业达到近八成（80.56%）。随着"一带一路"倡议的推进，越来越多的私有企业因关注到越南投资的红利而前往越南创办企业。同时，在调查的实际过程中，部分国有控股企业基于本次调查的敏感性，担心会给企业带来负面影响而拒绝接受访问；而私营企业基于自身的灵活性，比较配合本次调研。

表 2 - 5　　　　　　　　　企业是否为国有控股占比　　　　　（单位：%）

是否国有控股	占比
国有控股	19.44
非国有控股	80.56

中国企业在进行对外投资的过程中，在中国商务部备案可以便于商务部对企业进行管理的同时，也可以获得商务部对企业的投资引导、风险防范和权益保护。按照《境外投资管理办法》（商务部令2014年第3号）文件规定，中国商务部对境外投资主体为在中华人民共和国境内依法设立的企业进行商务备案。[①] 从企业是否在中国商

_____

① 《境外投资管理办法》，商务部令2014年第3号，中华人民共和国商务部，ht-tp：//www.mofcom.gov.cn/article/b/c/201409/20140900723361.shtml，2014年9月6日。

务部备案占比来看，如表 2 – 6 所示，有约一半（51.52%）的中资企业已在中国商务部备案，而有 48.48% 的企业没有在中国商务部备案。通过调查发现，有资质的中国企业在对越南投资时都在中国商务部进行了备案，而没有在中国商务部备案的企业主要是基于其没有在商务部备案的资质，如非企业法人在境外设立机构和自然人境外投资等，均不属于商务主管部门境外投资管理范畴。

表 2 – 6　　　　　　　　企业是否在中国商务部备案占比　　　　　（单位：%）

有无在中国商务部备案	占比
是	51.52
否	48.48

一般来说，在中国有母公司的企业资金雄厚，运营条件和管理模式较成熟，以大中型企业为主。从企业是否有中国母公司占比来看，如表 2 – 7 所示，在中国有母公司的企业占到六成左右（61.11%），在中国没有母公司的企业占比 38.89%。

表 2 – 7　　　　　　　　企业是否有中国母公司占比　　　　　（单位：%）

是否有中国母公司	占比
有中国母公司	61.11
无中国母公司	38.89

进一步来看，从企业在中国母公司类型占比来看，如表 2 – 8 所示，可以得知受访企业的中国母公司类型多元，既有国有企业，也有私营企业和多元混合制企业。具体来看，在中国母公司类型中，所占比例较多的公司类型分别为私营企业（31.82%）、国有公司（27.27%）、股份合作公司（22.73%），而国有独资公司（4.55%）、私营有限责任公司（4.55%）和私营股份有限公司（9.09%）占比较少。由此可见，中国企业在越南投资的企业类型呈现多元化的态势。

表 2 - 8 企业母公司类型占比 （单位：%）

中国母公司类型	占比
国有公司	27.27
股份合作公司	22.73
国有独资公司	4.55
私营企业	31.82
私营有限责任公司	4.55
私营股份有限公司	9.09

企业在越南的注册时间和运营时间的占比变化客观上与中国实行"走出去"战略和"一带一路"倡议的推进以及越南对外经济政策和两国关系密切程度相关。按照时间段划分来看企业的注册和运营时间，如表 2 - 9 所示，注册和运营时间在 1995—2000 年的企业占比较少，其中，注册时间在 1995—2000 年的企业占比 5.72%，运营时间在 1995—2000 年的企业占比 6.06%；注册时间和运营时间在 2001—2005 年的企业占比分别为 2.86% 和 6.06%。2006 年至今，在越南注册和运营的企业呈现稳步增长的态势。其中，2006—2010 年中国企业在越南投资设厂呈现急剧增长的态势，注册和运营的企业占比分别为 25.71% 和 30.30%，主要是基于 2006 年越共十大报告提出越南要主动积极地融入国际，同时在其他各个领域扩大国际合作。同期，中越两国关系明显升温，首脑和高层互访频繁，为中国企业在越南进行投资和设厂创造了良好的条件和环境。在 2011—2015 年注册和运营的中资企业占比分别为 28.58% 和 24.24%，2016 年以来注册和运营的中资企业占比分别为 37.14% 和 33.33%。这主要是基于 2012 年越共十二大继续推进革新开放、中国在 2013 年提出"一带一路"倡议、中越两国于 2013 年建立全面战略合作伙伴关系以及此后双边关系不断深化，越南逐渐成为中资企业"走出去"的热土。相信在未来，将会有越来越多的中国企业投资越南。

表2-9 企业注册时间与运营时间分布 （单位:%）

年份	注册时间	运营时间
1995—2000	5.72	6.06
2001—2005	2.86	6.06
2006—2010	25.71	30.30
2011—2015	28.58	24.24
2016年以来	37.14	33.33

中资企业注册和运营时间在各个时间段分布的占比基本趋同，一方面，基于有些中资企业在赴越南进行实地考察和调查之后，认为时机成熟或为了抢占商机，通过先运营（或运营后达到一定规模）后注册的方式来开展企业活动；另一方面，一些中资企业严格按照先注册后运营的方式来开展企业活动。

二 企业外部特征

主要从企业行业类型分布、是否位于经济开发区和企业规模来描述企业的外部特征。从中资企业行业分布类型来看，如表2-10所示，受访中资企业的行业主要以工业①为主，工业企业所占比例为61.11%，服务业②为辅，服务型企业所占比例为38.89%。从调查的实际情况来看，工业主要以制造业为主，服务业则以餐馆业、零售业、娱乐服务业、航空服务业和金融业为主。

———————————

① 工业行业包括采矿业（金属与非金属矿均涵盖）、制造业（食品制造、饮料制造、烟草制造、纺织品制造、服装与皮革制造、木材制品、纸制品、化学制品、橡胶和塑料制品、非金属矿物制品、金属制品、机械制品、无线电制品、医疗器械、光学仪器、钟表制品、汽车制品、家具制造）、电力、煤气和水的供应、建筑业。

② 服务业行业包括批发和零售业、汽车、摩托车及个人和家庭用品的修理、旅馆和餐馆、运输、储存和通信、金融业（如银行、信贷公司、金融租赁等）、房地产、租赁和商业活动、研究发展和科学技术、教育（包括教育培训）、污水及垃圾处理、家政服务等。

表2－10	不同行业类型企业占比	（单位:%）
企业所在行业	占比	
工业	61.11	
服务业	38.89	

　　经济开发区是指在一国国界内划定的地理区域，其商业规则不同于该国领土上的（其他）规则，这些规则的差别主要体现在投资条件、国际贸易和海关、税收以及监管环境方面；根据这些规则，该区域的商业环境从政策角度来看更为自由，从行政管理角度来看管理更为有效。[1] 从企业是否位于经济开发区占比分布来看，如表2－11所示，有50.00%的中资企业位于越南建立和运营的经济开发区内，有8.33%的中资企业位于中国在越南建立和运营的经济开发区内，而不在经济开发区的中资企业占比为33.33%，位于其他经济开发区内的中资企业占比为8.33%。由此可以看出，越南中资企业有六成左右（58.33%）的企业位于经济开发区，以获得政策、投资、管理和贸易便利，而且主要位于越南本国建立的经济开发区内，另有三成左右（33.33%）的中资企业基于各自企业的营商需要，不在经济开发区内。

表2－11	是否在经济开发区企业占比	（单位:%）
是否位于经开区	占比	
不在经开区	33.33	
在中国经开区[2]	8.33	
在越南经开区	50.00	
其他	8.33	

　　从企业规模分布来看，如表2－12所示，此次调查的中资企业以

---

　　[1]　Thomas Farole and Gokhan Akinci, eds., *Special Economic Zones: Progress, Emerging Challenges and Future Directions*, Washington D. C.: World Bank Group, 2011, p. 3.

　　[2]　本书"中国经开区"特指中国在越南建设的境外经贸合作区。

大型企业为主，所占比例为 50.00%，中型企业和小型企业所占比例均为 25.00%。

表 2－12　　　　　　　　　　不同规模企业占比　　　　　　　　（单位:%）

企业规模	占比
小型企业	25.00
中型企业	25.00
大型企业	50.00

第三节　员工数据描述

作为针对越南的全国性调查数据，"越南中资企业及员工调查"将受访的越南员工基本人口统计特征作为主要内容之一。同时，通过本节对越南员工数据的描述，为本书关于越南员工数据的进一步分析做铺垫和基本介绍。调查数据主要从性别角度来考察越南员工年龄分布、受教育程度、族群分布、宗教信仰分布、出生地分布等越南员工的基本人口统计特征，同时从年龄组角度对越南员工的受教育程度和出生地分布进行再次考察。

一　按性别划分越南员工的基本人口统计特征

主要包括按性别划分的越南员工年龄、受教育程度、宗教信仰、族群和出生地分布等基本人口统计特征。

从越南员工年龄分布来看，在有效的 1025 名越南员工样本中（男性员工 335 名，女性员工 690 名），员工年龄最小的为 17 岁，最大的为 78 岁。按照性别划分员工年龄分布（见图 2－1），员工年龄分布在 17—25 岁的女性员工比例大于男性员工比例，其中女性员工占总体女性员工数的 33.33%，男性员工占总体男性员工数的 24.48%；年龄分布在 26—35 岁的男性员工比例大于女性员工比例，其中男性员工占总体男性员工数的 57.61%，女性员工占总体女性员工数的 48.41%；年龄分布在 36 岁及以上的男性和女性员工的比例总体持平，其中男性员工占总体男性员工数的 17.91%，女性员工占总体女性员工数的 18.26%。男性和女性员工年龄在 26—35 岁的员工占比最高，在 36 岁及以上占比最低。总体来看，在中资企业中，不论是男性员工还是女性员工，都主要以青壮年劳动力为主，即年龄段分布在 17—25 岁和 26—35 岁的员工，占比都超过了八成。

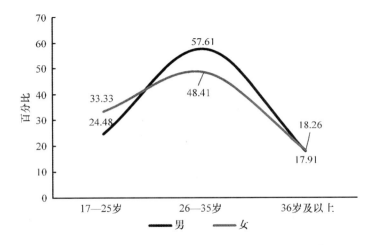

图 2 - 1　按性别划分的员工年龄分布（N = 1025）[①]

　　按性别划分员工受教育程度来看（见图 2 - 2），在 1016 个有效样本中，具有中学及以上学历的员工占比极高，达到九成以上；具有中学学历的员工占到七成左右；具有本科及以上学历的员工占到三成左右。进一步按性别差异来看，具有中学学历的男性员工占比（74.02%）要高于女性员工（62.77%），但是具有本科及以上学历的女性员工占比（34.89%）要高于男性员工（23.26%）。具体来看，女性员工中，0.44% 的员工未受过教育，1.90% 的员工具有小学

──────────

① 本书各章图表标题小括号中的 N = 1025 表示有效样本数量，下同。

学历，62.77%的员工具有中学学历，34.89%的员工具有本科及以上学历；男性员工中，没有未受教育的员工，2.72%的员工具有小学学历，74.02%的员工具有中学学历，23.26%的员工具有本科及以上学历。这说明不论是男性还是女性，越南中资企业更偏向于招募受过中高等教育的越南员工。

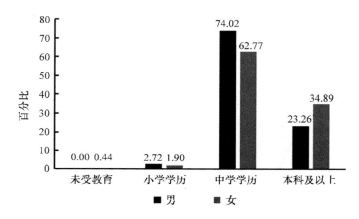

图 2 - 2　按性别划分的员工受教育程度分布（N = 1016）

从族群分布来看（见表 2 - 13），问卷中包括京族、岱依族、泰族、芒族及其他族总共 5 类。在 1024 个有效样本中，京族在越南员工中的占比极高，达到 91.99%，高于 2009 年越南人口普查中京族所占的人口比例（87.00%）。除京族外的族群员工所占比例较少，其中岱依族员工占 2.73%，泰族员工占 1.07%，芒族员工占 0.59%，其他族群员工合计为 3.61%。进一步按性别划分来看，男性受访员工中有 88.96%是京族，与 2009 年越南人口普查数据基本一致，而在女性受访员工中，京族的比例达到 93.47%，高于男性京族员工的占比，也高于 2009 年人口普查中京族所占的人口比例。在男性受访员工中，岱依族占 2.09%，泰族占 1.49%，芒族占 1.49%，其他族群占 5.97%；女性受访员工中，岱依族占 3.05%，泰族占 0.87%，芒族占 0.15%，其他族群占 2.47%。这说明在越南员工中，超过九成

（91.99%）的员工是京族，其他族群的员工占比较少，且族群较分散。此外，男性员工的族群分布特征要比女性员工的族群分布特征更加多元。

表2-13　　　　　　　按性别划分的员工族群分布（N=1024）　　　　（单位:%）

族群	男	女	合计
京族	88.96	93.47	91.99
岱依族	2.09	3.05	2.73
泰族	1.49	0.87	1.07
芒族	1.49	0.15	0.59
其他族	5.97	2.47	3.61

从越南员工宗教信仰分布来看，如表2-14所示，在1022个有效样本中，不信仰任何宗教的员工占比极高，达到90.70%；有宗教信仰的员工仅占9.30%。其中信仰越南道教的员工占2.05%，信仰佛教的员工占5.19%，信仰天主教的员工占1.76%，信仰新教的员工占0.10%，信仰其他宗教的员工占0.20%。进一步按照性别划分员工的宗教信仰，可以看到女性员工中不信仰任何宗教的比例（92.14%）要高于男性员工（87.76%）。在女性员工中，有1.75%的员工信仰越南道教，4.37%的员工信仰佛教，1.60%的员工信仰天主教，0.15%的员工信仰其他宗教，没有员工信仰新教。而在男性员工中，有6.87%的员工信仰佛教，2.69%的员工信仰越南道教，2.09%的员工信仰天主教，信仰新教与其他宗教的员工均占0.30%。由此可见，在越南员工中，有宗教信仰的男性员工比例要高于女性员工比例，但男性员工与女性员工宗教信仰分布占比与总体样本中员工的宗教信仰分布占比没有显著差别。

表2-14　　　　　按性别划分的员工宗教信仰分布（N=1022）　　　（单位:%）

宗教信仰	男	女	合计
越南道教	2.69	1.75	2.05

续表

宗教信仰	男	女	合计
佛教	6.87	4.37	5.19
天主教	2.09	1.60	1.76
新教	0.30	0.00	0.10
其他教	0.30	0.15	0.20
不信仰任何宗教	87.76	92.14	90.70

从员工婚姻状况来看，问卷中包含单身/未婚、结婚、同居、丧偶、结婚但分居及离婚6个分类，本书根据频次分布情况，将同居、丧偶、结婚但分居及离婚合并成为"其他"。如图2-3所示，总体来看，在1025个有效样本中，越南员工中处于结婚状态的受访者达到63.32%，处于单身/未婚状态的员工占比34.24%，而处于"其他"状态的仅占2.44%。按照性别划分来看，在受访的员工中，男性单身/未婚和结婚的占比差距不大，分别占44.18%和55.22%；而女性单身/未婚和结婚的占比差距较大，近七成（67.25%）的女性员工处于结婚状态，有近三成（29.42%）的女性员工处于单身/未婚状态，此外还有3.33%的女性员工处于"其他"状态。由此可见，在

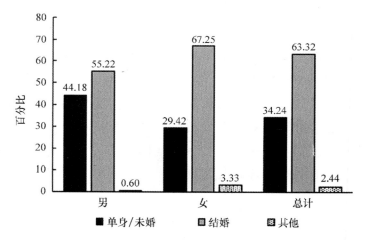

图2-3 按性别划分的员工婚姻状况分布（N=1025）

越南员工中，总体上处于结婚状态的员工比例较高，超过六成，但是也存在着男女性别的差异，女性员工处于结婚状态的比例相较男性员工高12.03%，女性员工处于单身/未婚的状态的比例相较男性员工低14.76%。此外，处于"其他"状态的女性员工比例（3.33%）要远远高于男性员工（0.60%）。

从越南员工的出生地分布来看，如图2－4所示，在1024个有效样本中，越南员工有七成以上（73.54%）出生在农村，出生在城市的员工占比26.46%。进一步按照性别划分来看，出生在农村的男性员工占比（77.31%）要略高于出生在农村的女性员工占比（71.70%）；反之，出生在城市的男性员工占比（22.69%）要略低于出生在城市的女性员工占比（28.30%）。出生在城市或农村的男女性员工占比与总体样本的城市或农村占比没有显著的差异性。

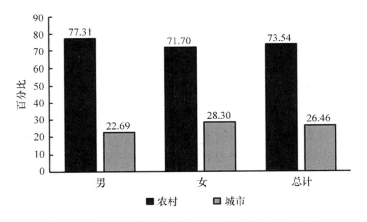

图2－4　按性别划分的员工出生地分布（N = 1024）

二　按年龄组划分越南员工的受教育程度和出生地分布

与按性别划分越南员工受教育程度不同的是，按年龄段（组）来划分员工的受教育程度差异较大，如表2－15所示，在1016个有效样本中，各个年龄段未受教育的员工比例基本相同，占比都极少；36岁及以上年龄段的拥有小学学历的员工占比（8.60%）要远高于

17—25 岁年龄段（0.32%）和 26—35 岁年龄段（0.96%）的占比；26—35 岁年龄段的拥有中学学历的员工占比（61.11%）要低于 17—25 岁年龄段（73.05%）和 36 岁及以上年龄段（70.43%）的占比；而 26—35 岁年龄段的拥有本科及以上学历的员工占比（37.55%）要高于 17—25 岁年龄段（26.62%）和 36 岁及以上年龄段（20.43%）的占比。具体而言，年龄段在 17—25 岁的受访员工中，没有未受教育的员工，有 0.32% 的员工有小学学历，有 73.05% 的员工有中学学历，有 26.62% 的员工有本科及以上学历；年龄段在 26—35 岁的受访员工中，未受过教育的员工占比仅有 0.38%，仅有 0.96% 的员工有小学学历，有 61.11% 的员工有中学学历，有 37.55% 的员工有本科及以上学历；年龄段在 36 岁及以上的受访员工中，有 0.54% 的员工未受过教育，有 8.60% 的员工有小学学历，有 70.43% 的员工有中学学历，有 20.43% 的员工有本科及以上学历。

表 2 – 15　　　　按年龄组划分的员工受教育程度分布（N = 1016）　　　（单位：%）

受教育程度	17—25 岁	26—35 岁	36 岁及以上	合计
未受教育	0.00	0.38	0.54	0.30
小学学历	0.32	0.96	8.60	2.17
中学学历	73.05	61.11	70.43	66.44
本科及以上	26.62	37.55	20.43	31.10

按年龄组划分的员工出生地分布来看（见表 2 – 16），在 1024 个有效样本中，年龄段在 17—25 岁的员工，出生在农村的占比为 76.85%，出生在城市的占比为 23.15%；年龄段在 26—35 岁之间的员工，出生在农村的占比为 74.38%，出生在城市的占比为 25.62%；年龄段在 36 岁及以上的员工，出生在农村的占比为 65.59%，出生在城市的占比为 34.41%。总体来看，各个年龄段出生在农村的员工占比在七成左右，要远高于出生在城市的员工的占比；年龄段在 17—25 岁和 26—35 岁的员工出生地占比并没有显著差别，但是与年龄段在 36 岁及以上的员工的出生地相比，年龄段在 17—25 岁和 26—35 岁的

员工出生在农村的占比要略高于年龄段在 36 岁及以上出生在农村的员工占比。据此可知，在中资企业工作的越南员工主要是以来自农村的青壮年劳动力为主。

表 2 - 16　　　　　按年龄组划分的员工出生地分布（ N = 1024 ）　　（单位：%）

出生地	17—25 岁	26—35 岁	36 岁及以上
农村	76. 85	74. 38	65. 59
城市	23. 15	25. 62	34. 41

第 三 章

越南中资企业生产经营状况分析

本章主要根据越南中资企业调查问卷所涉及的问题，包括中资企业基本情况分析、中资企业生产经营状况和中资企业自主程度以及融资状况分析三个模块，根据受访企业高管的回答制成图表进行分析。首先，中资企业基本情况分析主要涉及企业股权情况、商务部备案情况以及企业参与海外中国商会情况。其次，越南中资企业生产经营状况是本章的重点，问卷问题主要涉及企业每周平均营业时间，企业产品的主要销售市场状况以及主营产品的市场份额分布，不同行业类别竞争压力的主要来源，2013—2018 年企业的竞争状况和竞争方式变化情况，企业注册和运营时长、企业承担越南各类项目情况以及越南政府履约程度等，以尽可能全面分析中资企业在越南的生产经营状况。最后，本章还就不同行业类型、商务部备案与否以及加入越南中国商会与否等情况分析企业自主程度和中资企业融资状况，内容主要包括企业融资来源分布以及企业未申请贷款原因。

第一节　越南中资企业基本情况分析

本节主要对赴越南投资的中资企业基本情况进行描述，包括企业股权分布及其变化以及企业是否在商务部备案等内容。

一 中资企业股权情况

图3－1反映的是受访的越南中资企业股权占比的分布情况。企业股权主要包括中国国有控股、中国集体控股、中国私人控股、越南国有控股、越南私人控股、外国国有控股以及外国私人控股七种类型。通过对企业的股权占比分析，了解到绝大部分的中资企业是中国私人控股企业和中国国有控股企业，两种持股形式占比分别为76.61％和18.42％。通过调查得知，越南中资企业大部分是私人资本开设的制造工厂，因此，中国私人控股企业较多。其次，越南国有控股企业和越南私人控股企业占比分别为2.94％和4.41％，较中国私人控股企业和中国国有控股企业占比偏低。

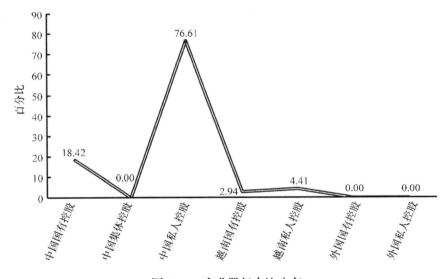

图3－1 企业股权占比分布

表3－1反映的是受访的越南中资企业母公司的股权变化状况，包括企业母公司的中国股东、越南股东以及其他国家股东股权变化状况。股权变化情况分为一直控股、一直不控股、一直没有越南股东以及一直没有其他国家股东。调查结果显示，注册时长超过五年与注册

时长低于五年的企业，在母公司股权变化的状况上有一定的差异。其中，在注册时长超过五年的中资企业中，由中国股东控股的企业都没有发生过股权变化，即中国股东一直控股的企业占比达100.00%。在注册时长低于五年的中资企业中，中国股东的控股率也高达94.74%。由此可见，无论注册时间长短，中国股东对中资企业母公司的控股较越南股东以及其他国家股东有着绝对优势。

表3-1　　　　　　　　　企业母公司的股权变化状况　　　　　　（单位：%）

	中国股东股权变化		越南股东股权变化			其他国股东股权变化	
	一直控股	一直不控	一直控股	一直不控	一直没有越南股东	一直不控	一直没有他国股东
注册超过五年	100.00	0.00	0.00	43.75	56.25	6.25	93.75
注册低于五年	94.74	5.26	5.26	26.32	68.42	10.53	89.47

表3-2反映的是受访越南中资企业母公司的中国股东、越南股东以及其他国家股东股权变化状况与有无中国母公司的交互状况。股权变化情况分为一直控股、一直不控股、一直没有越南股东以及一直没有其他国家股东。就有中国母公司的企业来说，企业母公司的中国股东一直控股的比例达到了100.00%。在没有中国母公司的企业中，由表3-2得知，越南中资企业主要由中国股东控股，越南股东有所参与，但其他国家的股东基本没有控股。

表3-2　　　　　　　　　企业母公司的股权变化状况　　　　　　（单位：%）

	中国股东股权变化		越南股东股权变化			其他国股东股权变化	
	一直控股	一直不控	一直控股	一直不控	一直没有越南股东	一直不控	一直没有他国股东
有中国母公司	100.00	0.00	0.00	40.91	59.09	13.64	86.36
无中国母公司	92.31	7.69	7.69	23.08	69.23	0.00	100.00

二　中资企业母公司与是否在经济开发区交互

表 3 - 3 反映了越南中资企业是否在经济开发区与企业母公司类型的交互情况，探究了不同类型的企业母公司在不同经济开发区的分布。不在经济开发区的企业中，国有企业占比五成（50.00%），股份合作企业、私营企业、私营有限责任公司均占比 16.67%；在中国经济开发区的企业中，股份合作企业和私营企业均占比五成（50.00%）；在越南经济开发区的企业中，私营企业占比最高（41.67%），其次是股份合作企业（25.00%），最后是国有企业和私营股份企业，占比均为 16.67%；在其他地区的企业中，国有企业和国有联营企业占比均为五成（50.00%）。通过分析可知，私营企业主要分布在中国经济开发区和越南经济开发区。这可能是因为在经济开发区，当地政府会采取一些诸如减少土地租金、用水用电的费用等优惠政策吸引中资企业入驻，很多中资企业在办厂选址时自然也会考虑当地政府的优惠政策以及集聚效应。

表 3 - 3		是否在经济开发区企业母公司类型交互表				（单位：%）
	国有	股份合作	国有联营	私营企业	私营有限	私营股份
不在经开区	50.00	16.67	0.00	16.67	16.67	0.00
中国经开区	0.00	50.00	0.00	50.00	0.00	0.00
越南经开区	16.67	25.00	0.00	41.67	0.00	16.67
其他地区	50.00	0.00	50.00	0.00	0.00	0.00

三　中资企业在商务部备案情况

图 3 - 2 反映了越南中资企业在中国商务部备案年份分布情况。调查数据显示，中资企业在中国商务部备案的年份始于 1995 年，从 1995—2010 年，共有近两成（19.98%）的企业在中国商务部备案。从 2010 年开始，在中国商务部备案的中资企业数量急剧上升。2011—2015 年备案的中资企业较 2006—2010 年增长了 20.00%，达到了 26.67%。2016 年以来，在商务部备案的中资企业达到了

53.34%。由此可知，从 2010 年开始，中资企业备案的数量较之前大大增长。这与在 2010 年后大量中资企业赴越南投资有关，备案企业的数量增长也说明中国商务部对中资企业赴海外投资的管理有所加强，企业投资人的备案意识也有所提高。

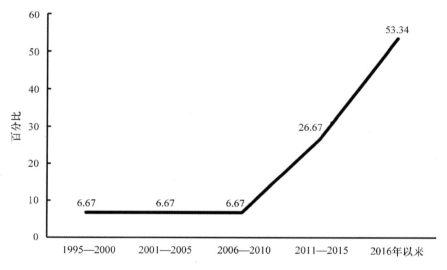

图 3-2　企业在中国商务部备案年份分布

第二节　越南中资企业生产经营状况

越南国内的生产经营环境对中资企业发展有着重要的影响，本节主要就中资企业营业时间、销售情况、竞争压力来源、近五年来竞争方式变化情况以及中资企业的自主程度等方面进行分析。

一　中资企业每周平均营业时间分布

就越南中资企业每周平均营业时间分布情况来看，如图 3-3 所示，每周营业 41—50 小时的企业以及每周营业 70 小时以上的企业均占比三成左右，每周营业 30—40 小时的企业占比约两成（19.44%），每周营业 51—60 小时的企业接近一成（8.34%），每周营业 30 小时以下以及 61—70 小时的企业占比较低。在调查中发现，越南的许多企业为劳动密集型企业，实行六天工作制，每天工作时间为 8 小时左右。许多越南员工没有加班的意识或习惯，经常是到点就下班，所以有三成左右（33.33%）的企业每周工作时间为 41—50 小时。但由于越南的许多企业为劳动密集型企业，需要大量的人力资源，许多企业也会鼓励员工加班，并为此支付加班工资，以此来提高产量。

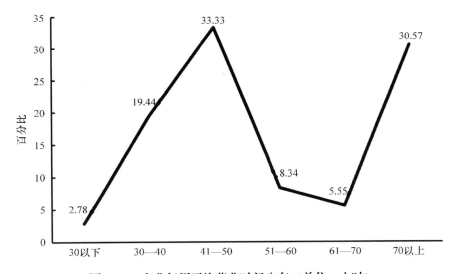

图 3 – 3　企业每周平均营业时间分布（单位：小时）

二　中资企业销售情况分布

就越南中资企业产品的主要销售市场状况来看，如表 3 – 4 所示，企业产品的主要销售市场包括企业所在地（企业所在的同一城市或地区）、越南国内、中国以及国际市场；企业状况按照多种维度来划分，指标分别为注册时间、是否在经济开发区、是否在商务部境外投资备案以及是否加入越南中国商会。就注册时间来看，注册时间超过五年的企业超过五成（52.94%）的市场是在本地，另外还有超过两成（23.53%）的市场在越南国内，出口到中国或者在其他国家的销售比例均为一成左右（11.76%）。注册时间低于五年的企业中，主要市场为本地以及国际市场的企业占比超过八成（83.33%），企业产品在越南国内销售的企业为一成左右（11.11%），在中国销售的企业较少（5.56%）。

表 3 - 4　　　　　　　　企业产品的主要销售市场状况　　　　　　（单位：%）

	本地	越南国内	中国	国际
注册超过五年	52.94	23.53	11.76	11.76
注册低于五年	44.44	11.11	5.56	38.89
不在经开区	63.64	18.18	0.00	18.18
中国经开区	33.33	0.00	0.00	66.67
越南经开区	44.44	16.67	11.11	27.78
其他地区	33.33	33.33	33.33	0.00
商务部境外投资备案	41.18	23.53	5.88	29.41
未在商务部境外投资备案	66.67	6.67	13.33	13.33
加入越南中国商会	52.17	17.39	13.04	17.39
未加入越南中国商会	50.00	20.00	0.00	30.00

就是否位于经济开发区而言，不在经济开发区的中资企业，其销售市场主要为本地市场，占比 63.64%。在中国经济开发区的企业，超过三成（33.33%）企业的销售市场是在本地市场，还有接近七成（66.67%）的销售市场为除中国和越南以外的国际市场。在越南经济开发区的企业，有超过四成（44.44%）的销售市场为本地，接近三成（27.78%）的销售市场是除中国和越南以外的国际市场，在越南国内的销售市场也接近两成（16.67%），还有一成左右（11.11%）的销售市场在中国。在其他地区的企业，其销售市场在本地、越南国内以及中国的占比相同，均为 33.33%。

就是否在商务部境外投资备案来看，在商务部境外投资备案的企业，销售市场为本地市场的占比约四成（41.18%），国际市场占比接近三成（29.41%），越南国内市场占比超过了两成（23.53%），中国市场占比较少（5.88%）。未在商务部境外投资备案的企业，销售市场在本地市场的企业占比接近七成（66.67%），销售市场在中国市场和国际市场的占比均超过一成（13.33%），在越南国内销售市场占比较小，仅为6.67%。

就是否加入越南中国商会来看，加入越南中国商会的企业中，销售市场在本地市场的占比52.17%，在越南国内市场的企业占比17.39%，在中国市场的占比13.04%，在国际市场的占比17.39%。未加入越南中国商会的企业，销售市场在本地市场的占比50.00%，在越南国内市场的企业占比20.00%，在国际市场的占比30.00%。

关于越南中资企业主营产品的市场份额分布，如表3-5所示，市场主要包括本地市场、越南国内市场、中国市场以及国际市场。就本地市场的份额来说，在1%—10%的企业最多（50.00%），其次为市场份额为51%—70%的企业，占比为28.57%。就越南国内市场的份额来看，有半数（50.00%）的企业在该类的市场份额为1%—10%，另外市场份额小于1%、11%—20%以及51%—70%的企业均占比16.67%。就在中国市场的份额来说，接近七成（66.67%）的企业小于1%，另外超过三成（33.33%）的市场份额为71%—100%。就在国际市场的份额来说，超过四成（42.86%）的企业为51%—70%，市场份额小于1%以及市场份额在1%—10%的企业占比均为28.57%。

表3-5　　　　　　　　企业主营产品的市场份额分布

	小于1%	1%—10%	11%—20%	21%—30%	31%—50%	51%—70%	71%—100%
本地	7.14	50.00	7.14	0.00	0.00	28.57	7.14
越南国内	16.67	50.00	16.67	0.00	0.00	16.67	0.00
中国	66.67	0.00	0.00	0.00	0.00	0.00	33.33
国际	28.57	28.57	0.00	0.00	0.00	42.86	0.00

表3-6反映的是中资企业在越南的定价方式分布情况。定价方式主要分为市场定价、成本加成、根据进口商品定价、政府定价、同买方议价以及其他方式；企业类型按照多种维度来划分，指标分别为

注册时间、是否在经济开发区、是否在商务部境外投资备案以及是否加入越南中国商会。许多中资企业产品的定价方式多元，产品的定价方式会采取多种形式。

表 3 - 6　　　　　　　　企业在越南的定价方式分布　　　　（单位：%）

	市场定价	成本加成	根据进口商品定价	政府定价	同买方议价	其他方式
注册超过五年	64.71	17.65	17.65	0.00	64.71	17.65
注册低于五年	33.33	38.89	22.22	5.56	33.33	38.89
不在经开区	41.67	33.33	16.67	8.33	41.67	33.33
中国经开区	0.00	50.00	50.00	0.00	0.00	50.00
越南经开区	61.11	27.78	11.11	0.00	61.11	27.78
其他地区	33.33	0.00	66.67	0.00	33.33	0.00
商务部境外投资备案	52.94	23.53	23.53	0.00	52.94	23.53
未在商务部境外投资备案	50.00	31.25	12.50	6.25	50.00	31.25
加入越南中国商会	50.00	25.00	20.83	4.17	50.00	25.00
未加入越南中国商会	55.56	33.33	11.11	0.00	55.56	33.33

就中资企业的注册时间来看，注册时间超过五年的企业均有超过六成（64.71%）通过市场定价或者同买方议价的方式来定价，实行成本加成、根据进口商品来定价或者通过其他方式来定价的企业占比均接近两成（17.65%）。注册时间低于五年的企业中，采用市场定价或者同买方议价来定价的企业均占比超过三成（33.33%），有接近四成（38.89%）的企业通过成本加成的方式来定价，还有超过两成（22.22%）的企业根据进口商品来定价，采用政府定价的企业比例较少，仅为5.56%，还有接近四成（38.89%）的企业通过其他方式定价。

就中资企业是否在经济开发区而言，不在经济开发区的企业，通过市场定价或者同买方议价方式定价的企业比例均为四成左右（41.67%），通过成本加成方式定价的企业比例超过三成（33.33%），根据进口商品定价的企业比例也接近两成（16.67%），还有超过三成（33.33%）的企业采用其他的定价方式。在中国经济开发区的企业，主要采取成本加成、根据进口商品或者其他方式来定价，三种定价方式均占比50.00%。在越南经济开发区的企业，采用市场定价、同买方议价方式定价的企业较多，这两种方式均占比超过六成（61.11%），采用成本加成的企业接近三成（27.78%），根据进口商品定价的企业超过一成（11.11%），采用其他方式的企业比例也接近三成（27.78%）。在其他地区的企业，有接近七成（66.67%）的企业采取根据进口商品定价，采取市场定价或者同买方议价方式定价的企业均超过三成（33.33%）。

就中资企业是否在商务部境外投资备案来看，已备案的企业采取市场定价或者同买方议价的方式各占一半（52.94%），采用成本加成、根据进口商品或者其他方式来定价的企业均占比23.53%。未在商务部境外投资备案的企业，普遍采用市场定价和同买方议价的方式定价，另外，采用成本加成以及其他方式来定价的企业也分别占比近三成（31.25%），根据进口商品的方式来定价的企业比例为12.50%，根据政府定价的企业比例较少，仅占比6.25%。

就中资企业是否加入越南中国商会来看，加入越南中国商会的企业主要是通过市场定价以及同买方议价的方式来定价，两者的比例均占比50.00%，采用成本加成以及其他方式定价的企业比例均占比25.00%，根据进口商品定价的企业占比两成（20.83%）。未加入越南中国商会的企业，采用市场定价以及同买方议价方式定价的均超过五成（55.56%），采用成本加成以及其他方式的定价的企业比例均为三成左右（33.33%），根据进口商品定价的企业占到了约一成（11.11%）。通过上述分析可知，越南中资企业的定价多采取市场定价以及同买方议价的方式。

表3-7反映的是企业产品出口类型分布情况。根据企业出口产品的类型，受访企业主要划分为原始设备制造商（买主提出要求，企业加工后贴上买主品牌出口）、原始设计制造商（买主提出要求，企业自行设计、加工后贴上买主品牌出口）、原始品牌制造商（母公司

或本企业提出要求，自行设计、加工后贴上自有品牌出口）以及其他类型。企业类型按照多种维度来划分，指标分别为注册时间、是否在经济开发区、是否在商务部境外投资备案以及是否加入越南中国商会。首先，按照注册时间来看，注册时间超过五年的企业中，有接近七成（66.67%）的企业属于原始设备制造商，有超过三成（33.33%）的企业属于原始设计制造商。注册时间低于五年的企业中，属于原始设备制造商以及原始设计制造商的企业均超过三成（33.33%），有接近两成（16.67%）的企业属于原始品牌制造商，还有接近两成（16.67%）的企业属于其他类型。

表 3 - 7　　　　　　　　　　企业产品出口类型分布　　　　　　　　（单位:%）

	原始设备制造商	原始设计制造商	原始品牌制造商	其他
注册超过五年	66.67	33.33	0.00	0.00
注册低于五年	33.33	33.33	16.67	16.67
不在经开区	50.00	0.00	0.00	50.00
中国经开区	100.00	0.00	0.00	0.00
越南经开区	33.33	50.00	16.67	0.00
商务部境外投资备案	52.94	23.53	23.53	0.00
未在商务部境外投资备案	50.00	31.25	12.50	6.25
加入越南中国商会	50.00	33.33	16.67	0.00
未加入越南中国商会	50.00	0.00	0.00	50.00

就是否在经济开发区的企业来看，不在经济开发区的企业中有五成（50.00%）的企业属于原始设备制造商，还有半数（50.00%）的企业属于其他类型。在中国经济开发区的企业全部属于原始设备制造商。在越南经济开发区的企业中，有半数（50.00%）的企业属于原始设计制造商，有超过三成（33.33%）的企业属于原始设备制造商，还有接近两成（16.67%）的企业属于原始品牌制造商。

就中资企业是否在商务部境外投资备案来看，在商务部境外投资备案的企业中超过半数（52.94%）的企业属于原始设备制造商，属于原始设计制造商以及原始品牌制造商的企业比例相同，均占比

23.53%。未在商务部境外投资备案的企业，有半数（50.00%）的企业属于原始设备制造商，有超过三成（31.25%）的企业属于原始设计制造商，有超过一成（12.50%）的企业属于原始品牌制造商，还有6.25%的企业属于其他类型。

就是否加入越南中国商会来看，加入越南中国商会的企业中有半数（50.00%）的企业属于原始设备制造商，有超过三成（33.33%）的企业属于原始设计制造商，接近两成（16.67%）的企业属于原始品牌制造商。未加入越南中国商会的企业中，有半数（50.00%）的企业属于原始设备制造商，还有半数（50.00%）的企业属于其他类型。总体而言，在越南的大部分中资企业是以"代工生产"方式为主的原始设备制造商，即按照买主提出的产品要求，企业加工后贴上买主的品牌再进行出口。

三　中资企业竞争压力

表3-8反映的是工业和服务业竞争压力的主要来源。如表3-8所示，在工业企业中，超过八成（81.25%）企业的竞争压力来自外资同行，接近两成（18.75%）企业的竞争压力来自越南同行。就服务型企业来说，有75.00%的服务型企业的竞争压力来自外资同行，有25.00%的服务型企业的竞争压力来自越南同行。根据该表得知，在越南中资企业中，不管是工业企业还是服务型企业，竞争压力都主要来自于外资同行。

表3-8　　　　　　　　不同行业类别竞争压力的主要来源　　　　　　　（单位:%）

	越南同行	外资同行
工业	18.75	81.25
服务业	25.00	75.00

表3-9反映的是2013—2018年越南中资企业的竞争状况变化情况。有接近七成（68.42%）的工业企业认为近五年来竞争更激烈

了，有超过三成（31.58%）的工业企业认为更好经营了。有超过六成（62.50%）的服务型企业认为竞争更激烈了，有接近四成（37.50%）的服务型企业认为近五年来竞争状况没有变化。就是否在商务部境外投资备案的情况来看，在商务部境外投资备案的企业中，有超过六成（64.71%）的企业认为竞争更加激烈了，认为更好经营或竞争没有变化的企业占比均接近两成（17.65%）。未在商务部境外投资备案的企业中，接近七成（66.67%）的企业认为近五年来的竞争更加激烈了，有两成（20.00%）的企业认为更好经营了，还有13.33%的企业认为近五年来的竞争状况没有变化。

表3-9　　　　　　　2013—2018年企业的竞争状况变化情况　　　（单位：%）

	更好经营	没有变化	竞争更激烈
工业	31.58	0.00	68.42
服务业	0.00	37.50	62.50
商务部境外投资备案	17.65	17.65	64.71
未在商务部境外投资备案	20.00	13.33	66.67
加入越南中国商会	17.39	13.04	69.57
未加入越南中国商会	20.00	20.00	60.00

就是否加入越南中国商会而言，加入越南中国商会的企业中，有七成左右（69.57%）的企业认为竞争更加激烈了，17.39%的企业认为更好经营了，还有13.04%的企业认为近五年来的经营状况没有变化。未加入越南中国商会的企业中，有六成（60.00%）的企业认为竞争更加激烈了，两成（20.00%）的企业认为更好经营了，还有两成（20.00%）的企业认为竞争状况没有变化。通过分析企业经营状况的变化，从整体上得知有超过六成的企业认为近五年来的竞争状况越来越激烈了，这与越来越多的外资企业赴越南投资以及经营成本上升等因素有一定的关系。

表3-10反映的是近五年来越南中资企业的竞争方式变化情况。在工业企业中，有五成（50.00%）的工业企业认为近五年来企业质

量竞争更加激烈，接近四成（36.36%）的工业企业认为价格竞争更加激烈，有超过一成（13.64%）的工业企业认为竞争方式没有发生变化。在服务型企业中，接近五成（46.15%）的企业认为近五年来价格竞争更激烈，接近四成（38.46%）的企业认为近五年来的质量竞争更加激烈，认为广告战更加激烈和认为近五年来竞争方式没有变化的服务型企业均占比7.69%。

表3－10　　　　　　　近五年来企业的竞争方式变化情况　　　　（单位:%）

	没有变	价格竞争更激烈	质量竞争更激烈	广告战更激烈	其他
工业	13.64	36.36	50.00	0.00	0.00
服务业	7.69	46.15	38.46	7.69	0.00
商务部境外投资备案	18.75	31.25	50.00	0.00	0.00
未在商务部境外投资备案	6.25	56.25	31.25	6.25	0.00
加入越南中国商会	17.39	34.78	43.48	4.35	0.00
未加入越南中国商会	0.00	60.00	40.00	0.00	0.00

就是否在商务部境外投资备案来看，在商务部进行过境外投资备案的企业中，有五成（50.00%）的企业认为近五年来质量竞争更激烈，三成左右（31.25%）的企业认为价格竞争更加激烈，接近两成（18.75%）的企业认为近五年来的竞争方式没有发生变化。未在商务部境外投资备案的企业中，有接近六成（56.25%）的企业认为近五年来价格竞争更加激烈，三成左右（31.25%）的企业认为近五年来的质量竞争更激烈，认为近五年来广告战更激烈和认为近五年来的竞争方式没有发生变化的企业均占比6.25%。

就是否加入越南中国商会来看，加入越南中国商会的企业中，有43.48%的企业认为近五年来质量竞争更激烈，有34.78%的企业认为近五年来价格竞争更激烈，接近两成（17.39%）的企业认为近五年来企业的竞争方式没有发生变化，有4.35%的企业认为近五年来广告战更激烈。在未加入越南中国商会的企业中，有四成

（40.00%）的企业认为近五年来质量竞争更激烈，六成（60.00%）的企业认为价格竞争更激烈。总体而言，绝大部分中资企业认为近五年来质量竞争以及价格竞争更加激烈，少部分企业认为近五年来的竞争方式没有变化。由此可见，以质量为核心的竞争越来越成为中资企业的竞争方式，这也要求中资企业进一步提升企业产品以及服务的质量，方能在未来的经营中立于不败之地。

四 越南中资企业销售状况

对越南中资企业的互联网和移动互联网销售渠道的营业额与传统渠道营业额进行比较，如表3-11所示，服务型企业中传统渠道营业额更高的企业比例达到了六成（60.00%），互联网和移动互联网销售渠道更高的企业仅占两成（20.00%），另外两成（20.00%）的企业未透露销售渠道信息。工业企业原始数据缺失。就是否在商务部备案来说，所有在商务部备案的企业其传统销售渠道的营业额更高。未在商务部备案的企业中，有五成（50.00%）企业在互联网和移动互联网销售渠道上的营业额更高，另外五成（50.00%）的企业并未透露相关信息。就调查样本分析，未在商务部备案的企业主要以互联网和移动互联网销售渠道为主，而在商务部备案的企业则以传统销售渠道为主。

表3-11   **企业的互联网和移动互联网销售渠道**

营业额与传统渠道营业额比较   （单位:%）

	互联网更高	传统渠道更高	差不多	不清楚
服务业	20.00	60.00	0.00	20.00
在商务部备案	0.00	100.00	0.00	0.00
未在商务部备案	50.00	0.00	0.00	50.00

关于中资企业投放电视广告的情况，如表3-12所示，服务型企业中85.71%的企业未在市场上投放过广告。在调查中发现，绝大部分的企业认为口碑和产品质量更为重要，而且许多服务型企业如餐

馆，其客户主要是餐馆所在地居民，因此良好的口碑和优质的产品和服务比投放电视广告更加容易获得客户的信任和青睐。就是否在商务部备案来说，在商务部备案的企业中，有八成（80.00%）的企业未在市场上投放电视广告。未在商务部备案的企业中也有接近九成（88.89%）的企业未投放电视广告。

表3－12	企业投放电视广告情况	（单位:%）
	是	否
服务业	14.29	85.71
在商务部备案	20.00	80.00
未在商务部备案	11.11	88.89

对于中资企业未投放电视广告的原因，如图3－4所示，四分之三（75.00%）的企业认为不需要采用电视广告，接近两成（16.67%）的企业认为越南国内的电视广告宣传效果不好，仅有不足一成（8.33%）的企业认为电视广告费用支出太高。整体而言，绝大部分的企业均未在市场上投放电视广告，这与企业的生产和经营情况有关。大部分中资企业在生产经营中有稳定的客户以及合作伙伴，合作稳定，因此不需要采用电视广告。

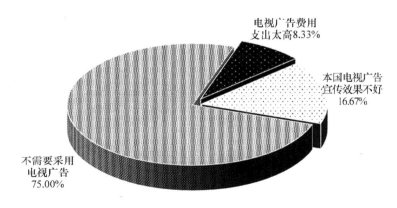

图3－4　企业未投放电视广告的原因

五　中资企业承担越南各类项目情况以及政府履约程度

表3－13反映的是企业注册时长与承担越南各类项目情况。就建筑、电力项目而言，注册时间超过五年的企业中，两成左右（23.53%）的企业承担过建筑、电力项目；注册时间低于五年的企业中仅有一成左右（11.11%）的企业承担过建筑、电力项目。总体而言，无论是注册时间长短，绝大部分越南中资企业均未承担过建筑、电力项目。就公路项目而言，注册时间超过五年的企业，均未承担过相关的项目；在所调查的企业中，注册时间低于五年的企业，全部承担过公路项目。就铁路项目而言，注册时间超过五年的企业均未承担过铁路项目；注册时间低于五年的企业中，半数（50.00%）的企业承担过铁路项目。就水电项目而言，注册时间超过五年的企业中，有25.00%的企业承担过水电项目；注册时间低于五年的企业均未承担过水电项目。就火电项目而言，注册时间超过五年的企业中，有半数（50.00%）的企业承担过火电项目；注册时间低于五年的企业均未承担过火电项目。就航运项目而言，无论是注册时间超过五年还是注册时间低于五年的企业，均未承担过航运项目。就其他项目而言，半数（50.00%）的中资企业，无论注册时间长短均未从事过其他项目。

表3－13　　　　企业注册时长与承担越南各类项目情况　　　　（单位：%）

	注册超过五年		注册低于五年	
	是	否	是	否
建筑、电力项目	23.53	76.47	11.11	88.89
公路项目	0.00	100.00	100.00	0.00
铁路项目	0.00	100.00	50.00	50.00
水电项目	25.00	75.00	0.00	100.00
火电项目	50.00	50.00	0.00	100.00
航运项目	0.00	100.00	0.00	100.00
其他项目	50.00	50.00	50.00	50.00

表 3 - 14 反映的是企业运营时长与承担越南各类项目情况。就建筑、电力项目而言，运营时间超过五年的企业中，仅 25.00% 的企业承担过建筑、电力项目；运营时间低于五年的企业中，不足一成（6.67%）的企业承担过建筑、电力项目。总体而言，无论运营时间长短，绝大部分越南中资企业均未承担过建筑、电力项目。就公路项目而言，运营时间超过五年的企业中，有 20.00% 企业承担过公路项目，运营时间低于五年的企业均承担过公路项目。就铁路项目而言，运营时间超过五年的企业均未承担过铁路项目，运营时间低于五年的企业均承担过铁路项目。就水电项目而言，运营时间超过五年的企业中，有 20.00% 的企业承担过水电项目，运营时间低于五年的企业均未承担过水电项目。就火电项目而言，运营时间超过五年的企业中，有四成（40.00%）的企业承担过火电项目，运营时间低于五年的企业均未承担过火电项目。就航运项目来说，无论运营时间是超过五年还是低于五年的企业，均未承担过航运项目。就其他项目而言，运营时间超过五年的企业中，有六成（60.00%）的企业承担过其他项目，运营时间低于五年的企业均未承担过其他项目。

表 3 - 14　　　　企业运营时长与承担越南各类项目情况　　　　（单位：%）

	运营超过五年		运营低于五年	
	是	否	是	否
建筑、电力项目	25.00	75.00	6.67	93.33
公路项目	20.00	80.00	100.00	0.00
铁路项目	0.00	100.00	100.00	0.00
水电项目	20.00	80.00	0.00	100.00
火电项目	40.00	60.00	0.00	100.00
航运项目	0.00	100.00	0.00	100.00
其他项目	60.00	40.00	0.00	100.00

图 3 - 5 反映的是越南中资企业认为的越南政府合同履约程度情况。如图 3 - 5 所示，半数（50.00%）的企业认为越南政府履约程度

较好，能够提前履约；四分之一（25.00%）的企业认为越南政府履约程度尚可，不用催促就能准时履约；但仍有四分之一（25.00%）的企业认为越南政府的履约程度一般，需要催促3—5次才能正常完成合同规定的条款。从整体来看，越南政府可进一步提高合同履约能力，以营造更好的营商环境。

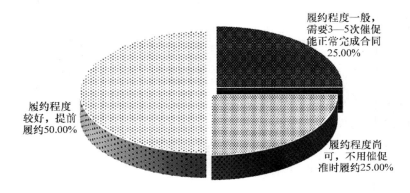

图3-5　越南政府履约程度

第三节　越南中资企业自主程度与融资状况分析

本节主要分析中资企业相较于母公司的自主程度以及描述中资企业融资状况。通过分析中资企业在产品生产、产品销售、技术开发、新增投资、员工雇佣方面的自主程度以及融资来源和未采取贷款的原因进一步了解中资企业在越南的实际状况。

一　中资企业自主程度

表3-15反映的是不同行业类型企业的自主程度。该自主程度是相较于国内母公司而言，自主程度越大，那么母公司对其影响越小；自主程度越小，母公司对其影响反而越大。企业自主程度主要

体现在产品生产、产品销售、技术开发、新增投资以及员工雇佣五个方面。

表3-15 不同行业类型企业的自主程度

	行业类型	0%—19%	20%—39%	40%—49%	50%—59%	60%—69%	70%—79%	80%—89%	90%—99%	100%
产品生产	工业	9.09	4.55	0.00	0.00	9.09	0.00	9.09	13.64	54.55
	服务业	7.14	0.00	0.00	14.29	0.00	7.14	7.14	7.14	57.14
产品销售	工业	13.64	4.55	0.00	0.00	4.55	0.00	13.64	13.64	50.00
	服务业	7.69	0.00	0.00	7.69	7.69	7.69	15.38	0.00	53.85
技术开发	工业	25.00	5.00	0.00	0.00	5.00	5.00	0.00	20.00	40.00
	服务业	27.27	9.09	0.00	0.00	0.00	18.18	0.00	0.00	45.45
新增投资	工业	22.73	9.09	0.00	0.00	4.55	0.00	9.09	0.00	45.45
	服务业	14.29	0.00	0.00	0.00	7.14	0.00	7.14	0.00	71.43
员工雇佣	工业	0.00	0.00	0.00	0.00	4.55	4.55	0.00	18.18	72.73
	服务业	0.00	0.00	0.00	0.00	0.00	0.00	0.00	14.29	85.71

如表3-15所示，就产品生产或服务供应而言，在工业企业中，86.37%的企业拥有六成以上的企业自主程度，其中，有54.55%的企业在产品生产或服务供应方面完全自主。在服务型企业中，78.56%的企业拥有六成以上的企业自主程度，其中，有57.14%的企业在产品生产或服务供应方面完全拥有自主权。由此可知，在产品生产或服务供应方面，无论是工业企业还是服务型企业，企业拥有很大的自主程度。

关于产品或服务销售，在工业企业中，81.83%的企业拥有六成以上的企业自主程度，其中，有50.00%的企业在产品或服务销售方面完全自主。在服务型企业中，84.61%的企业拥有六成以上的企业自主程度，其中，有53.85%的企业在产品或服务销售方面完全自主。由此可见，工业企业以及服务型企业在产品或服务销售方面的自主程度很大。

针对技术开发，在工业企业中，70.00%的企业拥有六成以上的企业自主程度，其中，有40.00%的企业在技术开发方面完全自主。在服务型企业中，63.63%的企业拥有六成以上的企业自主程度，其中，有45.45%的企业在技术开发方面完全自主。这说明工业企业以及服务型企业在技术开发方面自主程度相对较大。

关于新增投资，在工业企业中，54.54%的企业拥有六成以上的企业自主程度，其中，有45.45%的企业在新增投资方面完全自主。在服务型企业中，85.71%的企业拥有六成以上的企业自主程度，其中，有71.43%的企业在新增投资方面完全自主。这说明服务型企业在新增投资方面的自主程度大于工业企业。这是因为工业企业在新增投资方面对母公司的依赖相对较大。许多在越投资的中资企业为加工制造型企业，其主要负责的部分是加工与制造，因而国内母公司在新增投资方面有更大的决策权。

针对员工雇佣，在工业企业中，95.46%的企业拥有六成以上的企业自主程度，其中72.73%的企业在员工雇佣方面完全自主。服务型企业中，所有企业（100%）拥有六成以上的企业自主程度，85.71%的企业在员工雇佣方面完全自主。由此可见，越南中资企业在员工雇佣方面对母公司的依赖非常低。

表3-16反映的是在商务部备案与否与企业自主程度的关系。就产品生产或服务供应而言，在商务部进行过备案的企业中，94.11%的企业拥有六成以上的企业自主程度，其中，有47.06%的企业在产品生产或服务供应方面完全自主。未在商务部备案的企业中，75.00%的企业拥有六成以上的企业自主程度，其中，有62.50%的企业在产品生产或服务供应方面完全拥有自主权。在产品生产或服务供应方面，在商务部备案的企业中拥有六成以上自主程度的企业比例高于未备案的企业比例，但就拥有完全自主程度的企业来说，未备案的企业比例高于备案的企业比例。

表 3-16　　　　　在商务部备案与否与企业自主程度的关系

		0%—19%	20%—39%	40%—49%	50%—59%	60%—69%	70%—79%	80%—89%	90%—99%	100%
产品生产	是	5.88	0.00	0.00	0.00	5.88	5.88	11.76	23.53	47.06
	否	6.25	6.25	0.00	12.50	6.25	0.00	6.25	0.00	62.50
产品销售	是	5.88	0.00	0.00	0.00	5.88	5.88	17.65	17.65	47.06
	否	13.33	0.00	6.67	6.67	6.67	0.00	6.67	0.00	60.00
技术开发	是	18.75	12.50	0.00	0.00	6.25	0.00	0.00	18.75	43.75
	否	33.33	0.00	0.00	0.00	16.67	0.00	8.33		41.67
新增投资	是	17.65	5.88	5.88	5.88	5.88	5.88	5.88		47.06
	否	18.75	6.25	0.00	0.00	6.25	0.00	0.00		68.75
员工雇佣	是	0.00	0.00	0.00	5.88	5.88	0.00	0.00	23.53	64.71
	否	0.00	0.00	0.00	0.00	0.00	0.00	0.00	6.25	93.75

就产品或服务销售来说，在商务部进行过备案的企业中，94.12%的企业拥有六成以上的企业自主程度，其中，有 47.06%的企业在产品或服务销售方面完全自主。未在商务部备案的企业中，73.34%的企业拥有六成以上的企业自主程度，其中，有 60.00%的企业在产品或服务销售方面完全拥有自主权。

关于技术开发，在商务部进行过备案的企业中，68.75%的企业拥有六成以上的企业自主程度，其中，有 43.75%的企业在技术开发方面完全自主。未在商务部备案的企业中，66.67%的企业拥有六成以上的企业自主程度，其中，有 41.67%的企业在技术开发方面完全拥有自主权。这说明无论在商务部备案与否，企业在技术开发方面对母公司都有一定程度的依赖。

针对新增投资，在商务部进行过备案的企业中，64.70%的企业拥有六成以上的企业自主程度，其中，有 47.06%的企业在新增投资方面完全自主。未在商务部备案的企业中，75.00%的企业拥有七成以上的企业自主程度，其中，有 68.75%的企业在新增投资方面完全拥有自主权。

就员工雇佣而言，在商务部进行过备案的企业中，94.12%的企业拥有六成以上的企业自主程度，其中，有 64.71%的企业在员工雇佣方面完全自主。未在商务部备案的企业中，所有企业（100%）拥有六成以上的企业自主程度，其中，有93.75%的企业在员工雇佣方面完全拥有自主权。这说明在员工雇佣方面，无论是否在商务部备案，企业自主程度都非常大。

表3-17反映的是加入越南中国商会与否与企业自主程度关系。就产品生产或服务供应来看，加入越南中国商会的企业中，83.34%的企业拥有六成以上的企业自主程度，其中，有50.00%的企业在产品生产或服务供应方面完全自主。未加入越南中国商会的企业中，90.00%的企业拥有六成以上的企业自主程度，其中，有70.00%的企业在产品生产或服务供应方面完全拥有自主权。这说明在产品生产或服务供应方面，无论加入越南中国商会与否，绝大部分企业对母公司的依赖较小。

表3-17　　　　　　加入越南中国商会与否与企业自主程度关系

		0%—19%	20%—39%	40%—49%	50%—59%	60%—69%	70%—79%	80%—89%	90%—99%	100%
产品生产	是	4.17	4.17	0.00	8.33	4.17	4.17	8.33	16.67	50.00
	否	10.00	0.00	0.00	0.00	10.00	0.00	10.00	0.00	70.00
产品销售	是	4.35	4.35	0.00	4.35	8.70	4.35	13.04	13.04	47.83
	否	20.00	0.00	0.00	0.00	0.00	0.00	10.00	0.00	70.00
技术开发	是	23.81	9.52	0.00	0.00	4.76	4.76	0.00	14.29	42.86
	否	25.00	0.00	0.00	0.00	0.00	12.50	0.00	12.50	50.00
新增投资	是	16.67	4.17	4.17	4.17	4.17	4.17	4.17	0.00	58.33
	否	20.00	10.00	0.00	0.00	0.00	10.00	0.00	0.00	60.00
员工雇佣	是	0.00	0.00	0.00	4.17	4.17	0.00	0.00	16.67	75.00
	否	0.00	0.00	0.00	0.00	0.00	0.00	0.00	20.00	80.00

就产品或服务销售而言，加入越南中国商会的企业中，86.96%的企业拥有六成以上的企业自主程度，其中，有47.83%的企业在产

品或服务销售方面完全自主。未加入越南中国商会的企业中，80.00%的企业拥有六成以上的企业自主程度，其中，有70.00%的企业在产品或服务销售方面完全拥有自主权。这说明在产品销售或服务方面，无论加入越南中国商会与否，绝大部分企业拥有的企业自主程度较大。

关于技术开发，加入越南中国商会的企业中，66.67%的企业拥有六成以上的企业自主程度，其中，有42.86%的企业在技术开发方面完全自主。未加入越南中国商会的企业中，75.00%的企业拥有六成以上的企业自主程度，其中，有50.00%的企业在技术开发方面拥有完全自主权。这说明在技术开发方面，无论是否加入越南中国商会，中资企业对母公司依赖程度较大，许多企业在技术开发上未实现完全自主。

就新增投资而言，加入越南中国商会的企业中，70.84%的企业拥有六成以上的企业自主程度，其中，有58.33%的企业在新增投资方面完全自主。未加入越南中国商会的企业中，70.00%的企业拥有六成以上的企业自主程度，其中，有60.00%的企业在新增投资方面完全拥有自主权。这说明在新增投资方面，是否加入越南中国商会对新增投资影响不大。

就员工雇佣来看，加入越南中国商会的企业中，95.84%的企业拥有六成以上的企业自主程度，其中，有75.00%的企业在员工雇佣方面完全自主。未加入越南中国商会的企业中，100.00%的企业拥有六成以上的企业自主程度，其中，有80.00%的企业在员工雇佣方面完全拥有自主权。这说明在员工雇佣方面，企业自主程度非常高，相较而言，未加入越南中国商会的企业在员工雇佣方面的自主程度高于加入越南中国商会的企业。

二　中资企业融资情况

关于中资企业融资来源分布，如图3-6所示，五成（50.00%）的企业融资来自中国国内母公司拨款，两成左右（22.22%）的企业融资来自于越南国内银行和正规金融机构贷款，14.29% 的企业融资来自于中国国内银行和正规金融机构贷款，三成左右（34.39%）的企业融资通过其他渠道。总体而言，越南中资企业融资主要来自于母公司拨款以及银行和金融机构的贷款。

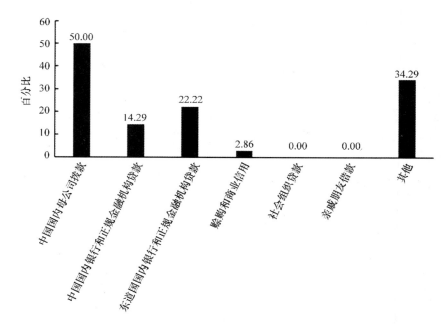

图 3 - 6　企业融资来源分布

关于中资企业未申请贷款的原因，如图 3 - 7 所示，没有贷款需求的企业占比 78.26%，因申请程序复杂而未申请贷款的企业占比 52.17%，因银行利率过高而未申请贷款的企业占比 39.13%。接近两成（17.39%）的企业还因公司资产、规模、实力不够而未申请贷款，超过一成（13.04%）的企业因贷款需要特殊支付且难以负担而未贷款，因担保要求过高和因缺乏申请贷款的必要信息而未贷款的企业均占比 8.70%。

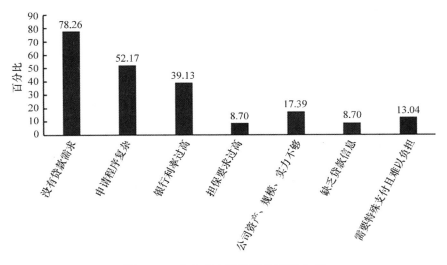

图 3 - 7 企业未申请贷款的原因分布

第四章

越南营商环境和中国企业投资风险分析

本章从中资企业视角来分析其在越南的投资基本营商环境及生产经营的主要风险来源，主要从四个方面来考察越南营商环境：越南基础设施对于中资企业的生产经营的影响；越南政府提供的公共服务对于中资企业生产经营的影响；中资企业对越南公共服务治理的评价以及中资企业对未来一年的投资风险预见。本章将中资企业按照所处的不同区域和行业，分析越南基础设施、越南公共服务对于中资企业供给的倾向性。不同区域和不同行业的中资企业对于越南公共服务治理的评价有着明显的差异。中资企业对于越南未来一年投资的风险预见也因区域和行业不同而有所差异。

第一节　越南基础设施的供给情况分析

中资企业经营受到越南当地政府提供基础设施程度的影响，其享受越南政府提供基础设施现状按照其所处的区位有着明显的差别。即便位于同一区域内的中资企业对水、电、网络和建筑申请的比例也有所不同。另外，不同行业的中资企业对水、电、网络和建筑的申请比例也是不同的。

一　中资企业因区位、行业不同对水、电、网络、建筑申请需求比例不一

按照受访企业所处区域位置来看，越南中资企业在水、电、网络以及建筑等四方面的申请比例存在明显的差别。从表 4 - 1 可知，就用水申请来看，不在经济开发区的中资企业需要用水申请的有 16.67%，不需要用水申请的有 83.33%，是需要用水申请的 5 倍左右，可知一般性居民用水即可满足企业的生产经营。位于中国经济开发区的企业用水申请占比是 33.33%，不需要提交用水申请的占比为 66.67%，即在中国经济开发区内有三分之二的中资企业不需要提交用水申请。位于中国经济开发区的企业大约有三分之一的企业需要提交用水申请，说明中资企业选择位于中国经济开发区对生产经营环境有选择性，在中国经济开发区提交用水申请更容易与管委会沟通。位于越南经济开发区的中资企业有 22.22% 的需要提交用水申请，有 77.78% 的不需要提交用水申请，是需要提交用水申请的 3.5 倍左右。

从表 4 -1 可知，就越南中资企业用电申请而言，不在经济开发区的企业仅有 10.00% 需要提交用电申请。不在经济开发区的企业，一方面可能企业入驻比较早，越南还没有形成开发区；另一方面在刚进驻越南时候提交过用电申请，但用电申请不需要每年都提交，所以就出现了仅有 10.00% 的中资企业需要提交用电申请的现象。而三分之一（33.33%）的位于中国经济开发区的中资企业需要提交用电申请。一般而言，中资企业入驻越南首选中国经济开发区，且入驻中国经济开发区一般以大型工厂为主，属劳动密集型产业，这些企业开工势必需要提交用电申请。因此，入驻中国经济开发区的中资企业电力申请比例远远高于不在经济开发区的比例。位于越南经济开发区的中资企业提交用电申请的比例是 55.56%，明显高于其他几个区域。一方面是越南经济开发区中进驻的企业以工业企业为主，需要电力申请才能满足日常生产所需。另一方面是越南经济开发区能提供更多廉价的劳动力满足企业所需。其他地区的中资企业就用电申请而言，与位于中国经济开发区提交用电申请的企业比例是一致的。

表 4 - 1 　　　　　　　　按是否位于开发区划分的企业提交水、
电、网络、建筑申请比例　　　　　　（单位:%）

	水		电		网络		建筑	
	是	否	是	否	是	否	是	否
不在经开区	16.67	83.33	10.00	90.00	58.33	41.67	8.33	91.67
中国经开区	33.33	66.67	33.33	66.67	33.33	66.67	33.33	66.67
越南经开区	22.22	77.78	55.56	44.44	58.82	41.18	41.18	58.82
其他地区	0.00	100.00	33.33	66.67	33.33	66.67	66.67	33.33

就网络使用申请而言，不在经济开发区和位于越南经济开发区的中资企业网络申请比例趋于一致，分别占所在地区中资企业的58.33%和58.82%。位于这两个地区中资企业网络覆盖率高，说明所入驻企业对于网络依赖程度比较高。位于中国经济开发区和位于其他地区的中资企业的网络申请率也是一致的，均占所在地区的三分之一（33.33%），略低于位于越南经济开发区的企业和不在经济开发区的企业。位于中国经济开发区和位于其他地区的中资企业多是劳动密集型企业，网络覆盖面有限。

就中资企业提交的建筑申请来看，不在经济开发区提交建筑申请的企业仅占到8.33%，位于中国经济开发区的企业提交建筑申请的占到了三分之一（33.33%），位于越南经济开发区的企业提交建筑申请的占到了41.18%，其他地区的企业提交建筑申请占到了三分之二（66.67%）。这说明受政策限制，不在经济开发区的企业难以申请到建筑用地，中国经济开发区的企业建筑申请比例也不及越南经济开发区和其他地区。

总体来看，中资企业在其他地区的用电申请和网络申请的占比相同。中资企业在中国经济开发区用水、用电、网络和建筑申请，其数量占比是一致的，均为三分之一（33.33%）。

就行业划分而言，如表 4 - 2 所示，工业企业用水申请占比

22.73%，不需要提交用水申请的企业为 77.27%，是需要提交用水申请的 3 倍左右。需要用电申请的工业企业比例占到一半以上（52.38%），需要网络申请的企业比例将近一半（47.62%），需要提交建筑申请的企业比例是 42.86%。说明工业企业对网络和建筑申请有特别要求的占到将近一半；也可能是新入驻的工业企业数相对较多，需要进行电力、网络和建筑申请。

就服务型企业来看，需要用水申请和需要建筑申请的企业比例是一致的，均为 14.29%。不需要进行用水申请和建筑申请的服务型企业比例是需要用水申请和建筑申请企业比例的 6 倍左右。说明了服务型企业需要进行专门用电、建筑申请的企业数量占很小一部分。需要用电申请的企业与需要用水、建筑申请的服务型企业比例趋于相同，占比 15.38%。需要提交网络申请的服务型企业超过六成（64.29%），远远高于需要用水、用电、建筑申请的企业占比，这说明了服务型企业对网络依赖程度很高。

表 4 - 2　　　　按行业划分的企业提交水、电、网络、建筑申请比例　　　（单位：%）

	水		电		网络		建筑	
	是	否	是	否	是	否	是	否
工业	22.73	77.27	52.38	47.62	47.62	52.38	42.86	57.14
服务业	14.29	85.71	15.38	84.62	64.29	35.71	14.29	85.71

二　越南中资企业断水、断电、断网情况分析

越南中资企业生产经营与水、电、网络有密切的关系，断水、断电、断网在一定程度上会影响中资企业的生产经营。课题组将越南中资企业所处的区域分为在中国经济开发区、越南经济开发区、不在经济开发区和其他地区，断水、断电、断网情况在这些区域发生比例不尽相同。另外，断水、断电、断网的企业发生比例也具有明显的行业特征。一般情况下，中资企业会采用向越南的管理机构支付非正规费用来规避断水、断电、断网等情况，以避免给企业带来大的损失。因

此，中资企业向越南的管理机构支付非正规费用也有明显的区域特征和行业特色。

就断水情况而言，如表 4 - 3 所示，位于中国经济开发区的受访中资企业没有经历过断水的情况，位于其他地区的企业也没有经历过断水的情况。不在经济开发区的中资企业有 8.33% 经历过断水，而位于越南经济开发区的中资企业则有 11.11% 经历了断水情况。就断电情况而言，位于中国经济开发区且经历过断电的中资企业最多，占比 66.67%，其次是不在经济开发区的中资企业，占比 50.00%，再次是位于越南经济开发区的中资企业，占比 44.44%，最后是位于其他地区的中资企业，占比 33.33%。就断网情况而言，位于其他地区的企业没有经历过断网情况，不在经济开发区和位于中国经济开发区的企业经历断网情况比例均为 33.33%，位于越南经济开发区的企业经历断网比例最高，达到了 38.89%。

表 4 - 3　　按是否位于开发区划分的企业发生断水、断电、断网情况　（单位：%）

	断水		断电		断网	
	是	否	是	否	是	否
不在经开区	8.33	91.67	50.00	50.00	33.33	66.67
中国经开区	0.00	100.00	66.67	33.33	33.33	66.67
越南经开区	11.11	88.89	44.44	55.56	38.89	61.11
其他地区	0.00	100.00	33.33	66.67	0.00	100.00

按照行业划分来看，如表 4 - 4 所示，工业企业发生断水情况的比例为 9.09%，略大于服务型企业发生断水比例（7.14%）。服务型企业中，经历过断电的企业占到一半（50.00%）；工业企业中，经历过断电企业的比例为 45.45%。就断网情况来看，有 42.86% 的服务型企业经历过断网，而仅有 27.27% 的工业企业经历过断网。这说明了工业企业对于网络的要求要比服务型企业高，一些企业甚至有断网备用方案，试图通过备用网络减少断网对于企业生产的损失。

表4－4　　　　　　　按行业划分的企业发生断水、断电、断网情况　　　　（单位:%）

	断水		断电		断网	
	是	否	是	否	是	否
工业	9.09	90.91	45.45	54.55	27.27	72.73
服务业	7.14	92.86	50.00	50.00	42.86	57.14

三　中资企业对于申请用水、用电、网络、建筑的非正规支付

由于所处地区不同，越南中资企业对于申请用水、用电、网络、建筑也有不同程度的需求，其为此所支付的非正规费用也有所不同。如表4－5所示，不在经济开发区的企业用水申请需要非正规支付费用的企业占到了50.00%，用电申请也需要支付非正规的费用，但网络申请不需要支付非正规费用，对于建筑申请则都需要支付非正规费用。位于中国经济开发区的中资企业提交的用水、用电和建筑申请的企业均需要支付非正规费用，但是网络申请不需要支付非正规费用。这说明了新兴的网络服务申请程序比较正规，按照正常的程序即可在规定的时间内顺利办理，这也从侧面说明了网络不是必需的服务。与网络相比，水、电和建筑都是中资企业急需解决的问题，尤其是水、电的需求对于企业来说是急需的，企业需要通过支付一些非正规费用，促使主管部门或官员加快申请审批进度。

表4－5　　　　　　　按是否位于开发区划分的企业提交水、电、

网络、建筑申请的非正规支付比例　　　　（单位:%）

	水		电		网络		建筑	
	是	否	是	否	是	否	是	否
不在经开区	50.00	50.00	100.00	0.00	0.00	100.00	100.00	0.00
中国经开区	100.00	0.00	100.00	0.00	0.00	100.00	100.00	0.00
越南经开区	50.00	50.00	20.00	80.00	20.00	80.00	71.43	28.57
其他地区	0.00	0.00	0.00	100.00	0.00	100.00	50.00	50.00

位于越南经济开发区的中资企业中，提交用水申请需要非正规支付费用的企业占到一半（50.00%），提交用电和网络申请的企业需要非正规支付费用均占比20.00%，对于建筑申请，有71.43%的企业需要非正规支付费用。位于其他地区的中资企业在水、电、网络申请方面均不需要支付非正规费用，在建筑申请方面，有50.00%的企业需要支付非正规费用。这说明了越南政府对于建筑申请批准比较严格，不在任何经济开发区和位于中国经济开发区的中资企业均需要支付非正规费用，即便是位于越南经济开发区，也有七成以上的企业需要支付非正规费用才能顺利获得建筑审批。

从行业划分来看，不同行业的企业对水、电、网络、建筑申请所需支付非正规费用的占比有明显的差异。如表4-6所示，在工业企业中，在用水申请方面需要非正规支付的企业占到八成（80.00%），对于建筑申请需要非正规支付的企业占到77.78%，这说明用水申请和建筑申请对于工业企业十分重要。与此相比，用电申请需要非正规支付的企业占比36.36%，只有20.00%的企业在网络申请方面需要支付非正规费用。

表4-6　　　　　　　按行业划分的企业提交水、电、
网络、建筑申请的非正规支付比例　　　　（单位:%）

	水		电		网络		建筑	
	是	否	是	否	是	否	是	否
工业	80.00	20.00	36.36	63.64	20.00	80.00	77.78	22.22
服务业	0.00	100.00	0.00	100.00	0.00	100.00	50.00	50.00

服务型企业在用水、用电和网络申请均不需要非正规的支付，这说明服务型企业对于常规用水、用电申请和网络申请没有迫切的需要，常规的办理时效基本能够满足服务型企业。在建筑申请方面，有50.00%的服务型企业需要非正规支付。

第二节　越南公共服务供给分析

越南公共服务供给对中资企业的生产经营有着重要影响，政府税收检查对越南中资企业的生产经营也有一定的影响。本节基于中资企业视角，按照行业和中资企业所处的区域不同，分析越南中资企业营商环境。越南税务机关对中资企业的检查频次与中资企业对税务机关进行非正规支付有密切关系。其中，中资企业对税务机关的非正规支付因中资企业所处的区域不同和所属的行业不同，非正规支付的企业占比有明显差异。

一　税务机关的检查与越南中资企业经营

如表4－7所示，工业企业中，被税务机关走访或者检查的企业占到了59.09%，需要非正规支付的企业占到了38.46%。从受访中资企业来看，工业企业向税务机关非正规支付的比例小于被税务机关走访或者检查的比例。与此相比，服务型企业中，被税务机关检查的企业比例占到了57.14%，需要向税务机关非正规支付的企业占到66.67%。

表4－7　　　　**按行业划分的企业税务机关检查与非正规支付比例**　　　（单位：%）

	税务机关走访或检查		税务机关非正规支付	
	是	否	是	否
工业	59.09	40.91	38.46	61.54
服务业	57.14	42.86	66.67	33.33

从表4－7可知，工业企业被越南税务机关检查的比例略高于服务型企业。从需要向税务机关非正规支付的企业比例来看，服务型企业是工业企业的2倍左右。这从一个侧面说明，中资企业被越南税务

机关走访或者检查是常态。在越南中资企业中，需要向税务机关非正规支付的服务型企业远多于工业企业，服务型企业向税务机关非正规支付已经常态化。

越南税务机关走访或者检查中资企业具有一定的倾向性。如表4-8所示，位于不同经济开发区的中资企业被税务机关走访或者检查的比例相差很大。不在经济开发区的中资企业被税务机关走访或者检查比例占比50.00%，需要向税务机关进行非正规支付企业占比60.00%。

在位于中国经济开发区的中资企业中，有33.33%的企业被越南税务机关走访或者检查过，低于不在经济开发区的企业比例。就受访企业而言，位于中国经济开发区的越南中资企业不需要向税务机关提供非正规支付。这说明了中国经济开发区管理委员会对于中资企业的管理方式被越南税务机关认可，并得到了其充分信任，或者是越南税务机关委托中国经济开发区管理委员会代为检查区内中资企业。

位于越南经济开发区的中资企业中，被税务机关走访或检查企业占比66.67%，需要向税务机关进行非正规支付的企业占比33.33%。越南经济开发区内中资企业营商环境比不在经济开发区的企业要好一些。而位于其他地区的越南中资企业中，被税务机关走访或检查企业占比与位于越南经济开发区的占比相同，均为66.67%，但位于其他地区的中资企业都需要向税务机关进行非正规支付。

表4-8　　　　　　　　按是否位于开发区划分的企业税务
机关检查与非正规支付比例 （单位:%）

	税务机关走访或检查		税务机关非正规支付	
	是	否	是	否
不在经开区	50.00	50.00	60.00	40.00
中国经开区	33.33	66.67	0.00	100.00
越南经开区	66.67	33.33	33.33	66.67
其他地区	66.67	33.33	100.00	0.00

二　越南中资企业进口申请与非正规支付对企业生产经营的影响

如表4-9所示，位于不同区域的中资企业，对进口申请比例不同。不在经济开发区的越南中资企业提交进口申请的比例是50.00%，需要非正规支付的企业比例为60.00%。位于中国经济开发区和其他地区的中资企业中，均有33.33%的企业提交了进口许可申请；所有的企业都不需要非正规支付。位于越南经济开发区的企业中，提交进口申请的企业有61.11%，需要非正规支付的企业占54.55%。从调查数据来看，提交进口申请比例最高的是位于越南经济开发区的企业，其次是不在经济开发区的企业，最后是位于中国经济开发区和其他地区的企业。就是否需要非正规支付企业的比例来看，位于中国经济开发区和其他地区由于进口申请企业本身就很少，不需要非正规支付。不在经济开发区的企业进行非正规支付比例最高，其次是位于越南经济开发区的企业比例。

表4-9　　　　　　　　按是否位于开发区划分的企业进口
许可申请与非正规支付比例　　　　　　　（单位：%）

	进口许可申请		进口许可申请中非正规支付	
	是	否	是	否
不在经开区	50.00	50.00	60.00	40.00
中国经开区	33.33	66.67	0.00	100.00
越南经开区	61.11	38.89	54.55	45.45
其他地区	33.33	66.67	0.00	100.00

不同行业的越南中资企业，对进口申请的比例是不相同的。当然，在进行进口申请过程中需要向越南政府机构支付非正规费用的企业比例也不尽相同。如表4-10所示，在工业企业中，提交进口申请的企业占到了63.64%，需要支付非正规费用的企业占比64.29%。服务型企业中，有35.71%的企业提交了进口申请，都不需要支付非

正规费用，说明了服务型企业提交进口申请的比例远远小于工业企业的比例，服务型企业在申请进口许可过程中需要支付非正规费用的比例也远远小于工业企业。这说明工业企业对于进口许可需求在时间上要求比较高，工业企业的进口许可申请程序复杂，过程缓慢，假如没有支付非正规费用，工业企业很难迅速申请到进口许可，这也是工业企业必须缴纳非正规支付费用的主要理由之一。服务型企业不需要缴纳非正规支付费用，这说明服务型企业对进口许可在时间要求上不像工业企业那么迫切，或者是通过正常渠道也能够申请到进口许可。

表4-10　　　　按行业划分的企业进口许可申请与非正规支付比例　　　（单位:%）

	进口许可申请		进口许可申请中非正规支付	
	是	否	是	否
工业	63.64	36.36	64.29	35.71
服务业	35.71	64.29	0.00	100.00

三　不同的劳动力政策对越南中资企业经营的影响

劳动力市场政策对不同行业的中资企业的生产经营的影响程度是不同的，越南中资企业从事不同行业经营对劳动力市场政策依赖程度不同，管理人员对中资企业的生产经营妨碍程度因行业差异而有所不同。

如图4-1所示，工业企业中，劳动力市场规制政策对企业没有妨碍、有一点妨碍和有中等妨碍的均占比27.27%，有较大妨碍的占比18.18%，不存在有严重妨碍的企业。劳动力市场规制政策对服务型企业影响程度，严重妨碍、较大妨碍以及中等妨碍均占比7.14%，有一点妨碍的占比42.86%，没有妨碍的企业占比35.71%。

从没有妨碍企业比例来看，服务型企业高于工业企业，说明了劳动力规制政策对于工业企业影响更多一些。在认为有一点妨碍的企业中，服务型企业比例高于工业企业。在认为有中等妨碍的企业中，工业企业比例远高于服务型企业。在较大妨碍程度，工业企业的比例高

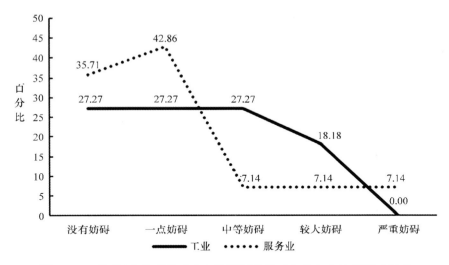

图 4-1 不同行业类型劳动力市场规制政策对企业生产经营影响程度

于服务型企业。在认为有严重妨碍的企业中，工业企业比例为零，服务型企业占比 7.14%。这说明，劳动力市场规制政策没有严重影响工业企业，但服务型企业所受的影响较大。

企业管理人员在一定程度上会妨碍到越南中资企业的生产经营，其妨碍程度在不同的行业有不同的表现。如图 4-2 所示，认为企业管理人员没有妨碍企业生产经营的工业企业占比 18.18%，而服务型企业则占比 14.29%；有一点妨碍的服务型企业占到 28.57%，而工业企业为零，说明服务型企业的经营状况对管理人员的依赖很大。而认为有中等妨碍的，工业企业占 45.45%，服务型企业占 14.29%，工业企业远远高于服务型企业，这说明就有中等妨碍认知这一点，因行业类型不同，管理人员对企业经营管理妨碍程度有很大差异。而认为企业管理人员对企业有较大妨碍程度的，工业企业占 36.36%，服务型企业占 35.71%，说明服务型企业和工业企业没有明显的差别。在认为管理人员对企业经营有严重妨碍这一点上，服务型企业占到 7.14%，工业企业则为零，二者存在一定差异。

专业技术人员的招聘难易程度对越南中资企业的生产经营有不同

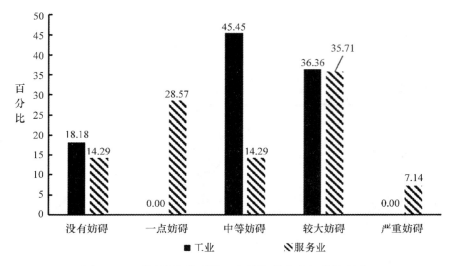

图4-2 不同行业类型管理人员妨碍生产经营的程度

程度的影响，这在不同的行业表现不同。如图4-3所示，在工业企业中，专业技术人员招聘难度对企业经营没有妨碍的占4.55%，有一点妨碍的占4.55%，中等妨碍的占22.73%，较大妨碍的占68.18%。这说明工业企业对于专业技术人员依赖程度比较强，认为没有妨碍和有一点妨碍的企业均占比4.55%，这在工业企业所占的比例微乎其微。此次受访中资企业以劳动密集型企业居多，劳动密集型企业对于专业技术人员依赖相对少一些，但其他工业企业对于专业技术人员的依赖较大。

在服务型企业中，认为专业技术人员招聘难度对企业有一点妨碍的占35.71%，有较大妨碍的占28.57%，中等妨碍的占21.43%，没有妨碍的占14.29%。相比较而言，服务型企业认为有较大妨碍的比例比工业企业少39.61%，服务型企业对专业技术人员的需求比工业企业相对少一些。服务型企业认为专业技术人员招聘难度对企业经营有中等妨碍的占21.43%，这与工业企业的22.73%基本相当，说明多数中资企业认为专业技术人员招聘难度对企业经营具有普遍影响。服务型企业认为有一点妨碍的占35.71%，这比工业企业高得多，说

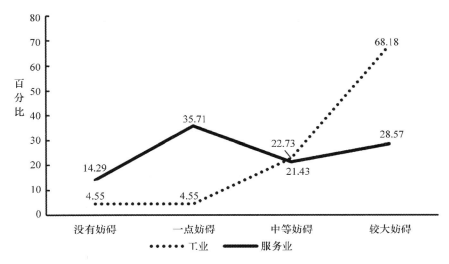

图 4 - 3 不同行业类型专业技术人员招聘难度妨碍生产经营的程度

明服务型企业的认知主要集中在有一点妨碍这一档。

越南中资企业对不同行业类型技术人员招聘难度，也会在一定程度上妨碍企业的生产经营。根据妨碍的程度分为：没有妨碍、一点妨碍、中等妨碍、较大妨碍和严重妨碍。如图 4 - 4 所示，在认为有较大妨碍的中资企业中，工业企业占 72.73%，服务型企业占 23.08%。这说明绝大多数工业企业缺乏技术人员。在认为有一点妨碍的企业中，服务型企业占 38.46%，而工业企业仅占 4.55%，服务型企业远高于工业企业。

企业员工素质对企业生产经营好坏有一定的影响，这种影响在不同的行业有不同的表现。如图 4 - 5 所示，在认为员工素质对企业生产妨碍程度非常严重的企业中，工业企业为零，但服务型企业占比 14.29%，这说明了企业员工素质对服务型企业的经营十分重要。在认为有较大妨碍的企业中，服务型企业占 14.29%，工业企业占 18.18%，明显高于服务型企业。在认为中等妨碍的企业中，工业企业占 54.55%，而服务型企业占 28.57%，这说明不管是对服务型企业还是工业企业而言，员工素质对于企业经营中等妨碍的占比最高，且工业企业远高于服务型企业。在认为有一点妨碍的企业中，服务型企业占 28.57%，工业企业占 18.18%，二者差别较大。在认为没有妨碍的企业中，服务型企业占 14.29%，工业企业占 9.09%，亦有差距。

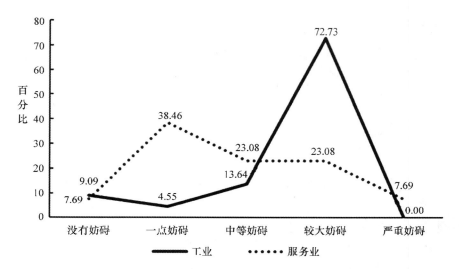

图 4-4　不同行业类型技术人员招聘难度妨碍生产经营的程度

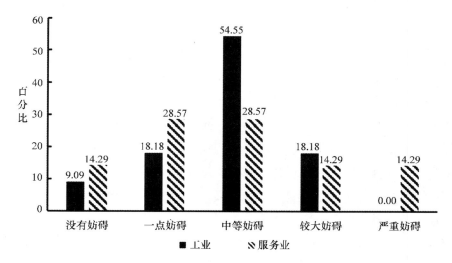

图 4-5　不同行业类型员工素质妨碍生产经营的程度

四　区位不同对中资企业的生产经营影响因素及其程度

由于不同地区的劳动力市场规制政策不同，对于越南中资企业生产经营程度的影响也是不同的。如图 4 - 6 所示，认为劳动力市场规制政策对中资企业没有妨碍的，不在经济开发区的企业占 25.00%，位于越南经济开发区的企业占 44.44%，中国经济开发区和其他地区的为零。这说明越南劳动力市场规制政策在中国经济开发区和其他地区执行严厉，都影响了中资企业的经营。

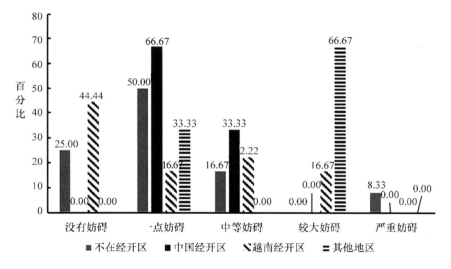

图 4 - 6　是否在经开区企业与劳动力市场规制政策妨碍生产经营的程度

就是否位于经济开发区中的中资企业的越南员工素质而言，对于企业生产经营程度的影响也是不尽相同的。根据受访中资企业高管回复的汇总，在位于越南经济开发区的中资企业中，认为员工素质对企业生产经营有严重妨碍的占 5.56%，有较大妨碍的占 11.11%，中等妨碍的占 55.56%，有一点妨碍的占 22.22%，没有妨碍的占 5.56%。其中，认为没有妨碍的企业和认为严重妨碍的比例是一致的，有一点妨碍的占比是有较大妨碍的 2 倍。这说明在位于越南开发区的中资企业招聘的员工中，绝大多数虽经培训上岗，但仍对企业生产经营程度有所妨碍，仅有5.56%的企业认为越南员工没有妨碍生产经营。

在位于中国经济开发区的中资企业中，如图4-7所示，认为员工素质对企业生产经营有较大妨碍的占66.67%，没有妨碍的占33.33%，其他情况为零。这说明，在此类中资企业中，有三分之二的劳动力难以完成企业的日常工作任务，大大妨碍了企业的日常生产经营活动；只有三分之一的越南员工没有妨碍到企业经营。对于不在经济开发区的越南中资企业，认为员工素质对企业生产经营有严重妨碍的占8.33%，有较大妨碍的占16.67%，中等妨碍的占33.33%，有一点妨碍的占25.00%，没有妨碍的占16.67%。而在其他地区的越南中资企业中，认为员工素质对企业生产经营有中等妨碍的占66.67%，有一点妨碍的占到了33.33%。

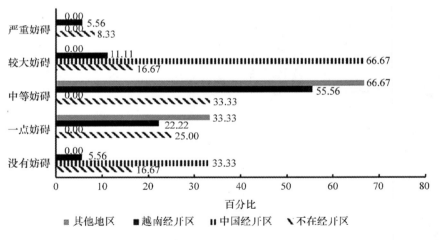

图4-7 是否在经开区企业与员工素质妨碍生产经营的程度

企业所处区域的不同，对于招聘专业技术人员的难易程度具有明显差异，而专业技术人员对于企业生产经营更有着重要影响。如图4-8所示，专业技术人员招聘难易程度对于企业有较大妨碍具有普遍性，比例最高的当属位于中国经济开发区和其他地区的企业，均占到三分之二（66.67%）；位于越南开发区的中资企业占到了一半以上（55.56%）；最少是不在经济开发区，占比41.67%。这说明了中资企业在越南生产经营普遍面临专业技术人员招聘不足的困境，但位于不同地区的企业也有些许差别。从一个侧面反映出，不同地区的企业对于专业技术人员的需求不同。对于专业技术人员需求多、要求高的企业首选入驻经济开发区，其中在中国经济开发区为其首选，因为企业与中国经济开发区管理委员会沟通方便，更契合中资企业的生产经营。而越南经济开发区紧随其后。

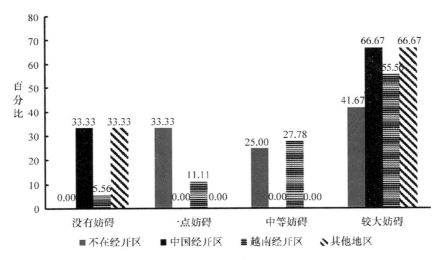

图4-8　是否在经开区企业与专业技术人员招聘难度妨碍生产经营的程度

在认为专业技术人员招聘对企业生产经营有中等妨碍的中资企业中，位于越南经济开发区的企业占27.78%，不在经济开发区的企业占25.00%，其他地区为零。在认为专业技术人员招聘对企业生产经营程度有一点妨碍的企业中，不在经济开发区的企业占33.33%，位于越南经济开发区的企业占11.11%。在认为专业技术人员招聘对企业生产经营程度没有妨碍的企业中，位于中国经济开发区和其他地区的均占33.33%，位于越南经济开发区的占5.56%。

就位于中国经济开发区和其他地区的中资企业来说，对于专业技术人员招聘难易程度的区分过于简单，运用了二分法，归结为严重妨碍和没有妨碍，对于中等妨碍、严重妨碍以及一点妨碍和没有妨碍的界限难以把握，这可能是导致了位于中国经济开发区和其他经济开发区的企业仅选择严重妨碍和没有妨碍的原因。

另外，就中等妨碍来说，位于越南经济开发区和不在经济开发区的中资企业所占比例趋于一致，这说明入驻这两个区域的中资企业面临招聘专业技术人员的难易程度基本差别不大。在认为有一点妨碍的中资企业中，不在经济开发区的企业占33.33%，位于越南经济开发区的企业占11.11%，说明在越南经济开发区招聘专业技术人员相比不在经济开发区的中资企业具有明显优势。

最后，就没有妨碍的中资企业来说，位于中国经济开发区和其他地区的企业都占到三分之一，位于越南经济开发区的企业占到了5.56%。这说明一方面是位于中国经济开发区和其他地区的中资企业简单地将专业技术人员的招聘难易程度划分为严重妨碍企业经营和没有妨碍企业生产经营程度，在图表上呈现出非此即彼的效应。只有5.56%的位于越南经济开发区的企业招聘到专业技术人员且能够满足企业的生产经营需要。

越南中资企业管理人员招聘的难易程度也对企业生产经营有着重要影响，且企业位于不同地区对招聘企业管理人员的难易程度也各不相同。课题组将中资企业在不同地区招聘管理人员难易程度及其对企业生产经营妨碍程度分为五个不同等级：严重妨碍、较大妨碍、中等妨碍、一点妨碍和没有妨碍。如图4-9所示，在管理人员招聘难度严重妨碍生产经营的中资企业中，位于其他地区的企业占33.33%，位于中国经济开发区、越南经济开发区、不在经济开发区的企业均为零。在认为有较大妨碍的企业中，位于中国经济开发区的占66.67%，位于越南经济开发区的占38.89%，其他地区的占33.33%，不在经济开发区的占25.00%，说明认为存在较大妨碍的位于中国经济开发区的企业超过六成，位于越南经济开发区和其他地区的企业在三成到四成之间，不在经济开发区的占到了两成左右。

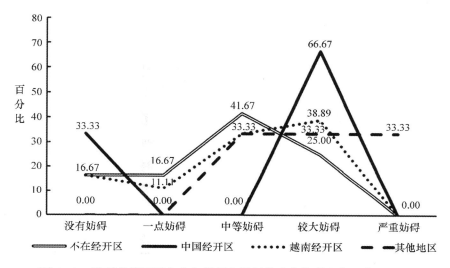

图4-9 是否在经开区企业与管理人员招聘难度妨碍生产经营的程度

就认为管理人员招聘对企业生产经营有中等妨碍程度来看，不在经济开发区的企业占41.67%，位于越南经济开发区和其他地区的企业均占33.33%。就认为有一点妨碍的企业所占比例来看，不在经济开发区的企业占16.7%，位于越南经济开发区的企业占11.11%。

不同地区的越南中资企业招聘技术人员的难易程度，也在不同程度上妨碍了企业的生产经营。如图4-10所示，课题组将中资企业在不同地区的对于招聘技术人员难度妨碍中资企业生产经营程度分为五个层级：严重妨碍、较大妨碍、中等妨碍、一点妨碍、没有妨碍。就位于中国经济开发区的企业来看，认为招聘技术人员难度对企业生产经营有较大妨碍的企业占66.67%，没有妨碍的企业占33.33%，认为有严重妨碍、中等妨碍和一点妨碍的企业均为零，这说明了位于中国经济开发区的企业技术人员招聘和管理人员招聘的难度对企业生产经营妨碍程度一致。而位于中国经济开发区的中资企业将技术人员招聘难度简单地理解为较大妨碍和没有妨碍，对于严重妨碍与较大妨碍以及中等妨碍、一点妨碍与没有妨碍的界限难以把握，这导致调查数据在图4－10中呈现出只有较大妨碍和没有妨碍。

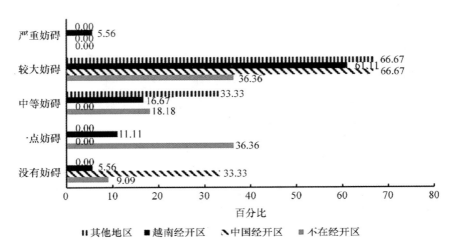

图4－10　是否在经开区企业与技术人员招聘难度妨碍生产经营的程度

位于其他地区中资企业将技术人员招聘难度对企业生产经营的妨碍程度，分为较大妨碍和中等妨碍，其中较大妨碍的企业占66.67%，中等妨碍的占33.33%，说明在位于其他地区的中资企业中，有六成以上的企业认为技术人员招聘的难度在较大程度上妨碍了企业的生产经营，这与位于中国经济开发区并认为有较大妨碍的企业比例一致，比位于越南经济开发区比例（61.11%）略高一些，但比不在经济开发区的（36.36%）高很多。由此可知，中资企业在越南生产经营普遍受到技术人员招聘难度的影响，位于经济开发区的中资企业对技术人员依赖程度明显高于不在经济开发区的企业。

关于位于越南经济开发区的中资企业认为技术人员招聘难度妨碍企业的生产经营程度，其中认为有严重妨碍的企业占5.56%，认为有较大妨碍的企业占61.11%，认为有中等妨碍的企业占16.67%，认为有一点妨碍的企业占11.11%，认为没有妨碍的企业占5.56%。这说明位于越南经济开发区的中资企业普遍面临技术人员招聘难的问题。

关于不在经济开发区的中资企业对技术人员招聘难度妨碍企业的生产经营程度，认为有较大妨碍的企业占36.36%，认为有中等妨碍的企业占18.18%，认为有一点妨碍的企业占36.36%，认为没有妨碍的企业占9.09%。这说明不在经济开发区的企业对于技术人员的依赖程度低于位于经济开发区的企业，企业在选择地点时，位于经济开发区与不在经济开发区相比，对于技术人员的招聘存在一定优势。

五　工会对企业的生产经营的妨碍程度因行业不同表现有所不同

越南中资企业有无工会与劳动力市场规制政策也会不同程度妨碍到企业的生产经营。课题组将企业分成两类：有企业工会的企业，无企业工会的企业；将中资企业有无工会与劳动力市场规制政策对企业生产经营的妨碍程度分为严重妨碍、较大妨碍、中等妨碍、一点妨碍和没有妨碍五个层级。如图4-11所示，就有企业工会的企业而言，

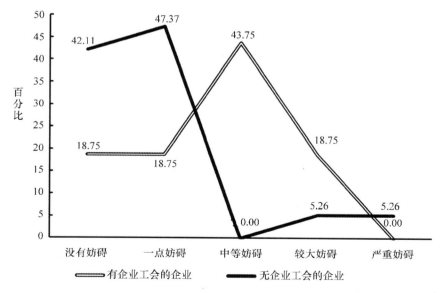

图4-11　企业有无企业工会与劳动力市场规制政策妨碍生产经营的程度

认为劳动力市场规制政策对企业生产经营有中等妨碍的企业数量占 43.75%，有较大妨碍、一点妨碍和没有妨碍分别占 18.75%。就无企业工会的企业而言，认为劳动力市场规制政策对企业生产经营有一点妨碍的占 47.37%，没有妨碍的占 42.11%，有较大妨碍和严重妨碍的均占比 5.26%。这说明了有企业工会的企业投入相当大一部分人力、物力和财力建设工会，这或多或少地影响了企业的生产经营。此外，没有企业工会的企业，对此投入很少。

越南中资企业成立工会与员工素质对企业生产经营都有着不同程度的妨碍。课题组将中资企业成立工会与否与员工素质对企业生产经营按照妨碍程度分为严重妨碍、较大妨碍、中等妨碍、一点妨碍和没有妨碍五个层级。如图 4–12 所示，有企业工会的企业中，员工素质对企业生产经营妨碍程度为中等妨碍的企业占 62.50%，有较大妨碍和一点妨碍的均占比 18.75%。

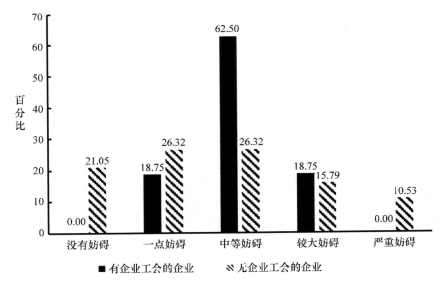

图 4–12　企业有无企业工会与员工素质妨碍生产经营的程度

就无企业工会的企业而言，认为企业员工素质对企业生产经营有中等妨碍和一点妨碍的企业均占比 26.32%，有 21.05% 的企业表示没有妨碍，15.79% 的企业表示有较大妨碍，10.53% 的企业表示有严重妨碍。

中资企业有无企业工会，对于专业技术人员招聘难度，在企业生产经营妨碍程度方面有着明显的差别。课题组按照企业有无企业工会与专业技术人员招聘难度对企业妨碍程度划分为较大妨碍、中等妨碍、一点妨碍和没有妨碍。如图 4-13 所示，关于有企业工会的企业对专业技术人员招聘难度对企业生产经营妨碍程度，认为有较大妨碍的企业占 62.50%，中等妨碍的企业占 25.00%，有一点妨碍的企业占 6.25%，没有妨碍的企业占 6.25%。这说明，九成以上（93.75%）有企业工会的企业认为招聘专业技术人员对企业生产经营有不同程度的妨碍，其中以较大妨碍为主。没有企业工会的企业中，认为专业技术人员招聘难度对企业生产经营有较大妨碍的企业占 47.37%，有中等妨碍的企业占 15.79%，有一点妨碍的企业占 26.32%，没有妨碍的企业占 10.53%。

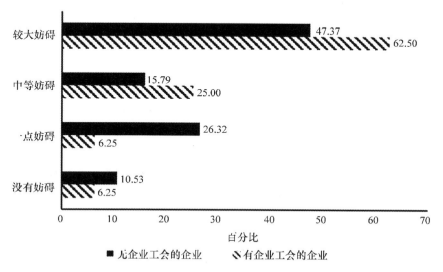

图 4-13　企业有无企业工会与专业技术人员招聘难度妨碍生产经营的程度

越南中资企业有无企业工会与管理人员招聘难度对企业生产经营都有着不同程度的妨碍。课题组将中资企业有无企业工会与管理人员招聘难度对企业生产经营按照妨碍程度不同分为：严重妨碍、较大妨碍、中等妨碍、一点妨碍和没有妨碍五个层级。如图 4 - 14 所示，有企业工会的企业中，认为管理人员招聘对企业生产经营有较大妨碍的企业占 56.25%，有中等妨碍的企业占 37.50%，没有妨碍的企业占 6.25%。就没有企业工会的中资企业而言，认为企业管理人员招聘对企业生产经营没有妨碍和中等妨碍的企业均占比 26.32%，认为有一点妨碍和较大妨碍的企业均占比 21.05%，认为严重妨碍的企业占比 5.26%。相对于无企业工会的企业，有企业工会的企业的生产经营受管理人员招聘难度影响更大。

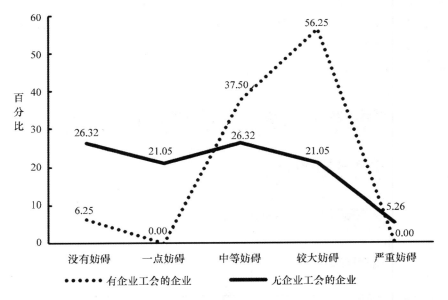

图 4 - 14 企业有无企业工会与管理人员招聘难度妨碍生产经营的程度

企业有无企业工会，与技术人员招聘难度对企业生产经营程度的妨碍不尽相同。如图 4 - 15 所示，在有企业工会的企业中，68.75%

的企业表示技术人员的招聘难度对企业的生产经营有较大的妨碍，18.75%的企业表示有中等妨碍，各有6.25%的企业表示有严重妨碍和没有妨碍。由此可以看出，有企业工会的企业，技术人员的招聘难度基本上都对企业的生产经营有不同程度的妨碍。在无企业工会的企业中，44.44%的企业表示技术人员招聘难度较大妨碍到了企业的生产经营，33.33%的企业表示有一点妨碍，各有11.11%的企业表示没有妨碍和中等妨碍。这说明了无企业工会的企业相比有企业工会的企业，在技术人员招聘难度对企业生产经营方面的妨碍相对轻一点。

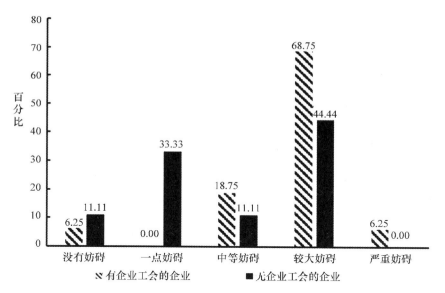

图4-15 企业有无企业工会与技术人员招聘难度妨碍生产经营的程度

六 有无女性高管对企业生产经营妨碍程度各异

越南中资企业有无女性高管与劳动力市场规制政策对企业生产经营妨碍程度不尽相同。课题组将越南中资企业中有无女性高管与劳动力市场规制政策对企业生产经营影响程度分为严重妨碍、较大妨碍、中等妨碍、一点妨碍和没有妨碍五个层面。如图4-16所示，在无女性高管的企业中，36.36% 的企业表示劳动力市场规制政策对企业生产经营有一点妨碍，各有 27.27% 的企业表示有中等妨碍和没有妨碍，9.09% 的企业表示有较大妨碍。在有女性高管的企业中，各有 32.00% 的企业表示劳动力市场规制政策对企业生产经营没有妨碍和有一点妨碍，各有 16.00% 的企业表示有中等妨碍和较大妨碍，4.00% 的企业表示有严重妨碍。这说明了在有女性高管的企业中，在较大妨碍和严重妨碍这两个层面明显高于没有女性高管的企业。另外，在有一点妨碍层面，有女性高管和无女性高管的企业，劳动力市场规制政策对企业生产经营妨碍认知基本趋于一致，说明劳动力规制政策对于企业生产经营的妨碍与企业有无女性高管关系不大。在没有妨碍企业生产经营方面，有女性高管企业的比例明显高于无女性高管的企业。

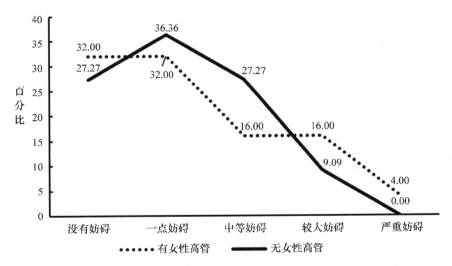

图 4-16 有无女性高管与劳动力市场规制政策妨碍生产经营的程度

越南中资企业有无女性高管，其员工素质高低在一定程度上也会妨碍企业的生产经营。课题组将越南中资企业按照有无女性高管，分成两组：一组是有女性高管的企业；另一组是无女性高管的企业。将企业员工素质对企业生产经营的妨碍程度分为严重妨碍、较大妨碍、中等妨碍、一点妨碍和没有妨碍。如图4-17所示，在无女性高管的企业中，54.55%的企业表示员工素质对企业生产经营有中等妨碍，27.27%的企业表示有一点妨碍，18.18%的企业表示有较大妨碍。在有女性高管的企业中，40.00%的企业表示员工素质对企业生产经营有中等妨碍，20.00%的企业表示有一点妨碍，各有16.00%的企业表示有较大妨碍和没有妨碍，8.00%的企业表示有严重妨碍。就中等妨碍、一点妨碍和较大妨碍层面来说，有女性高管和无女性高管的企业对员工素质认知趋于一致，无女性高管的企业稍高一点。另外，有女性高管的企业普遍认为员工素质在不同程度上影响了企业的生产经营。

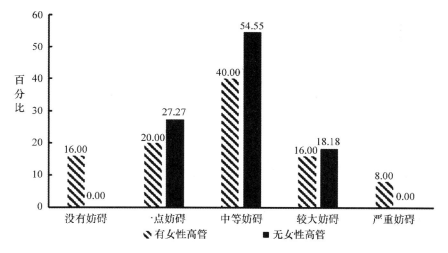

图4-17 有无女性高管与员工素质妨碍生产经营的程度

越南中资企业有无女性高管，其专业技术人员招聘的难度在一定程度上也会妨碍企业的生产经营。课题组将中资企业按照有无女性高管，分成两组：一组是有女性高管的企业；另一组是无女性高管的企业。将企业专业技术人员招聘难度对企业生产经营的妨碍程度分为较大妨碍、中等妨碍、一点妨碍和没有妨碍。如图4-18所示，在无女性高管的企业中，63.64%的企业表示专业技术人员招聘的难度对企业的生产经营有较大妨碍，27.27%的企业表示有中等妨碍，9.09%的企业表示有一点妨碍。而在有女性高管的企业中，48.00%的企业表示专业技术人员招聘的难度对企业的生产经营有较大妨碍，各有20.00%的企业表示有中等妨碍和有一点妨碍，12.00%的企业表示没有妨碍。

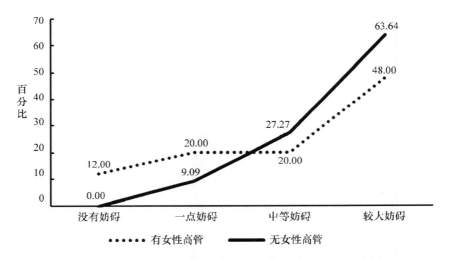

图4-18 有无女性高管与专业技术人员招聘难度妨碍生产经营的程度

越南中资企业有无女性高管，其管理人员招聘的难度在一定程度上也会妨碍企业的生产经营。课题组将越南中资企业按照有无女性高管，分成两组：一组是有女性高管的企业；另一组是无女性高管的企业。将管理人员招聘难度对企业生产经营的妨碍程度分为严重妨碍、较大妨碍、中等妨碍、一点妨碍和没有妨碍。如图4-19所示，在无女性高管的企业中，54.55%的企业表示管理人员招聘的难度对企业的生产经营有较大妨碍，27.27%的企业表示有中等妨碍，各有9.09%的企业表示有严重妨碍和没有妨碍。在有女性高管的企业中，

36.00%的企业表示管理人员招聘的难度对企业的生产经营有中等妨碍，28.00%的企业表示有较大妨碍，20.00%的企业表示没有妨碍，16.00%的企业表示有一点妨碍。

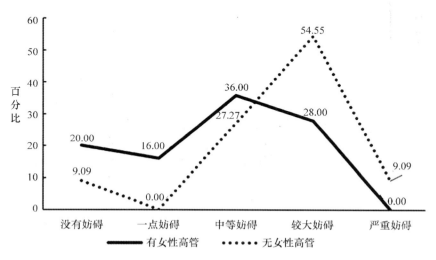

图4－19　有无女性高管与管理人员招聘难度妨碍生产经营的程度

对于有无女性高管的越南中资企业而言，技术人员招聘的难度在一定程度上也会妨碍企业的生产经营。课题组将越南中资企业分成两组：一组是有女性高管的企业；另一组是无女性高管的企业。课题组将技术人员招聘难度对企业生产经营的妨碍程度分为严重妨碍、较大妨碍、中等妨碍、一点妨碍和没有妨碍。如图4－20所示，在无女性高管的企业中，45.45%的企业表示技术人员招聘的难度对企业的生产经营有较大妨碍，36.36%的企业表示有中等妨碍，各有9.09%的企业表示有一点妨碍和没有妨碍。而在有女性高管的企业中，58.33%的企业表示技术人员招聘的难度对企业的生产经营有较大妨碍，20.83%的企业表示有一点妨碍，各有8.83%的企业表示没有妨碍和中等妨碍，4.17%的企业表示有严重妨碍。

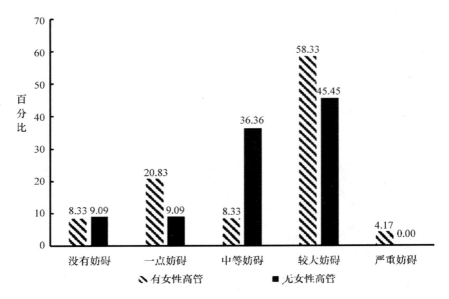

图 4-20　有无女性高管与技术人员招聘难度妨碍生产经营的程度

第三节　中资企业对越南公共服务治理的评价

　　公共服务治理对中资企业在越南的生产经营有着不同程度的影响，而位于不同区域和不同行业的中资企业对于税收管理、工商许可、政治环境的认知是不同的。本节将越南中资企业划分为位于中国经济开发区的企业、位于越南经济开发区的企业、不在经济开发区的企业和其他地区的企业。通过调查位于不同区域的中资企业对于税率、税收征收、工商许可、政治环境等在生产经营过程中的妨碍程度的差异，进一步厘清产生差异的原因。

　　一　中资企业对税收征收、工商许可对企业生产经营妨碍程度的认知

　　越南中资企业位于不同区域，税率对企业的生产经营的影响程度不一。按照企业位于不同的区域，课题组将税率对企业生产经营妨碍程度划分为较大妨碍、中等妨碍、一点妨碍和没有妨碍。如图 4 - 21 所示，在位于中国经济开发区的越南中资企业中，66.67% 的企业表示税率对企业的生产经营有中等妨碍。在位于其他地区的中资企业中，33.33% 的中资企业表示有中等妨碍。在位于越南经济开发区的中资企业中，29.41% 的企业表示有中等妨碍。不在经济开发区的中资企业有 8.33% 表示有中等妨碍。在认为有一点妨碍的中资企业中，不在经济开发区的企业占 50.00%，位于中国经济开发区和越南经济开发区的企业分别占 33.33%、29.41%。在认为没有妨碍的中资企业中，位于越南经济开发区的企业占 35.29%，其他地区和不在经济开发区的各占 33.33%。在认为有较大妨碍的企业中，位于其他地区的企业占 33.33%，不在经济开发区的企业占 8.33%，位于越南经济开发区的企业占 5.88%。

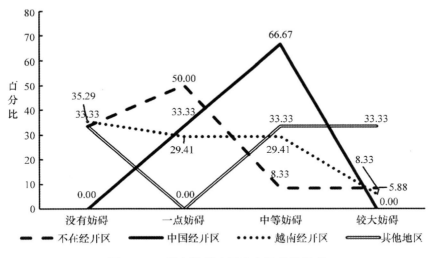

图 4 - 21 税率妨碍公司生产经营的程度

位于不同地区的越南中资企业，税收征收对其生产经营也有不同程度的影响。如图 4 - 22 所示，在位于中国经济开发区的越南中资企业中，66.67% 的企业表示税收征收对企业生产经营有中等妨碍，

33.33%的企业表示有一点妨碍。在位于越南经济开发区的中资企业中，41.18%的企业表示税收征收对企业生产经营没有妨碍，29.41%的企业表示有一点妨碍，23.53%的企业表示有中等妨碍，5.88%的企业表示有较大妨碍。不在经济开发区的中资企业中，50.00%的企业表示税收征收对企业生产经营没有妨碍，25.00%的企业表示有一点妨碍，16.67%的企业表示有中等妨碍，8.33%的企业表示有较大妨碍。在位于其他地区的中资企业中，66.67%的企业表示税收征收对企业生产经营有较大妨碍，33.33%的企业表示没有妨碍。

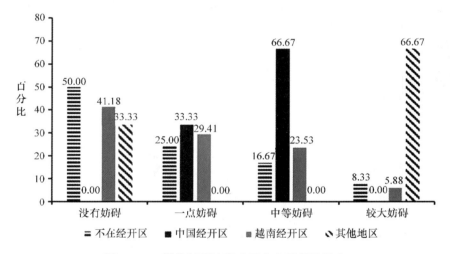

图 4 - 22 税收征收妨碍公司生产经营的程度

位于不同地区的越南中资企业，工商许可会在不同程度上妨碍到企业的生产经营。如图 4 - 23 所示，在位于中国经济开发区的中资企业中，66.67%的企业表示工商许可对企业生产经营有一点妨碍，33.33%的企业表示有较大妨碍。在位于越南经济开发区的中资企业中，44.44%的企业表示工商许可对企业生产经营没有妨碍，33.33%的中资企业表示有一点妨碍，22.22%的企业表示有中等妨碍。不在经济开发区的中资企业中，50.00%的企业表示工商许可对企业生产经营没有妨碍，41.67%的企业表示有一点妨碍，8.33%的企业表示有中等妨碍。在其他地区的中资企业中，均表示工商许可对企业生产经营有中等妨碍。

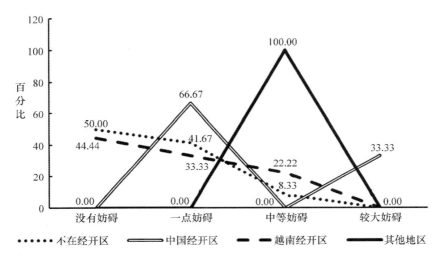

图 4-23　工商许可妨碍公司生产经营的程度

二　中资企业对越南政治环境的认知

越南政治环境对中资企业存在一定程度的影响，中资企业对政治环境认知因企业位于不同区域和不同行业，而有所偏差。其中，腐败、土地许可、政府管制与审批等问题对中资企业的生产经营均有不同程度的妨碍。

位于不同地区的越南中资企业，企业的生产经营受到政治不稳定的影响有所差异。如图 4-24 所示，在位于中国经济开发区的中资企业中，66.67%的企业表示政治不稳定对企业生产经营有中等妨碍，33.33%的企业表示有一点妨碍。在位于越南经济开发区的中资企业中，72.22%的企业表示政治不稳定对企业生产经营没有妨碍，27.78%的企业表示有一点妨碍。不在经济开发区的中资企业中，58.33%的企业表示政治不稳定对企业生产经营没有妨碍，33.33%的企业表示有一点妨碍，8.33%的中资企业表示有中等妨碍。而在其他地区的中资企业中，各有 33.33%的企业分别表示没有妨碍、有一点妨碍和中等妨碍。

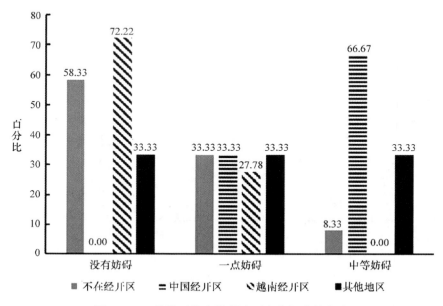

图4-24　政治不稳定妨碍公司生产经营的程度

　　腐败对企业生产经营有着重要的影响，越南中资企业也不例外。位于不同地区的越南中资企业，腐败对企业生产经营的妨碍程度有所差别。如图4-25所示，课题组将腐败妨碍公司生产经营的程度分为较大妨碍、中等妨碍、一点妨碍、没有妨碍四个等级。在位于中国经济开发区的中资企业中，33.33%的企业表示腐败对企业生产经营有较大妨碍，33.33%的企业表示有中等妨碍，33.33%的企业表示有一点妨碍。在越南经济开发区的中资企业中，70.59%的企业表示腐败对企业生产经营没有妨碍，29.41%的企业表示有一点妨碍。不在经济开发区的中资企业中，18.18%的企业表示腐败对企业生产经营没有妨碍，63.64%的企业表示有一点妨碍，18.18%的企业表示有中等妨碍。在其他地区的中资企业中，33.33%的企业表示腐败对企业生产经营没有妨碍，各有33.33%的企业表示有一点妨碍和中等妨碍。

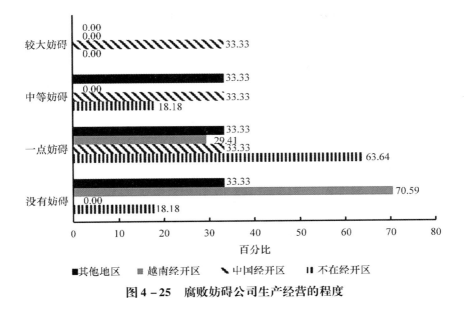

图 4 - 25　腐败妨碍公司生产经营的程度

　　土地许可在一定程度上会妨碍越南中资企业的生产经营，其妨碍程度在不同区域略有不同。课题组根据位于中国经济开发区、位于越南经济开发区、不在经济开发区和其他地区四种情况，将土地许可妨碍公司生产经营的程度分为没有妨碍、一点妨碍、中等妨碍、较大妨碍四个层级。如图 4 - 26 所示，在位于中国经济开发区的中资企业中，66.67% 的企业表示土地许可对企业的生产经营有一点妨碍，33.33% 的企业表示有中等妨碍。在位于越南经济开发区的中资企业中，77.78% 的企业表示土地许可对企业的生产经营没有妨碍，22.22% 的企业表示有中等妨碍。不在经济开发区的中资企业中，66.67% 的企业表示土地许可对企业的生产经营没有妨碍，16.67% 的企业表示有一点妨碍，各有 8.33% 的企业分别表示有中等妨碍和较大妨碍。这说明了土地许可对于中资企业在越南生产经营妨碍程度较低。

　　政府管制与审批在一定程度上会妨碍到企业的生产经营。政府管制与审批对中资企业的妨碍程度有明显的区域差异。课题组按照中资

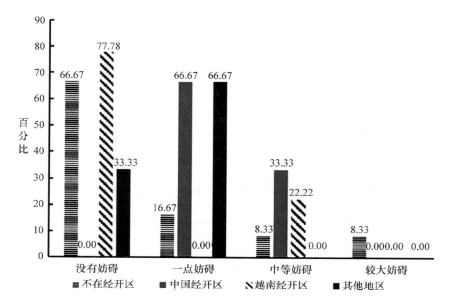

图 4 - 26 土地许可妨碍公司生产经营的程度

企业的区域位置不同，将中资企业分为位于中国经济开发区的企业、位于越南经济开发区的企业、不在经济开发区的企业和其他地区的企业，将政府管制与审批对中资企业生产经营的妨碍程度划分为严重妨碍、较大妨碍、中等妨碍、一点妨碍和没有妨碍五个层级。如图 4 - 27 所示，在位于中国经济开发区的中资企业中，66.67% 的企业表示政府管制与审批对企业的生产经营有一点妨碍，33.33% 的企业表示有严重妨碍。在位于越南经济开发区的中资企业中，50.00% 的企业表示政府管制与审批对企业的生产经营有一点妨碍，27.78% 的企业表示没有妨碍，22.22% 的企业表示有中等妨碍。不在经济开发区的中资企业中，50.00% 的企业表示政府管制与审批对企业的生产经营有一点妨碍，33.33% 的企业表示没有妨碍，16.67% 的企业表示有中等妨碍。在位于其他地区的中资企业中，各有 33.33% 的企业分别表示政府管制与审批对企业的生产经营没有妨碍、有一点妨碍和中等妨碍。

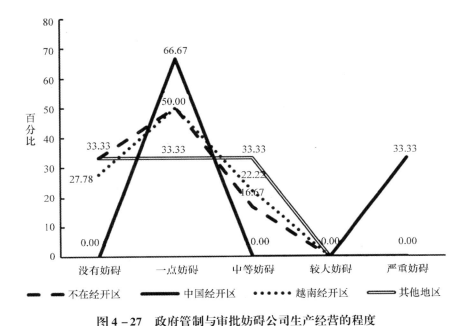

图 4-27　政府管制与审批妨碍公司生产经营的程度

三　税率、税收征收和工商许可对中资企业生产经营妨碍的行业差异

税率、税收征收和工商许可对中资企业生产经营有着重要影响。中资企业认为税率、税收征收、工商许可对企业生产经营产生的妨碍作用因行业不同而有所差异，税率在一定程度上会妨碍到企业的生产经营，而且在不同行业表现也有所差异。课题组按照行业不同将中资企业分为工业企业和服务型企业，将税率妨碍中资企业生产经营的程度划分为没有妨碍、一点妨碍、中等妨碍、较大妨碍和严重妨碍五个层级。如图4-28所示，在工业企业中，38.10%的企业表示税率对企业的生产经营有中等妨碍，33.33%的企业表示没有妨碍，23.81%的企业表示有一点妨碍，4.76%的企业表示有较大妨碍。在服务型企业中，50.00%的企业表示税率对企业的生产经营有一点妨碍，28.57%

的企业表示没有妨碍，14.29%的企业表示有较大妨碍，7.14%的企业业表示有中等妨碍。

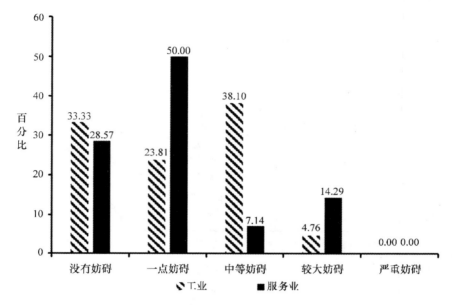

图4-28 按行业划分的税率妨碍企业生产经营的程度

总体来说，不管是工业企业还是服务型企业，认为税率对企业的生产经营有较大妨碍的占比在14.29%以下。认为有中等妨碍的服务型企业占比7.14%，工业企业占比38.1%。由于工业企业的原材料、机器设备、产品进出口等涉及关税等诸多环节，因此，调查结果显示税率对中资企业生产经营有中等妨碍的工业企业比例相比服务型企业高得多。就认为有一点妨碍程度而言，服务型企业比工业企业高出26.19%，二者差别较大。就认为没有妨碍程度而言，工业企业高出服务型企业4.76%，二者差别不超过一成。

税收征收对企业的生产经营在一定程度上有所妨碍，在不同行业表现略有不同。如图4-29所示，在工业企业中，57.14%的企业表示税收征收对生产经营有不同程度的妨碍。其中，接近两成（19.05%）的企业表示税收征收对企业生产经营有一点妨碍，三成

（33.33%）左右的企业表示有中等妨碍，不足一成（4.76%）的企业表示有较大妨碍，而四成左右（42.86%）的企业表示没有妨碍。在服务型企业中，64.28%的企业表示税收征收对生产经营有不同程度的妨碍。其中，35.71%的企业表示税收征收对企业生产经营有一点妨碍，7.14%的企业表示有中等妨碍，21.43%的企业表示有较大妨碍，而35.71%的企业表示没有妨碍。总体来看，服务型企业认为税收征收对企业的生产经营妨碍程度略高于工业企业，这表明税收征收对服务型企业的妨碍程度高于工业企业。

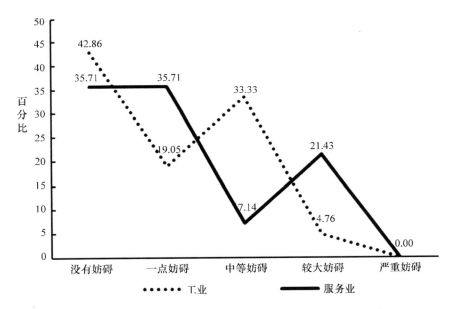

图4-29　按行业划分的税收征收妨碍企业生产经营的程度

　　工商许可对中资企业的生产经营的妨碍程度在不同行业表现略有不同。如图4-30所示，40.91%的工业企业表示工商许可对企业的生产经营没有妨碍，而35.71%的服务型企业表示没有妨碍，这说明工业企业对于工商许可的需求远远少于服务型企业。

　　六成左右（59.09%）的工业企业表示，工商许可对企业的生产经营有不同程度的妨碍。其中，认为工商许可对企业的生产经营有中

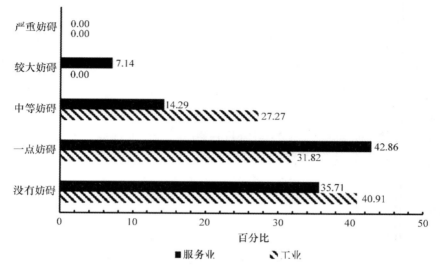

图 4 - 30　按行业划分的工商许可妨碍企业生产经营的程度

等妨碍的企业占 27.27%，有一点妨碍的企业占 31.82%。就服务型企业而言，认为工商许可对于企业生产经营有不同程度的妨碍的企业占 64.29%。其中，认为有一点妨碍的企业占 42.86%，中等妨碍的企业占 14.29%，有较大妨碍的企业占 7.14%。整体来看，工商许可对中资企业生产经营妨碍程度以有一点妨碍和中等妨碍为主，认为有较大妨碍的只有服务型企业，说明服务型企业对工商许可的依赖程度相对高一些。

四　不同行业对越南政治稳定性、腐败的认知

不同行业的越南中资企业，企业的生产经营受政治不稳定的影响也有所差异。如图 4 - 31 所示，在工业企业中，50.00% 的企业表示政治不稳定对企业的生产经营没有妨碍，36.36% 的企业表示有一点妨碍，13.64% 的企业表示有中等妨碍。在服务型企业中，71.43% 的企业表示政治不稳定对企业的生产经营没有妨碍，21.43% 的企业表示有一点妨碍，7.14% 的企业表示有中等妨碍。总体来看，就政治不

稳定对企业生产经营妨碍的影响程度，工业企业高于服务型企业，工业企业受政治不稳定的影响更多一些。

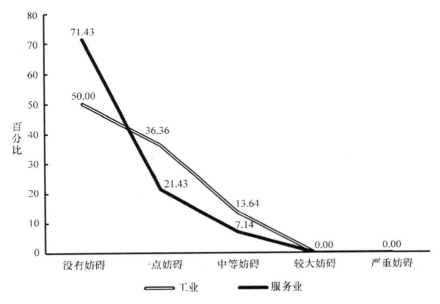

图4－31　按行业划分的政治不稳定妨碍企业生产经营的程度

　　腐败对企业生产经营也有影响，且因行业不同，影响程度有所差异。如图4－32所示，就工业企业来看，42.86％企业表示腐败对企业生产经营没有妨碍，47.62％的企业表示有一点妨碍，表示有中等妨碍和较大妨碍的企业均占比4.76％。就服务型企业来看，46.15％的企业表示腐败对企业生产经营没有妨碍，30.77％的企业表示有一点妨碍，23.08％的企业表示有中等妨碍。相对而言，由于服务型企业大多建在市中心的重要商业区，与政府部门及主管官员接触比较多，对腐败感受比较深。而工业企业通常位于经济开发区，与政府部门以及主管官员接触相对少一点，对于腐败的感受没有那么深。

　　对于不同行业的越南中资企业而言，土地许可对于企业生产经营妨碍程度不一。如图4－33所示，在工业企业中，54.55％的企业表

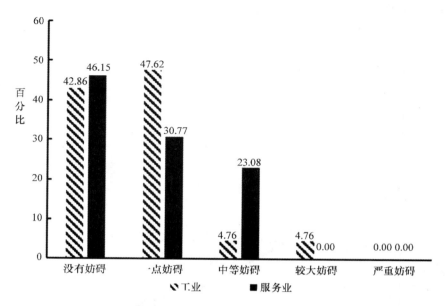

图 4 - 32　按行业划分的腐败妨碍企业生产经营的程度

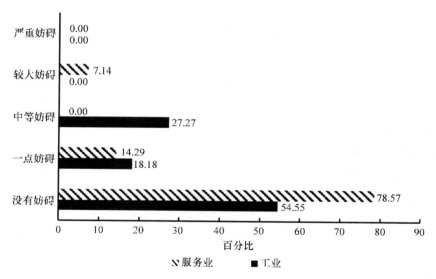

图 4 - 33　按行业划分的土地许可妨碍企业生产经营的程度

示土地许可对企业的生产经营没有妨碍，18.18%的企业表示有一点妨碍，27.27%的企业表示有中等妨碍。在服务型企业中，78.57%的企业表示土地许可对企业的生产经营没有妨碍，14.29%的企业表示有一点妨碍，7.14%的企业表示有较大妨碍。这说明，对服务型企业来说，土地许可对企业生产经营的影响不大。

政府管制与审批也会在一定程度上妨碍企业的生产经营，且有明显的行业差异。如图4-34所示，在工业企业中，18.18%的企业表示政府管制与审批对企业的生产经营没有妨碍，45.45%的企业表示有一点妨碍，31.82%的企业表示有中等妨碍，4.55%的企业表示有严重妨碍。在服务型企业中，认为政府管制与审批对企业的生产经营有严重妨碍和中等妨碍的企业比例均为零，42.86%的企业表示没有妨碍，57.14%的企业表示有一点妨碍。由此可知，相对于服务型企业，工业企业对政府管制与审批依赖性更强。

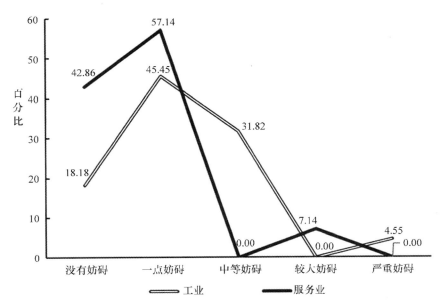

图4-34 按行业划分的政府管制与审批妨碍企业生产经营的程度

第四节　越南中资企业投资风险分析

越南中资企业一般都会通过各种方式规避投资风险，其主要措施是投资前进行可行性的考察。课题组在调查中发现，因行业不同、所处的区域不同、企业高层管理的有无女性，中资企业开展可行性研究的比例略有不同，企业在越南投资考察的倾向性也有明显的差异。

一　中资企业投资前可行性研究与考察类型

中资企业在越南进行投资前的可行性研究，是企业规避投资风险的一个重要的举措。中资企业进行可行性研究，因行业不同、区域不同，高层管理人员的性别结构不同，导致企业投资考察的比例也不尽相同。课题组按照行业不同，将越南中资企业分为工业企业和服务型企业。如表 4 – 11 所示，在工业企业中，90.91% 的企业表示在越南投资前进行过可行性研究，9.09% 的企业表示没有进行过可行性研究。在服务型企业中，85.71% 的企业表示在越南投资前进行过可行性研究，14.29% 的企业表示没有进行过可行性研究。这说明了工业企业超过九成进行过可行性研究，略高于服务型企业，工业企业对于投资越南相对谨慎。

表 4 – 11　　　　企业是否进行过越南投资的可行性研究状况　　　　（单位：%）

	有可行性研究	无可行性研究
工业	90.91	9.09
服务业	85.71	14.29
不在经开区	83.33	16.67
中国经开区	100.00	0.00
越南经开区	88.89	11.11
其他地区	100.00	0.00
有女性高管	84.00	16.00
无女性高管	100.00	0.00

　　课题组按照企业所处的不同区域，将中资企业所处区域划分为位于中国经济开发区、越南经济开发区、不在经济开发区和其他地区。如表 4 - 11 所示，所有的位于中国经济开发区和其他地区的企业都进行过可行性研究，88.89％的位于越南经济开发区的企业进行过可行性研究，83.33％的不在经济开发区的企业进行过可行性研究。总体而言，不管中资企业位于哪个区域，都十分重视投资前的可行性研究；位于经济开发区的企业进行过可行性研究的比例明显高于不在经济开发区的，说明了前往经济开发区投资更有优势能够吸引企业考察。

　　按照企业高层管理性别不同，课题组将中资企业划分为有女性高管企业和无女性高管企业。如表 4 - 11 所示，84.00％的有女性高管中资企业表示进行过可行性研究，所有的无女性高管企业都进行过可行性研究。这说明了中资企业进行可行性研究与有无女性高管关系密切度不高，但相对而言，无女性高管企业进行过可行性研究比例略高于有女性高管企业。

　　中资企业在越南进行投资一般需要进行可行性研究。课题组按照中资企业所属行业、所处区域及企业中是否有女性高管对其进行分类，不同类型的中资企业在越南开展可行性研究的类型具有明显的差异。如表 4 - 12 所示，按照行业划分，在工业企业中，90.48％的企业表示曾对市场竞争情况进行过调查，9.52％的企业表示没有进行过市场竞争力调查；所有的企业表示曾对越南外国直接投资法律法规进行过调查；52.38％的企业表示对越南宗教、文化和生活习惯进行过调查；66.67％的企业表示对越南劳动力素质进行过调查；4.76％的企业表示曾对其他方面进行过考察。在服务型企业中，72.73％的企业表示对市场竞争力进行过调查；54.55％的企业表示对越南外国直接投资法律法规进行过调查；18.18％企业表示对越南宗教、文化和生活习惯开展过调查；45.45％的企业表示对越南劳动力素质进行过调查；27.27％的企业表示对其他方面进行过考察。

表 4 - 12 企业投资前在越南开展可行性研究的类型 （单位:%）

	市场竞争调查		越南外国直接投资法律法规		越南宗教、文化和生活习惯		越南劳动力素质		其他方面	
	否	是	否	是	否	是	否	是	否	是
工业	9.52	90.48	0.00	100.00	47.62	52.38	33.33	66.67	95.24	4.76
服务业	27.27	72.73	45.45	54.55	81.82	18.18	54.55	45.45	72.73	27.27
不在经开区	0.00	100.00	10.00	90.00	80.00	20.00	50.00	50.00	90.00	10.00
中国经开区	33.33	66.67	33.33	66.67	33.33	66.67	66.67	33.33	66.67	33.33
越南经开区	25.00	75.00	18.75	81.25	50.00	50.00	31.25	68.75	87.50	12.50
其他地区	0.00	100.00	0.00	100.00	66.67	33.33	33.33	66.67	100.00	0.00
有女性高管	9.52	90.48	0.00	100.00	47.62	52.38	33.33	66.67	95.24	4.76
无女性高管	27.27	72.73	45.45	54.55	81.82	18.18	54.55	45.45	72.73	27.27

从表 4 - 12 的对比可知，中资企业有无女性高管对越南投资环境的调查与不同行业调查数据大致相似。在对市场竞争，越南外国直接投资法律法规，越南宗教、文化和生活习惯，越南劳动力素质方面以及其他考察方面，无女性高管企业的比例与服务型企业一致，有女性高管企业比例与工业企业相同。

如表 4 - 12 所示，按照中资企业所处不同区域，对越南投资调查倾向性是不同的。所有的不在经济开发区和其他地区的企业均对市场竞争情况进行过调查，位于越南经济开发区和位于中国经济开发区的企业对市场竞争情况进行过调查的比例分别为 75.00% 和 66.67%。这说明中资企业普遍重视对市场竞争方面的调查。对于越南外国直接投资法律法规的调查，位于其他地区的企业全部都进行过调查，不在经济开发区的企业有 90.00%，位于越南经济开发区的有 81.25%，位于中国经济开发区的有 66.67%。说明中资企业对于越南法律法规的调查也具有普遍性。对于越南宗教、文化和生活习惯的调查，位于中国经济开发区的企业有 66.67% 做过此类调查，位于越南经济开发区的有 50.00%，其他地区的有 33.33%，不在经济开发区的有 20.00%。相比而言，位于中国经济开发区的企业比较注重越南宗教文化和生活习惯方面的调查。对于越南劳动力素质的调查，其他地区的企业有 66.67% 做过此类调查，越南经济开发区的有 68.75%，不在经济开发区的有 50.00%，在中国经济开发区的有 33.33%。由此可见，位于中国经济开发区的企业对于劳动力素质调查最不重视。关于其他方面的调查，位于中国经济开发区的有 33.33%，位于越南经济开发区的有 12.50%，不在经济开发区的有 10.00%。相对而言，中国经济开发区的企业对于其他方面的调查占比更高。

二 2017 年越南中资企业安全生产额外支付

企业在安全生产方面，支付的额外费用体现了企业投资风险的高低。如表 4 - 13 所示，越南中资企业按照不同行业、所处不同区域以及有无女性高管进行划分，发现 2017 年中资企业在安全生产额外支付方面具有明显差别。按照行业不同，42.86% 的工业企业在安全生产方面有额外支付，而服务型企业只有 21.43%。

表 4 - 13 　　　　　　　2017 年企业安全生产额外支付　　　（单位:%）

	安全生产有额外支付	安全生产无额外支付
工业	42.86	57.14
服务业	21.43	78.57
不在经开区	33.33	66.67
中国经开区	0.00	100.00
越南经开区	47.06	52.94
其他地区	0.00	100.00
有女性高管	33.33	66.67
无女性高管	36.36	63.64

按照企业所处的不同区域划分，越南中资企业的安全生产额外支付情况有所不同。从表 4 - 13 可知，位于中国经济开发区和其他地区的企业进行安全生产不需要额外支付，位于越南经济开发区的企业有 47.06% 需要额外支付，不在经济开发区的企业有 33.33% 需要额外

支付。位于中国经济开发区的中资企业进行安全生产之所以不需要额外支付，是由于中国经济开发区内的安全生产管理制度完善，运行规范，故不需要额外支付。而位于越南经济开发区的企业，进行安全生产的企业需要额外支付的比例最高，说明越南经济开发区内的安全生产制度尚不完善，或者企业进行安全生产申请的时间成本较高，需要额外支付以加快审批进度。

按照企业有无女性高管将中资企业分为有女性高管企业和无女性高管企业，其中有女性高管企业进行安全生产有33.33%的企业需要额外支付，无女性高管企业有36.36%的企业需要额外支付。两者比例基本一致，说明企业有无女性高管对其安全生产需要额外支付没有影响。

2017年企业偷盗损失情况能在一定程度上反映越南中资企业的投资风险。课题组按照企业所属不同行业、不同区域和有无女性高管划分，企业在2017年偷盗损失情况有明显的差别。如表4-14所示，2017年，工业企业中有20.00%的企业表示发生过偷盗损失，80.00%的企业表示未发生过偷盗损失。服务型企业中有7.14%的企业表示发生过偷盗损失，92.86%的企业表示未发生过偷盗损失。工业企业发生过偷盗损失比例远远高于服务型企业。说明服务型企业管理严格，固定资产或生产资料较少，故发生偷盗的概率相对低一些。

表4-14　　　　　　　2017年企业偷盗损失状况　　　　（单位：%）

	发生过偷盗损失	未发生偷盗损失
工业	20.00	80.00
服务业	7.14	92.86
不在经开区	8.33	91.67
中国经开区	0.00	100.00
越南经开区	25.00	75.00
其他地区	0.00	100.00
有女性高管	12.50	87.50
无女性高管	20.00	80.00

按照企业所处的不同区域，位于中国经济开发区和其他地区的企业没有发生过偷盗事件。位于越南经济开发区的企业有25.00%的企业发生过偷盗；75.00%的企业没有发生过偷盗。不在经济开发区的中资企业中，有8.33%的企业发生过偷盗，有91.67%的企业未发生过偷盗。相比之下，位于越南经济开发区的企业发生偷盗比例最高，这说明越南经济开发区的管理稍差，而中国经济开发区管理较为规范和严格。

按照企业有无女性高管将中资企业划分为两类，即有女性高管企业和无女性高管企业，课题组发现2017年企业偷盗损失情况也不尽相同。有女性高管的企业中有12.50%的企业发生过偷盗损失，而无女性高管企业中有20.00%的企业发生过偷盗损失。这说明有女性高管企业发生偷盗损失明显偏低，可能是女性高管对于企业管理相对细致，减少了部分偷盗损失。

政治环境对越南中资企业生产经营风险有一定影响。如图4－35所示，课题组就企业管理层对2017年越南政治环境判断进行调查后发现，有72.22%的管理层认为越南政治环境比较稳定；22.22%认为越南政治环境稳定，投资风险较小；有5.56%的管理层认为越南政治环境"不好说"，存在不稳定的风险。这说明超过两成的企业管

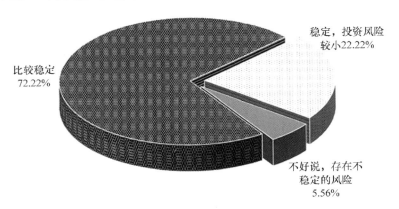

图4－35 中资企业管理层认为2017年越南政治环境情况

理层对越南政治环境信心十足，投资风险较小；超过七成的企业管理层认为越南政治环境比较稳定；仅有 5.56% 认为越南有不稳定的风险，需要谨慎投资。

三 越南中资企业未来一年的经营风险

根据不同的行业、不同区域及其企业的管理层有无女性高管划分，越南中资企业未来一年生产经营的风险所占比重略有不同。如表 4-15 所示，按照行业划分，工业企业管理层中有 59.09% 的企业认为未来一年主要经营风险来自企业员工工资的增长，而服务型企业有 35.71% 认为未来一年主要经营风险来自企业员工工资的增长。

表 4-15　　　　　企业未来一年经营风险主要方面及比重　　　　（单位：%）

	员工工资增长	市场竞争的上升	资源获取难度增加	研发后劲不足	政策限制加强	优惠政策效用降低或到期	政治环境变化	中资企业增多	产品或服务无话语权	其他方面
工业	59.09	68.18	22.73	18.18	40.91	31.82	4.55	54.55	0.00	0.00
服务业	35.71	71.43	21.43	7.14	28.57	21.43	7.14	50.00	0.00	14.29
不在经开区	41.67	75.00	33.33	8.33	16.67	8.33	8.33	50.00	0.00	8.33
中国经开区	100.00	66.67	66.67	0.00	33.33	0.00	0.00	33.33	0.00	0.00
越南经开区	55.56	72.22	11.11	16.67	44.44	33.33	5.56	61.11	0.00	0.00
其他地区	0.00	33.33	0.00	33.33	66.67	100.00	0.00	33.33	0.00	33.33
有女性高管	40.00	72.00	20.00	4.00	32.00	28.00	4.00	68.00	0.00	8.00
无女性高管	72.73	63.64	27.27	36.36	45.45	27.27	9.09	18.18	0.00	0.00

如表 4 - 15 所示，有 68. 18% 的工业企业认为未来一年主要经营风险来自市场竞争的上升，服务型企业中有 71. 43% 的企业认为未来一年企业经营风险主要来自市场竞争的上升。这说明不管是工业企业还是服务型企业，企业的市场竞争都在上升。有 22. 73% 的工业企业和 21. 43% 的服务业型企业表示，资源获取难度增加将是未来一年企业经营的主要风险。这说明了有两成左右的中资企业认为未来一年资源获取难度在增大。在研发方面，有 18. 18% 的工业企业和 7. 14% 的服务型企业表示，研发后劲不足是企业未来一年主要经营风险。工业企业相比服务型企业对研发领域重视程度更高，研发对企业生产经营影响程度更高。有 40. 91% 的工业企业和 28. 57% 的服务型企业表示，未来一年中企业的主要经营风险来自政策限制。相比服务型企业，工业企业更容易受到政策的影响。有 31. 82% 的工业企业和 21. 43% 的服务型企业表示，优惠政策效用降低或到期是未来一年企业经营风险的主要方面，工业企业对优惠政策依赖高于服务型企业。另外，4. 55% 的工业企业和 7. 14% 的服务型企业表示，政治环境变化将是未来一年经营风险的主要方面，服务型企业比工业企业更容易受到政治环境变化的影响。有 54. 55% 的工业企业和 50. 00% 的服务型企业表示，未来一年企业的经营风险来自中资企业数量的增加，特别是同行企业竞争更加激烈。

按照企业所处不同区域划分，如表 4 - 15 所示，在位于中国经济开发区的中资企业中，所有企业一致表示，未来一年企业经营风险来自员工工资增长；均有 66. 67% 的企业表示，市场竞争上升和资源获取难度增加是企业未来经营风险的主要方面；均有 33. 33% 的企业表示，政策限制加强和中资企业增多是企业未来一年经营风险的主要方面。

在位于越南经济开发区的中资企业中，55. 56% 的企业表示，员工工资增长是企业未来一年经营风险的主要方面；72. 22% 的企业表示，市场竞争上升是企业未来一年经营风险的主要方面；61. 11% 的企业表示，中资企业增多是企业未来一年经营风险的主要方面；

44.44%的企业表示，政策限制加强是企业未来一年经营风险的主要方面；33.33%的企业表示，优惠政策效用降低或到期是企业未来一年经营风险的主要方面；16.67%的企业表示，研发后劲不足是企业未来一年经营风险的主要方面；11.11%的企业表示，资源获取难度增加是企业未来一年经营风险的主要方面；5.56%的企业表示，政治环境变化是企业未来一年经营风险的主要方面。

不在经济开发区的中资企业中，75%的企业认为，市场竞争上升是企业未来一年经营风险的主要方面；50.00%的企业表示，中资企业增多是企业未来一年经营风险的主要方面；41.67%的企业表示，员工工资增长是未来一年企业经营风险的主要方面；16.67%的企业表示，政策限制加强是未来一年企业经营风险的主要方面；各有8.33%的企业表示，研发后劲不足、优惠政策效用降低或到期、政治环境变化以及其他方面是企业未来一年经营风险的主要方面。

在其他地区的中资企业中，各企业管理层均表示，优惠政策效用降低或到期是未来一年企业经营风险的主要方面；66.67%的企业表示，政策限制加强是未来一年企业经营风险的主要方面；各有33.33%的企业表示，市场竞争上升、研发后劲不足、中资企业增多和其他方面是未来一年企业经营风险的主要方面。

从表4-15可以看出，政治环境变化对企业未来一年的经营风险影响微乎其微，其中比例最高的是不在经济开发区的企业，也只占8.33%。其次，对于员工工资增长的风险，受访企业普遍认同这一点，其中中国经济开发区的比例占到百分之百，不在经济开发区的也占到四成以上。市场竞争上升为企业未来一年经营风险主要方面的比例偏高，这是中资企业的一个共识。

按照有无女性高管对中资企业进行分类，在有女性高管企业中，72.00%的企业认为未来一年企业经营风险主要方面是市场竞争上升；68.00%的企业认为是中资企业数量增多；40.00%的企业认为是员工工资增多；32.00%的企业认为是政策限制加强；28.00%的企业认为是优惠政策效用降低或到期；20.00%的企业认为是资源获取难度增加；8.00%的企业认为是其他方面；另各有4.00%的企业认为是政治环境变化和研发后劲不足导致的。在无女性高管企业中，72.73%的企业认为未来一年企业经营风险主要方面是员工工资增长；63.64%的企业认为是市场竞争上升；45.45%的企业认为是政策限制加强；36.36%的企业认为是研发后劲不足；27.27%的企业认为是优惠政策效用降低或到期；18.18%的企业认为是中资企业增多；9.09%的企业认为是政治环境变化。这说明无论企业有无女性高管，均认为企业未来一年经营风险的主要方面是市场竞争上升。

第 五 章

越南中资企业雇佣行为与劳动风险分析

本章主要根据企业调查问卷所涉及的问题，包括越南中资企业员工构成分析、企业的雇佣行为分析和企业劳资纠纷及处理效果分析三个模块，根据企业高管回答制作的图表进行论述、分析，从而了解越南中资企业的员工构成情况，中资企业外派高管情况，企业对员工的培训情况，2017年企业招聘遇到的问题，企业高管对员工综合能力的态度，中资企业劳资纠纷情况，企业产生劳动争议的原因以及企业近三年劳动争议解决途径。

第一节　越南中资企业员工构成分析

随着经济全球化和区域一体化时代的到来，越来越多的中资企业实施"走出去"战略，在境外投资开拓海外市场。"走出去"的大部分企业都会雇用部分中国员工，再雇用部分当地员工，越南中资企业聘用了大量的当地员工来发展业务。本节主要论述越南中资企业的越南员工构成情况。

一　越南中资企业员工构成情况

表5-1反映了企业员工构成，包括女性员工占比、越南员工占比、中国员工占比、其他国家员工占比几个方面的情况。从表5-1

中可知，在受访企业样本中，女性员工占比将近五成（47.73%），越南员工占比超过八成（82.31%），中国员工占比将近两成（16.76%），其他国家员工占比仅为0.92%。由此可见，越南中资企业雇用员工的男女比例相当，并不存在明显的差异；所雇用的越南员工的比例较大，这说明越南中资企业本土化程度很高。

表 5 - 1　　　　　　　　企业员工构成　　　　　　　　（单位:%）

各类员工占比	均值	标准差	最大值	最小值
女性员工占比	47.73	26.21	83.33	0.00
越南员工占比	82.31	13.52	98.35	50.00
中国员工占比	16.76	12.33	50.00	1.64
其他国家员工占比	0.92	5.55	33.33	0.00

从越南中资企业一线员工或生产员工的构成来看，表 5 - 2 反映了一线员工或生产员工占比以及一线员工或生产员工中的越南员工占比、中国员工占比、其他国家员工占比。如表 5 - 2 所示，一线员工或生产员工占比将近六成（57.74%）。其中，在雇用的一线员工或生产员工中，越南员工占了近九成（90.21%），成为一线员工或生产员工中的主力军，远远超过了中国员工（6.21%）和其他国家的员工（3.57%）比例。由此可见，越南中资企业为当地民众提供了大量就业机会，并在一定程度上为越南政府缓解了就业压力。

表 5 - 2　　　　　　企业一线员工或生产员工构成　　　　　（单位:%）

	均值	标准差	最大值	最小值
一线员工或生产员工占比	57.74	36.89	97.47	0.00
一线员工或生产员工中越南员工占比	90.21	27.19	100.00	0.00
一线员工或生产员工中中国员工占比	6.21	20.70	100.00	0.00
一线员工或生产员工中其他国家员工占比	3.57	18.89	100.00	0.00

从越南中资企业中高层管理员工构成来看，如表 5 - 3 所示，中

高层管理员工所占比例仅为一成左右（13.11%）。其中，中高层管理员工中的越南员工所占比例超过两成（24.39%）；中高层管理员工中的中国员工所占比例最高，占比将近八成（75.60%），是越南管理员工的3倍左右。由此可见，中资企业高层管理者团队趋于中国化。今后，越南中资企业在雇用中高层管理员工方面，除部分高管及重要岗位从中方派出外，其余员工例如副总经理、中层管理人员等可考虑聘用当地人，这样有利于避免文化差异造成的冲突。

表5-3	企业中高层管理员工构成			（单位:%）
	均值	标准差	最大值	最小值
中高层管理员工占比	13.11	11.40	42.86	0.20
中高层管理人员中越南员工占比	24.39	27.98	90.00	0.00
中高层管理人员中中国员工占比	75.60	27.98	100.00	10.00

从越南中资企业技术人员和设计人员的构成来看，如表5-4所示，技术人员和设计人员所占比例不到一成（8.66%），而技术人员和设计人员中的越南员工所占比例超过四成（44.37%），中国员工所占比例超过五成（55.62%），略高于越南员工。可见，技术人员和设计人员在整个企业人员结构中所占比重不大，越南中资企业在雇用技术人员和设计人员方面，倾向雇用中国员工，这可能与目前越南技术人员整体水平较低有关。

表5-4	企业技术人员和设计人员构成			（单位:%）
	均值	标准差	最大值	最小值
技术人员和设计人员占比	8.66	14.78	76.92	0.00
技术人员和设计人员中越南员工占比	44.37	40.60	100.00	0.00
技术人员和设计人员中中国员工占比	55.62	40.60	100.00	0.00

从越南中资企业非生产员工的构成来看，如表5-5所示，非生

产员工所占比例将近两成（17.46%），其中非生产员工中的越南员工所占比例将近八成（79.03%），中国员工所占比例为两成（20.96%），越南员工的占比是中国员工占比的 4 倍左右。由此可见，在越南中资企业非生产员工的构成中，越南员工是这批队伍中的主力军。

表5－5	企业非生产员工构成			（单位：%）
	均值	标准差	最大值	最小值
非生产员工占比	17.46	25.93	100.00	0.00
非生产员工中越南员工占比	79.03	23.47	100.00	0.00
非生产员工中中国员工占比	20.96	23.47	100.00	0.00

从按越南中资企业规模大小划分的企业员工的构成来看，如表5－6所示，女性员工在小型企业中占比五成以上（54.10%），在中型企业中占比六成（60.18%），在大型企业中占比将近四成（37.13%）。从调查数据可看出，中型企业女性员工的占比最高，比大型企业女性员工占比高出约 23 个百分点，但与小型企业女性员工的占比相差不大。这说明在中小型企业中，女性是主力。

表5－6	按企业规模大小划分的企业员工构成				（单位：%）
	企业规模类型	均值	标准差	最大值	最小值
女性员工占比	小型企业	54.10	27.40	76.92	0.00
	中型企业	60.18	22.61	83.33	21.42
	大型企业	37.13	24.53	80.00	2.00
中高管理层占比	小型企业	26.97	9.39	42.85	16.66
	中型企业	14.91	6.59	26.66	6.66
	大型企业	5.28	6.10	25.00	0.20
技术人员和设计人员占比	小型企业	8.25	16.51	50.00	0.00
	中型企业	3.84	4.02	10.00	0.00
	大型企业	11.27	17.15	76.92	0.00

	企业规模类型	均值	标准差	最大值	最小值
非生产员工占比	小型企业	41.28	35.16	100.00	0.00
	中型企业	16.89	23.08	75.00	0.00
	大型企业	5.15	8.04	33.33	0.00

中高管理层人员在小型企业中的占比将近三成（26.97%），在中型企业中占比一成左右（14.91%），在大型企业中的占比不到一成（5.28%）。从调查数据可看出，小型企业中高管理层人员的占比最高，远高于大型企业中高管理层人员的占比，约为大型企业的5倍，这可能与小型企业的规模及总人数有关，从而使得在小型企业的人员结构中，中高管理层占比尤为突出。

技术人员和设计人员在小型企业中占比8.25%，在中型企业中占比3.84%，在大型企业中占比约为一成（11.27%）。从调查数据可看出，大型企业技术人员和设计人员的占比最高，约为中型企业的3倍，但与小型企业的占比并无明显差异。从而不难看出，大型企业更注重对技术人员和设计人员的雇用和培养。

非生产员工在小型企业中的占比超过四成（41.28%），在中型企业中的占比将近两成（16.89%），在大型企业中的占比仅为5.15%。从调查数据可看出，小型企业非生产员工的占比最高，其次是中型企业，大型企业占比最低。其中，小型企业非生产员工的占比是大型企业的8倍左右，是中型企业的2.5倍左右。

二 企业全部人员流动情况

从越南中资企业新增雇用人员数量的差异来看，由表5－7可知，小型企业新增雇用人员平均为5.88人，中型企业新增雇用人员平均为14.77人，大型企业新增雇用人员平均约为177.06人。可见大型企业新增雇用人员数量最多，其次是中型企业，最后是小型企业。说明大型企业对人才的需求量更多，企业的规模是影响企业人员流动的重要因素。

表5-7　　　　　　　　　企业全部人员流动情况　　　　　　　（单位：人）

	企业规模类型	均值	标准差	最大值	最小值
新增雇佣人员	小型企业	5.88	7.35	20.00	0.00
	中型企业	14.77	24.34	70.00	0.00
	大型企业	177.06	307.27	1000.00	0.00
辞职人员	小型企业	3.50	6.80	20.00	0.00
	中型企业	6.44	13.02	40.00	0.00
	大型企业	122.00	301.18	1000.00	0.00
净流入人员	小型企业	2.87	5.08	14.00	0.00
	中型企业	8.33	23.18	70.00	-1.00
	大型企业	55.06	130.69	500.00	0.00

　　从中资企业辞职人员的数量差异来看，由表5-7可知，小型企业辞职人员平均为3.50人，中型企业辞职人员平均约为6.44人，大型企业辞职人员平均为122.00人。可见大型企业辞职人员数量大大超过了中小型企业。说明中小型企业人员的稳定性大于大型企业人员，而大型企业的人员流动性更高。

　　从净流入人员来看，由表5-7可知，小型企业净流入人员平均数量为2.87人，中型企业净流入人员平均数量为8.33人，而大型企业净流入人员平均数量为55.06人，远远超过中小型企业。由此可见，大型企业净流入人员数量最多，其次是中型企业，最后是小型企业。

　　从企业越南人员流动情况来看，由表5-8可知，就新增雇佣人员而言，平均每家小型企业的新增雇佣人员为4.88人，中型企业的新增雇佣人员为12.22人，大型企业的新增越南人员为174.80人。可见大型企业新增雇佣人员数量最多，中型企业和小型企业差别不大。就辞职人员而言，平均每家小型企业的辞职人员为3.12人，中型企业的辞职人员为6.22人，大型企业的辞职人员为121.26人。说明大型企业辞职的越南人员数量大大超过了中小型企业。就净流入人员而言，平均每家小型企业的净流入人员为2.12人，中型企业的净流入人员为6.00人，大型企业的净流入人员为53.53人。由此可见，在净流入的越南人员中，大型企业的净流入数量最多，大大超过了中小型企业净流入人员数量。

表5-8　　　　　　　　　　企业越南人员流动情况　　　　　（单位：人）

	企业规模类型	均值	标准差	最大值	最小值
新增雇佣人员	小型企业	4.88	6.91	20.00	0.00
	中型企业	12.22	18.85	50.00	0.00
	大型企业	174.80	305.83	990.00	0.00
辞职人员	小型企业	3.12	6.95	20.00	0.00
	中型企业	6.22	12.75	39.00	0.00
	大型企业	121.26	299.13	990.00	0.00
净流入人员	小型企业	2.12	4.45	13.00	0.00
	中型企业	6.00	16.53	50.00	0.00
	大型企业	53.53	130.17	500.00	0.00

从企业中国人员流动情况来看，由表5-9可知，就新增雇佣人员而言，平均每家小型企业的新增中国人员为1.00人，中型企业新增人员为2.55人，大型企业新增人员为2.26人。可见中型企业新增中国人员数量最多。就辞职人员而言，不论是大型企业还是中小型企业，中国人员辞职数量较少。就净流入人员而言，不论是大型企业还是中小型企业，净流入的中国人员差别不大。

表5-9　　　　　　　　　　企业中国人员流动情况

	企业规模类型	均值	标准差	最大值	最小值
新增雇佣人员	小型企业	1.00	2.12	6.00	0.00
	中型企业	2.55	6.57	20.00	0.00
	大型企业	2.26	5.53	20.00	0.00
辞职人员	小型企业	0.12	0.35	1.00	0.00
	中型企业	0.22	0.44	1.00	0.00
	大型企业	0.73	2.57	10.00	0.00

	企业规模类型	均值	标准差	最大值	最小值
净流入人员	小型企业	1.00	2.32	6.00	-1.00
	中型企业	2.33	6.67	20.00	-1.00
	大型企业	1.53	5.13	20.00	0.00

通过以上分析可知，大型企业不论是在新增雇佣人员数量、辞职人员数量上，还是净流入人员数量上，都比中小型企业多得多。但不论是在大型企业，还是在中小型企业，在新增雇佣人员、辞职人员和净流入人员中，越南员工的数量都大大超过了中国员工的数量，在大型企业中尤为突出。这说明大型企业人员流动性比中小型企业高很多。

总体而言，大多数越南中资企业除了管理层、核心技术人员以中国员工为主外，其余岗位主要雇用越南本地员工，本地化用工程度很高。一方面可能是由于外派中方人员的成本较高，所以中国员工主要以管理层、核心技术人员以及市场开拓人员为主；另一方面可能是由于越南本土的低成本产业工人资源丰富，雇用本地员工可以有效地降低经营成本，而且还有利于避免文化差异造成的冲突。

第二节　越南中资企业的雇佣行为分析

中资企业在越南虽然雇用了大量本地员工，但由于越南人力资源水平与本地区乃至世界平均水平相比显得比较落后且不成熟，越南技术人员水平较低，个人的责任意识偏低等，所以雇用的越南中高层管理人员和技术人员占比很低，这在一定程度上制约了企业自身的发展。

与中国劳动者相比，越南劳动力受教育程度低，工人工作态度散漫，自我要求不高，工人干劲和责任心不强。中资企业在越南运营，由于语言、文化等方面的差异，经营管理面临很大的挑战。而随着"一带一路"建设的稳步推进，企业"走出去"步伐显著加快，中资企业在越南的用工问题日益凸显。

一 企业内中国派驻越南高管情况

图 5-1 反映的是中国派驻越南的高管的平均派遣时间情况，这部分具体在问卷中体现的问题为"贵公司中国高层管理人员平均派遣时间___年/国（值域：0.1—10.0）"。如图 5-1 所示，中国派驻越南的高管平均时间为六年以上的企业占比 29.17%；平均派遣时间为一到三年的企业占比 50.00%；平均派遣时间为四到六年的企业占比 12.50%；平均派遣时间未满一年的企业占比 8.33%。这说明大部分中资企业从中国派到越南的高管的平均派遣时间为一到三年。可见，大多数企业外派高管的人员相对稳定。

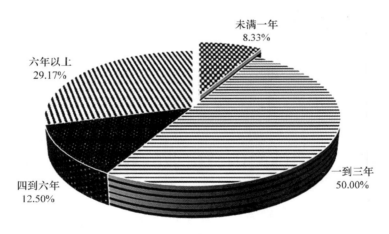

图 5-1 中国派到越南的高管的平均派遣时间分布

接下来分析中资企业外派高管的外语（英语和越南语）的流利程度，问卷中的具体问题是："贵公司高层管理人员中，有懂下列语言的吗"，英语和越南语都有五个相同的回答选项，分别是："完全不会说""会一点""可以交流""流利"以及"非常流利"。

首先，关于企业高管英语的流利程度，如表 5 – 10 所示，不同行业、不同区域的企业高管英语流利程度占比有所差异。其中，按行业类型划分来看，在工业企业中，完全不会说英语的企业高管占比 22.73%，高出服务型企业（14.29%）约 8 个百分点；会一点英语的占比 40.91%，略低于服务型企业（42.86%）；可以用英语交流的占比 31.82%，高出服务型企业（21.43%）约 10 个百分点；英语非常流利的占比（4.55%），略低于服务型企业（7.14%）。值得注意的是，工业企业中英语流利的企业高管占比为零，在服务业中占比 14.29%，这部分可能存在样本量有限而出现了误差。但总体来说，服务型企业高管的英语流利程度比例略高于工业企业高管的英语流利程度比例。

表 5 – 10	企业高管英语流利程度				（单位：%）
	完全不会	会一点	可以交流	流利	非常流利
工业	22.73	40.91	31.82	0.00	4.55
服务业	14.29	42.86	21.43	14.29	7.14
不在经开区	25.00	16.67	25.00	16.67	0.00
中国经开区	0.00	66.67	33.33	0.00	0.00
越南经开区	22.22	55.56	22.22	0.00	0.00
其他地区	0.00	33.33	66.67	0.00	0.00

而按区域划分来看，不在任何经济开发区的企业高管英语流利的占比 16.67%，明显高于在中国经济开发区和越南经济开发区的占比。这两组数据比较例外，很可能是这两个区域的企业样本量极少，出现了极少数的企业就代表了整体的情况，导致数据出现不符合趋势的偏差。但总体而言，越南中资企业高管的英语流利程度不高。

接下来分析企业高管越南语的流利程度，如表 5 – 11 所示，不同行业、不同区域的企业高管越南语的流利程度也存在一定的差异。其中，按行业类型划分来看，在工业企业中，越南语非常流利的企业高管占比最低，仅为 4.55%，完全不会说越南语的占比最高，所占比例为 36.36%，越南语流利的占比 13.64%，可以用越南语交流的占比 18.18%；在服务型企业中，完全不会说越南语的企业高管比例最低，占比 7.14%，可以用越南语交流的占比 42.86%，越南语流利的占比 21.43%，越南语非常流利的占比 14.29%。这说明服务型企业高管的越南语流利程度高于工业企业高管的越南语流利程度。

表 5-11　　　　　　企业高管越南语言流利程度　　　　（单位:%）

	完全不会	会一点	可以交流	流利	非常流利
工业	36.36	27.27	18.18	13.64	4.55
服务业	7.14	14.29	42.86	21.43	14.29
不在经开区	25.00	0.00	50.00	8.33	16.67
中国经开区	100.00	0.00	0.00	0.00	0.00
越南经开区	16.67	38.89	11.11	27.78	5.56
其他地区	0.00	33.33	66.67	0.00	0.00

按区域划分来看，不在任何经济开发区的企业中，企业高管完全不会说越南语的占比 25.00%，会一点越南语的占比为零，可以用越南语交流的占比 50.00%，越南语流利的占比 8.33%，越南语非常流利的占比 16.67%；在中国经济开发区的企业中，企业高管完全不会说越南语的占比 100.00%；在越南经济开发区的企业中，企业高管完全不会说越南语的占比 16.67%，会一点越南语的占比 38.89%，可以用越南语交流的占比 11.11%，越南语流利的占比 27.78%，越南语非常流利的占比 5.56%，说明越南经济开发区的企业高管的越南语流利程度较高。值得注意的是，位于中国经济开发区的调查数据较为特殊，很可能是这个区域的企业样本量极少，造成极少数的企业就代表了整体的情况，导致数据出现不符合趋势的偏差。但不论是按行业类型划分还是按区域划分，在越南中资企业中，越南语流利的企业高管占比仍然不高。

二　中资企业对员工的培训情况

本部分主要从培训内容来看企业最注重员工哪方面的素质。从表5－12可知，平均每家中资企业2018年培训的越南员工人数为271.10人，培训的次数为28.76次。就企业类型而言，平均每家工业企业对员工的培训次数为44.80次，服务型企业对员工的培训次数为4.70次。由此可见，工业企业员工的培训次数远远超过服务型企业及其他企业。这主要是由于工业企业员工的日常工作以使用大型机械、机器等操作性强的设备为主，这就要求员工在操作技能、安全等方面具备较高的素质，所以工业企业对员工的培训次数远超服务型企业和其他企业。

表5－12　　　　　　　　　企业培训人员规模与次数

	均值	标准差	最大值	最小值
2018年培训的越南员工人数	271.10	940.23	5000	2
2018年培训的次数	28.76	119.14	600	1
工业企业员工培训次数	44.80	153.74	600	1
服务业企业员工培训次数	4.70	3.97	12	1
不在任何经济开发区的企业员工培训次数	89.28	225.23	600	1
越南经济开发区的企业员工培训次数	1.00	0.00	1	1
其他企业员工培训次数	6.07	7.11	24	1
有自身工会的企业员工培训次数	5.07	5.39	12	1
没有自身工会的企业员工培训次数	59.27	179.45	600	1

就调查的企业所处区域来看，不同区域的企业员工培训次数有显著差别。不在任何经济开发区的企业员工培训次数为89.28次（均值），位于越南经济开发区的企业员工培训次数为1.00次（均值）。导致这种差距的原因，一方面，不在任何经济开发区的企业，一般大多是小型企业，员工数量较少，若在日常生产和工作中发现员工出现问题，便及时加以现场整改，企业高管也将其视为是对员工进行的培

训；另一方面，落户越南经济开发区的中资企业员工培训次数略低于其他区域，这是因为位于越南经济开发区的中资企业一般大多是生产性企业，其培训主要为入职培训。

就有无企业工会的企业而言，从表 5 - 12 可知，没有企业工会的企业员工培训次数为 59.27 次（均值），约为有企业工会的企业员工培训次数（5.07 次）的 12 倍。一般而言，有企业工会的企业一般是大中型企业，没有企业工会的企业一般是小型企业，按理大中型企业对员工的培训次数应该比小型企业多，但从表中的调查数据来看，没有企业工会的企业对员工的培训次数大大超过有企业工会的培训次数，很可能是有关这部分内容的企业样本量极少，出现了极少数的企业就代表了整体的情况，导致数据出现不符合趋势的偏差。

从中资企业对越南员工进行的培训类型来看，如表 5 - 13 所示，企业对员工进行的培训类型主要包括管理与领导能力、人际交往与沟通技能、写作能力、职业道德与责任心、计算机或一般 IT 使用技能、工作专用技能、英文读写、安全生产及其他能力等方面。企业的行业类型、所处区域以及有无工会，对员工进行培训的内容存在明显的差异。其中，工业企业更注重对员工的工作专用技能和安全生产培训；服务型企业更注重对员工的人际交往与沟通技能和管理与领导能力培训；不在任何开发区的企业更注重员工的人际交往与沟通技能培训；中国经济开发区的企业更注重员工的工作专用技能培训；越南经济开发区的企业更注重员工的工作专用技能和安全生产培训；有企业工会的企业和没有企业工会的企业都很注重员工的工作专用技能、安全生产、人际交往与沟通技能培训。

表 5 - 13　　　　　　　　企业对越南员工培训的类型　　　　　　（单位：%）

	管理与领导能力	人际交往与沟通技能	写作能力	职业道德与责任心	计算机或一般 IT 使用技能	工作专用技能	英文读写	安全生产	其他能力
工业	42.11	36.84	0.00	21.05	5.26	84.21	0.00	73.68	5.26

	管理与领导能力	人际交往与沟通技能	写作能力	职业道德与责任心	计算机或一般IT使用技能	工作专用技能	英文读写	安全生产	其他能力
服务业	63.64	90.91	9.09	36.36	9.09	45.45	0.00	36.36	0.00
不在经开区	62.50	87.50	12.50	25.00	0.00	62.50	0.00	62.50	0.00
中国经开区	66.67	66.67	0.00	33.33	0.00	100.00	0.00	66.67	0.00
越南经开区	35.29	35.29	0.00	29.41	11.76	70.59	0.00	64.71	5.88
其他地区	100.00	100.00	0.00	0.00	0.00	50.00	0.00	0.00	0.00
有企业工会	50.00	56.25	12.50	31.25	6.25	75.00	0.00	56.25	0.00
无企业工会	53.85	61.54	23.08	23.08	7.69	61.54	0.00	61.54	0.00

就越南员工的管理与领导能力的培训而言，服务型企业占比（63.64%）高于工业企业（42.11%），位于中国经济开发区的企业占比（66.67%）略高于不在任何开发区的中资企业占比（62.50%），位于越南经济开发区的中资企业占比（35.29%）最低，而有企业工会的企业和没有企业工会的企业在员工的管理与领导能力培训方面占比差别不大，占比分别为50.00%和53.85%。

就越南员工的人际交往与沟通技能的培训而言，服务型企业占比高达九成左右（90.91%），工业企业占比达到接近四成（36.84%），远远低于服务型企业占比。不在任何开发区的中资企业占比（87.50%）高于位于中国经济开发区的中资企业占比（66.67%）和位于越南经济开发区的中资企业占比（35.29%）。而有企业工会的企业和没有企业工会的企业在员工的人际交往与沟通技能培训方面占比差别不大，占比分别为56.25%和61.54%。

就越南员工的写作能力的培训而言，除服务型企业、不在任何开发区和有企业工会和没企业工会的企业有涉及此项培训外，工业企业、位于中国和越南经济开发区的企业均不组织越南员工的写作能力的培训。

就越南员工的职业道德与责任心的培训而言，服务型企业组织开展职业道德与责任心培训的占比最高（36.36%），其次是位于中国经济开发区的企业和有企业工会的企业，占比分别为33.33%和31.25%。

就越南员工的计算机或一般IT使用技能的培训而言，位于越南经济开发区的中资企业组织开展计算机或一般IT使用技能培训比例最高，但仅超过一成（11.76%），其次是服务型企业（9.09%）。

就越南员工的工作专用技能的培训而言，所有中资企业都非常重视员工的这项技能培训，具体而言，位于中国经济开发区的企业组织开展工作专用技能培训占比最高（100.00%）；其次是工业企业，达到八成（84.21%）以上。

就越南员工的英文读写的培训而言，所有企业的占比均为零，说明英文读写能力对企业的整个运作没有影响。

就越南员工的安全生产的培训而言，所有企业都曾组织开展员工的安全生产培训，其中，组织开展员工的安全生产培训的工业企业比例最高，超过七成（73.68%）；其次依次是位于中国经济开发区的企业（66.67%）、越南经济开发区的企业（64.71%）、不在经济开发区的企业（62.50%）、无企业工会的企业（61.54%）；再次是有企业工会的企业（56.25%）；最后是服务型企业，所占比例为36.36%。

就越南员工的其他能力的培训而言，只有工业企业和位于越南经济开发区的企业曾组织开展过其他能力的培训，占比分别为5.26%和5.88%。

而值得一提的是，位于其他地区企业除了曾组织开展员工的管理与领导能力培训（100.00%）、人际交往与沟通技能培训（100.00%）和工作专用技能培训（50.00%）外，没有开展其他培训。

　　总体而言，越南中资企业对员工的工作专用技能、安全生产、人际交往与沟通技能和管理与领导能力这几个方面的要求最高；对员工的计算机或一般 IT 使用技能、写作能力、英文读写能力和其他能力要求相对较低。

　　图 5 - 2 反映的是企业没有组织开展培训的原因分布。其中，有一半（50.00%）的企业认为不需要组织开展培训，有超过三成（33.33%）的企业认为缺乏企业工作相关的培训项目，近两成（16.67%）的企业不知道具体原因。

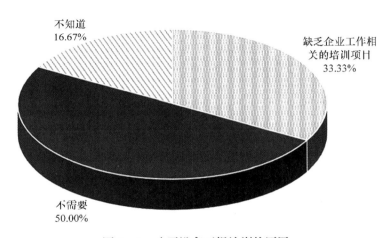

不知道
16.67%

缺乏企业工作相关的培训项目
33.33%

不需要
50.00%

图 5 - 2　公司没有正规培训的原因

三　2017 年越南中资企业招聘遇到的问题

　　近年来，随着外国企业加速在越南投资建厂，越南劳动力成本、土地厂房租金等都在快速上升。因此，越南中资企业也普遍面临用工贵、地价高、环保严的压力。并且随着工厂增多，招工难度也在上升，企业不得不前往偏远地方招聘，而工资和物流成本上升的局面仍将持续。下面接着分析 2017 年越南中资企业在招聘过程中所遇到的问题。

　　从表 5 - 14 可知，2017 年企业招聘遇到的问题主要有：求职者过少、缺乏所需技能、期望薪酬过高、对工作条件不满以及交流困难等。其中，求职者缺乏所需技能和期望薪酬过高是绝大多数越南中资企业在招聘过程中遇到的最普遍的问题，再次是交流困难、对工作条件不满及求职者过少等问题。

表 5 – 14　　　　　2017 年企业招聘遇到的问题类型　　　　（单位：%）

	求职者过少	缺乏所需技能	期望薪酬过高	对工作条件不满	交流困难
工业	31.82	77.27	68.18	50.00	52.38
服务型	42.86	57.14	71.43	35.71	35.71
不在经开区	41.67	58.33	50.00	8.33	25.00
中国经开区	0.00	66.67	33.33	66.67	100.00
越南经开区	44.44	83.33	83.33	55.56	55.56
其他地区	0.00	33.33	100.00	100.00	33.33
有企业工会	31.25	75.00	81.25	56.25	53.33
无企业工会	36.84	63.16	57.89	31.58	36.84

按行业类型划分来看，就越南中资企业在招聘中遇到的求职者缺乏所需技能、交流困难和对工作条件不满这三个问题，工业企业占比均高于服务型企业；而就求职者过少和期望薪酬过高而言，服务型企业占比高于工业企业。

按企业是否位于经济开发区划分来看，在中国经济开发区中，所有企业都遇到交流困难的问题，其次是缺乏所需技能和对工作条件不满，占比均为 66.67%；在越南经济开发区的企业遇到的主要问题是缺乏所需技能和期望薪酬过高，占比均高达 83.33%；不在经济开发区的企业，遇到的主要问题是缺乏所需技能和期望薪酬过高，占比分别为 58.33% 和 50.00%。

按企业有无企业工会划分来看，有企业工会的企业和无企业工会的企业遇到的主要问题均是缺乏所需技能和期望薪酬过高。无企业工会的企业除在求职者过少问题方面的占比略高于有企业工会的企业外，在期望薪酬过高、对工作条件不满及交流困难等问题方面的占比均低于有企业工会的企业。

可见，"求职者期望薪酬过高"和"求职者缺乏所需技能"是越南中资企业在招聘中面临的两大挑战；其次是"交流困难"和"对工作条件不满"；"求职者过少"也成为越南中资企业面临的挑战，说明大量中资企业涌入越南，越南部分地区已经开始出现用工荒的苗头。

四　企业高管对员工综合能力的态度

为了了解中资企业对雇用越南员工综合能力的要求，问卷中分别从以下几个方面向企业高管展开了解：员工中文听说能力、员工英文听说能力、员工沟通能力、员工团队合作能力、员工独立工作能力、员工时间管理能力、员工问题解决能力、员工工作相关的专业技能。其具体问题为："你认为员工以下几方面的能力主要吗"，其回答选项分别为"最不重要""不太重要""重要""很重要"以及"最重要"。

从企业高管认为语言沟通能力的重要性来看，就越南员工中文听说能力的重要性而言，如图 5-3 所示，企业高管认为越南员工中文听说能力最不重要的比例将近三成（27.78%），不太重要和重要的占比均将近两成（19.44%），很重要的超过一成（11.11%），最重要的超过两成（22.22%）。由此可知，超过五成（52.77%）的企业高管认为员工的中文听说能力重要。

就越南员工英文听说能力的重要性而言，如图 5-3 所示，企业高管认为越南员工英文听说能力最不重要的占比四成左右（42.86%），不太重要的占将近两成（17.14%），重要的占三成以上（31.43%），最重要的占将近一成（8.57%）。由此可知，四成（40.00%）的企业高管都很看重员工的英文听说能力。

就越南员工沟通能力的重要性而言，如图 5-3 所示，企业高管认为越南员工沟通能力很重要的占比最高，将近四成（38.89%），认为不太重要的占比为零，最不重要的占比 2.78%，重要的占三成

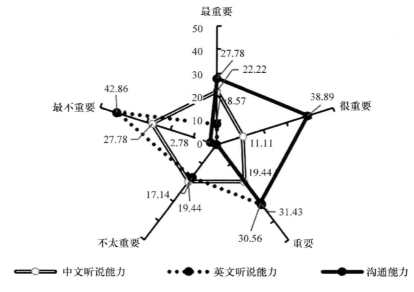

图 5-3 企业高管认为语言沟通能力的重要性

左右（30.56%），最重要的将近三成（27.78%）。由此可知，绝大多数（97.23%）企业高管都很看重员工的沟通能力。

从企业高管认为员工相关能力的重要性来看，就越南员工团队合作能力的重要性而言，如图 5-4 所示，企业高管认为越南员工团队合作能力很重要的占比最高，达到五成以上（55.56%），认为最不重要的占比为零，不太重要的占比 2.78%，重要的占一成以上（13.89%），最重要的占比将近三成（27.78%）。由此可知，绝大多数（97.23%）企业高管都很看重员工的团队合作能力。

就越南员工独立工作能力的重要性而言，如图 5-4 所示，企业高管认为越南员工独立工作能力很重要占比最高，达到五成（50.00%），认为不太重要的占比为零，最不重要的占比 5.56%，重要的占一成以上（11.11%），最重要的占比达到三成以上（33.33%）。由此可知，绝大多数（94.44%）企业高管都很看重员工的独立工作能力。

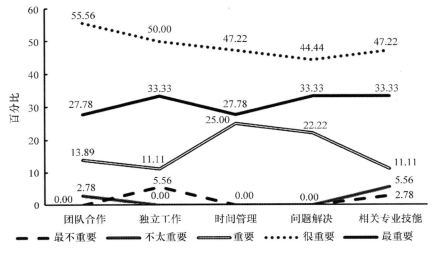

图 5 - 4　企业高管认为员工相关能力的重要性

就越南员工时间管理能力的重要性而言，如图 5 - 4 所示，企业高管认为越南员工时间管理能力很重要的占比最高，将近五成（47.22%），认为最不重要和不太重要的占比都为零，重要的占两成以上（25.00%），最重要的占比将近三成（27.78%）。可见所有（100.00%）企业高管都很看重员工的时间管理能力。

就越南员工问题解决能力的重要性而言，如图 5 - 4 所示，企业高管认为越南员工问题解决能力很重要的占比最高，其比例超过四成（44.44%），认为最不重要和不太重要的占比都为零，重要的占两成以上（22.22%），最重要的占比超过三成（33.33%）。由此可知，所有（100%）企业都很看重员工的问题解决能力。

就越南员工工作相关的专业技能的重要性而言，如图 5 - 4 所示，企业高管认为越南员工工作相关的专业技能很重要的占比最高，将近五成（47.22%），最重要的占比达到三成以上（33.33%），重要的占一成以上（11.11%），而认为不太重要的占比 5.56%，最不重要的占比 2.78%。可见绝大多数（91.66%）企业高管都很看重员工工作相关的专业技能。

第三节　越南中资企业劳资纠纷 及处理效果分析

随着中国企业"走出去"的快速发展，中资企业在越南与当地雇佣人员因劳动合同、工资福利待遇以及环境和资源保护力度不足等问题引发的纠纷时有发生，个别企业曾因被质疑对当地环境和资源保护力度不足，引起当地民众的不满而发生大规模打砸抢烧的恶性事件。

从本次调查的情况来看，2018 年越南中资企业与当地雇佣人员发生劳动争议的占比很少，九成以上的中资企业与当地雇佣人员之间没有发生劳动争议，几乎所有企业都与当地雇佣人员之间有过一些意见不统一的情况，但没有法律纠纷。说明绝大多数中资企业对越南的法律法规、风俗习惯、文化、语言等还是有一定的了解，并按照越南相关规定和风俗做了一定的准备和安排。

一　中资企业工会及劳动争议的整体情况分析

工会是职工自愿结合的工人阶级的群众组织，工会组织代表职工的利益，依法维护职工的合法权益。企业工会围绕企业生产经营，依法履行维护职工合法权益的基本职责，协调企业劳动关系，推动建设和谐企业，促进企业健康发展。

在本次调查的 36 个越南中资企业中，有 16 个企业有工会，占比44.44%；有 20 个企业没有工会，占比 55.56%。由此可知，没有工会的企业比有工会的企业多出一成左右（11.12%）。工会的设立能够使企业管理层和员工之间建立起有效合理的沟通渠道，企业与员工之间的劳资关系能够得到一定程度的协调，从而推动企业文化建设。为了企业的可持续发展，没有工会的中资企业应尽快设立工会，有企业工会的企业要充分发挥工会的作用。

　　从受访中资企业最长劳动争议的持续时间来看，如图 5 - 5 所示，最长劳动争议的持续时间为一天的企业超过九成（91.67%），持续时间为一天以上的占比不到一成（8.33%）。由此可知，绝大多数越南中资企业在一天之内就能解决与员工之间产生的劳动纠纷问题，这说明越南中资企业解决与员工纠纷的效率很高。

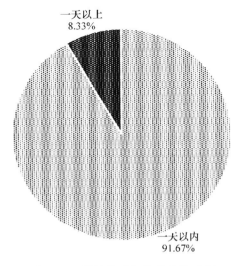

图 5 - 5　最长劳动争议的持续时间

　　从影响最大的劳动争议涉及人数来看，如图 5 - 6 所示，影响

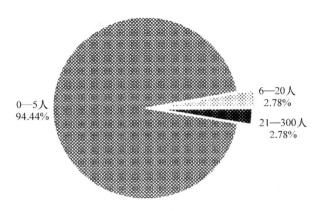

图 5 - 6　影响最大的劳动争议涉及人数

最大的劳动争议涉及人数在 5 人以内的越南中资企业占比94.44％；影响最大的劳动争议涉及人数在 21 至 300 人的企业占比2.78％；影响最大的劳动争议涉及人数在 6 至 20 人的企业占比也为 2.78％。也就是说，在绝大多数中资企业内，劳动争议所涉及的人数都是相对较少的，只有少数企业会出现涉及人数多且影响大的劳动争议。

二 企业产生劳动争议的原因

越南中资企业与当地雇员发生纠纷的主要原因是企业对当地法律法规的了解不够深入。一方面，中资企业由于对当地与劳动用工相关法律政策规定研究不够，在聘用当地员工时，在合同中对于聘用期限、解聘、加班待遇、岗位和工资增长、合同变更等条款事先约定不够明确，容易造成劳资纠纷。另一方面，中资企业对越南员工的管理体系不完善。企业对于越南员工的管理相对松散，对于工资增长机制、职业发展、激励和约束、加班报酬等方面的政策研究不够，管理不完善。而越南员工对于雇主的期望值都很高，一旦企业达不到他们的工资预期，就容易产生不满情绪，进而产生劳资纠纷。

为了深入了解企业与雇员产生的劳动争议的原因，问卷设计了工资纠纷、社会保障纠纷、劳动合同纠纷、雇用外籍员工引发冲突、不满现有的安全生产条件、环境和资源保护力度不足以及其他等原因，然后再将企业分别按行业类型、是否在经济开发区、是否有企业工会和是否有女性高管划分，进而分析上述原因对不同类型企业的影响。

如表 5-15 所示，不同类型的企业产生劳动争议的原因有所不同。值得一提的是，在引起企业产生的劳动争议的原因中，所有企业都没有因为社会保障纠纷、不满现有的安全生产条件和其他方面而产生劳动争议。这说明绝大部分中资企业在越南员工的社会保障制度方面比较健全，且具备安全的生产条件。

表 5 - 15　　　　　　　　企业产生的劳动争议的原因　　　　（单位：%）

	工资纠纷	社会保障纠纷	劳动合同纠纷	雇用外籍员工引发冲突	不满现有的安全生产条件	环境和资源保护力度不足	其他原因
工业	33.33	0.00	33.33	33.33	0.00	0.00	0.00
服务业	0.00	0.00	0.00	0.00	0.00	100.00	0.00
不在经开区	0.00	0.00	0.00	100.00	0.00	0.00	0.00
越南经开区	33.33	0.00	33.33	0.00	0.00	33.33	0.00
有女性高管	0.00	0.00	50.00	0.00	0.00	50.00	0.00
无女性高管	50.00	0.00	0.00	50.00	0.00	0.00	0.00
有自身工会	33.33	0.00	0.00	33.33	0.00	33.33	0.00
无自身工会	0.00	0.00	100.00	0.00	0.00	0.00	0.00

　　就行业类型而言，所有（100.00%）的服务型企业产生劳动争议的原因都是环境和资源保护力度不足，服务型企业均没有因为工资纠纷、劳动合同纠纷、雇用外籍员工引发冲突、不满现有的安全生产条件以及其他原因而产生劳动争议；引起工业企业产生劳动争议的原因主要是工资纠纷、劳动合同纠纷以及雇用外籍员工引发冲突等。可见，服务型企业应进一步加强对当地环境和资源保护的力度，工业企业应认真了解越南《劳动法》《投资法》《越南的外资企业的劳动法》等相关规定。

　　就企业是否在经济开发区而言，位于越南经济开发区的企业产生劳动争议的原因主要有工资纠纷、劳动合同纠纷以及环境和资源保护力度不足；不在任何经济开发区的企业产生劳动争议的原因主要是雇用外籍员工引发冲突。这说明位于越南经济开发区的企业产生劳动争议的原因明显多于不在任何经济开发区的企业。

　　就企业是否有女性高管而言，有女性高管的企业产生劳动争议的原因主要有劳动合同纠纷、环境和资源保护力度不足；没有女性高管的企业产生劳动争议的原因主要有工资纠纷、雇用外籍员工引发冲突。

总之，工资纠纷主要发生在工业企业、位于越南经济开发区的企业、没有女性高管的企业和有企业工会的企业；劳动合同纠纷主要发生在工业企业、位于越南经济开发区的企业、有女性高管的企业和没有企业工会的企业；雇用外籍员工引发冲突主要发生在工业企业、不在任何经济开发区的企业、没有女性高管的企业和有企业工会的企业；环境和资源保护力度不足主要发生在服务型企业、位于越南经济开发区的企业、有女性高管的企业和有企业工会的企业。因此，建议越南中资企业应对越南《劳动法》《投资法》《越南的外资企业的劳动法》《环境保护法》等相关法律法规进行深入的学习研究，以避免上述争议的产生。

三 企业近三年劳动争议的解决途径

从表5-16可知，越南中资企业近三年劳动争议解决的途径有：与行业工会谈判、当地警察协助、中国商会居中调停、法律途径以及其他途径。但表中数据显示，在本次调查的企业样本中，几乎所有的企业在解决劳动争议时，都没有通过上述途径来解决。这说明，所有企业都没有通过正规的途径来解决劳动争议。在企业初创期间，采取非正规途径解决劳动争议，固然能"速战速决"，但这种做法并非长久之计，中资企业需要建立并有效利用上述正规途径来解决相关的争议。唯有如此，中资企业才能行稳致远。

表5-16　　　　　　　　　企业近三年劳动争议解决途径　　　　　　（单位:%）

	与行业工会谈判解决		当地警察协助解决		中国商会居中调停		法律途径		其他途径	
	是	否	是	否	是	否	是	否	是	否
工业	0.00	100.00	0.00	100.00	0.00	100.00	0.00	100.00	0.00	100.00
服务业	无	无	无	无	无	无	无	无	无	无
不在经开区	0.00	100.00	0.00	100.00	0.00	100.00	0.00	100.00	0.00	100.00
越南经开区	0.00	100.00	0.00	100.00	0.00	100.00	0.00	100.00	0.00	100.00

	与行业工会谈判解决		当地警察协助解决		中国商会居中调停		法律途径		其他途径	
	是	否	是	否	是	否	是	否	是	否
有女性高管	0.00	100.00	0.00	100.00	0.00	100.00	0.00	100.00	0.00	100.00
无女性高管	0.00	100.00	0.00	100.00	0.00	100.00	0.00	100.00	0.00	100.00
有自身工会	0.00	100.00	0.00	100.00	0.00	100.00	0.00	100.00	0.00	100.00
无自身工会	0.00	100.00	0.00	100.00	0.00	100.00	0.00	100.00	0.00	100.00

第 六 章

越南中资企业本地化经营
与企业国际形象分析

　　本章主要根据越南中资企业调查问卷中所涉及的题目，包括越南中资企业本地化经营程度、越南中资企业社会责任履行程度、越南中资企业形象传播及其在越南的认可度和越南中资企业的公共外交分析等四个板块，依据本次调研企业高管的回答制成图表进行分析。首先，关于越南中资企业本地化经营程度的调研包括三个方面：中资企业供销本地化的情况、生产本地化的情况和雇佣本地化的情况，从而更加详细地了解企业本地化经营程度。其次，关于越南中资企业社会责任履行程度的调研主要涉及受访企业履行社会责任的状况，并对不同企业履行社会责任的程度和海外宣传状况进行比较分析。再次，在越南中资企业形象传播及其在越南的认可度的分析中，主要通过对企业形象宣传状况、企业产品在越南的认可度等方面进行访问，进而了解中资企业在越南的宣传状况和宣传效果，对企业在海外开展公共外交提供借鉴。最后，对越南中资企业的公共外交分析，主要涉及中资企业与越南的政府官员和主要领导的接触和交往频率，通过对不同企业的对比分析来了解中资企业在越南开展公共外交的现状。

第一节　越南中资企业本地化经营程度

近年来，随着营商环境的改善，越南逐渐对外开放国内市场，越来越多的跨国企业进入越南。作为中国邻邦的越南，其地理位置具有天然优势，同时廉价的劳动力资源、经济的平稳较快发展也吸引了大批中资企业进驻越南。本节主要通过对问卷数据的分析进而了解中资企业在越南发展的本地化程度和存在的问题。其中，对中资企业本地化经营程度的分析主要从供销本地化程度、生产本地化程度和雇佣本地化程度三个方面展开。

一　越南中资企业供销本地化程度

调查数据显示，如表 6 - 1 所示，在受访的越南中资企业中，自运营以来更换过越南本土合作供应商的中资企业有 9 家，共更换过 46 家本土合作供应商，平均每家越南中资企业更换的供应商达到 5.11 家。其中，自运营以来更换过最多的一家中资企业，至今共更换了 10 家越南本土的合作供应商。而更换过经销商的中资企业仅有 1 家，自运营以来该企业共更换了 4 家越南本土的经销商。由此可见，受访企业的越南本土经销商相较于本土供应商更加稳定。

表 6 - 1　　　　　　　越南供应商、销售商更换数量　　　　（单位：个）

	更换过的企业	更换数量	平均值	标准差	最大值	最小值
供应商	9	46	5.11	2.76	10	1
经销商	1	4	4.00	0.00	4	4

统计数据显示，在受访的中资企业中，自运营以来，除越南本土供应商和销售商以外，企业还存在与其他国家的供应商和销售商合作的情况。如表 6 - 2 所示，这些供应商的来源国家共计 83 个，其中供

应商的来源国家最多的一家中资企业达到 30 个国家，平均每 3.19 个国家的供应商就会为 1 家中资企业提供产品或服务。销售商的来源国家共计 84 个，其中供销售来源国家数量最多的一家中资企业达到 55 个国家，平均每 1 家中资企业就会有来自 4.00 个国家的销售商。这说明，作为跨国企业，越南中资企业在生产和销售环节都需要其他国家的分工和配合，同时也从侧面反映出中资企业在越南的本土化供销程度还不够高，仍然对非越南的供销商依赖程度较大，这一点在销售商的选择上表现得更为明显。

表6-2　　　　　　　非越南供应商、销售商来源国　　　　（单位：个）

	来源国的国别数量	均值	标准差	最大值	最小值
供应商	83	3.19	5.85	30	1
销售商	84	4.00	12.49	55	0

如表 6-3 所示，所有受访企业中，共有 140 个来自中国的供应商，其中中国供应商最多的一家中资企业达到 50 家。值得注意的是，在越南的中资企业没有来自中国的销售商。这说明，中资企业生产产品所需的原材料大多来自中国，但销售的渠道并不是主要经由中国的销售商。

表6-3　　　　　　　中国的供应商、销售商数量

	中国的供应商、销售商数量	均值	标准差	最大值	最小值
供应商	140	8.12	11.73	50	1
销售商	0	无	无	无	无

如表 6-4 所示，通过对城市类型和经济纠纷情况进行交互分析发现，位于首都河内和非城市（农村）地区的中资企业没有出现过与供应商之间产生经济纠纷的情况，位于商业城市的企业中也仅有 4.17% 的企业出现过与供应商之间产生经济纠纷的情况。在经销商经

济纠纷方面，在受访的所有地区的中资企业中均未与经销商发生过经济纠纷的情况。由此可见，中资企业经济纠纷并不受企业所处城市类型的影响，两者并无明显的关联。

表6-4　　　　　　　　　**城市类型与经济纠纷情况**　　　　（单位：%）

	与供应商经济纠纷		与经销商经济纠纷	
	是	否	是	否
首都城市	0.00	100.00	0.00	100.00
商业城市	4.17	95.83	0.00	100.00
非城市（农村）	0.00	100.00	0.00	100.00

　　如表6-5所示，通过数据分析，平均每家中资企业的越南本土供应商为11.11个，与非越南供应商数量（11.00）基本相同。在销售商方面，平均每家中资企业的越南本土销售商不足1个（0.55），非越南销售商平均为4.00个。也就是说，在受访的中资企业中，越南本土供应商和非越南供应商在平均数量方面基本相当，而在销售商方面差异较为明显：中资企业的非越南销售商的平均数量明显多于越南本土销售商。由此可见，中资企业为节约成本大多采用"就地取材"的方式选择供应商，但在销售方面多数是通过其他国家的销售商将产品运往他国出售，这也说明了受访企业在越南的供销本地化程度并不高。

表6-5　　　　　　　　**中资企业供销商本地化程度**　　　　（单位：%）

		数量均值	标准差	最大值	最小值
越南	供应商	11.11	23.37	99	0
	销售商	0.55	1.70	6	0
非越南	供应商	11.00	22.31	99	0
	销售商	4.00	12.49	55	0

　　按照供应商数量绘制的折线图，如图6-1所示，有八成（80.00%）受访企业的越南本土供应商的数量在10个以下，其中没

有越南本土供应商的企业占到将近一半（40.00%）；有非越南供应商的受访企业数量总占比接近八成（77.14%），较有越南供应商的受访企业比例高 17.14 个百分点。非越南供应商数量在 1—10 个的企业占到总数量的一半左右（48.58%）。由此可见，中资企业对于非越南供应商的需求要明显大于对越南本土供应商的需求。

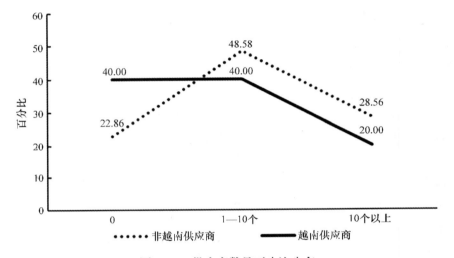

图 6-1 供应商数量百分比分布

此外，在销售商方面，如图 6-2 所示，按越南本土与非越南销售商划分，没有越南本土销售商的企业比例达到九成（90.00%），没有非越南销售商的企业比例接近八成（76.19%）。其次，仅有一成（10.00%）的企业有越南本土销售商，且销售商数量仅在 1—10 个；有非越南销售商的企业比例超过两成（23.81%），非越南销售商数量超过 10 个的企业占 9.52%。这表明中资企业的销售商数量相对较少。尽管如此，通过对比我们发现，企业对非越南销售商的需求要略高于对越南本土销售商的需求，这说明多数中资企业的销售目的地并非越南。

按中资企业与越南供销商合作的开始时间划分，如图 6-3 所示，在 2000—2005 年与越南本土供应商合作的企业数量比例仅占 5.00%，

开始合作时间在 2006—2010 年的企业数量比例占一成（10.00%），
合作开始时间在 2011—2015 年的企业数量占比超过三成（35.00%），

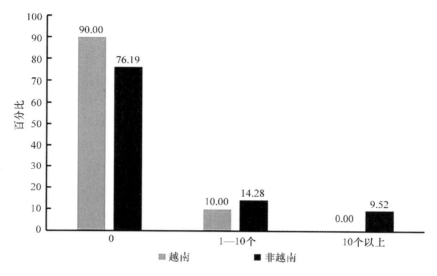

图 6 - 2　越南及非越南销售商数量的百分比

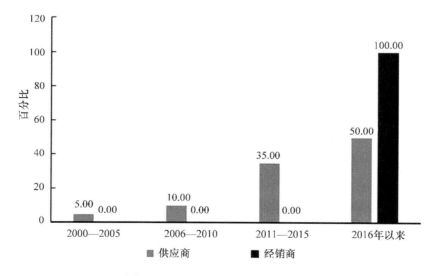

图 6 - 3　越南供销商合作开始时间

而合作开始时间在 2016 年以来的企业数量占总数量的一半（50.00%）。在与越南本土经销商合作方面，所有（100.00%）受访企业与经销商合作的开始时间均为 2016 年以后。

二 越南中资企业的生产本地化程度

关于中资企业生产本地化的情况，主要通过对机器设备的原产国展开调查。调查结果显示，原产国主要分为中国、越南和其他国家三部分。按照所占比例由大到小的顺序，如图 6-4 所示，机器设备仅使用原产于中国的企业数量最多，为三分之一（33.33%）；其次是使用原产于中国和其他国家机器设备的企业数量，占比将近两成（19.44%）；没有新增机器设备的企业占比超过一成（13.89%）；使用原产于中国和越南两国机器设备的企业占比为 11.11%；所使用的机器设备涵盖中国、越南以及其他国家的企业数量占比 8.33%；而仅使用原产于越南和仅使用原产于其他国家的机器设备的企业数量相当，均为 5.56%；占比最小的是使用原产于越南和其他国家机器设备的企业，为 2.78%。由此可以看出，使用原产于中国的机器设备的企业最多，有超过七成（72.21%）的企业都或多或少地使用到原

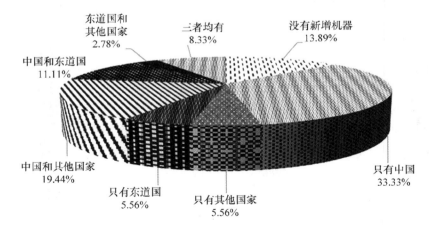

图 6-4　企业固定资产来源国

产于中国的机器设备，说明中资企业在越南生产设备主要来自于中国。

三　越南中资企业雇佣本地化程度

在雇佣本地化程度方面的调研，通过设置不同的条件，对企业内越南员工占总体的比例进行了统计。如表 6－6 所示，受访企业的越南员工数量占总体员工的平均比例超过八成（82.31%），其中，越南员工占比最高的企业高达 98.35%，越南员工占比最低的企业也有半数（50.00%）。在中高层管理员工中的越南员工占员工总人数的平均比例仅为 3.85%，越南中高层管理员工最多的一家企业占比超过两成（21.66%）。技术人员和设计人员中的越南员工占员工总人数的平均比例为 5.18%，其中，越南技术人员和设计人员占比最高的一家企业中，其比例接近八成（76.92%）。非生产员工中的越南员工占员工总人数的平均比例为 14.75%，占比最高的一家企业中，越南的非生产员工所占比例超过七成（71.42%）。在一线员工或生产员工中的越南员工占员工总人数的平均比例为 53.75%，越南的一线员工或生产员工占比最多的一家企业比例高达 97.47%。由此可见，越南员工在中资企业中主要是一线员工或生产员工，而在企业中从事中高层管理工作以及与技术和设计相关工作的越南员工相对较少。

表 6－6　　　　　　　不同条件下的越南员工占总体的比例　　　　（单位：%）

	均值	标准差	最大值	最小值
越南员工占比	82.31	13.52	98.35	50.00
中高层管理员工中的越南员工占员工总人数的比例	3.85	5.73	21.66	0.00
技术人员和设计人员中的越南员工占员工总人数的比例	5.18	13.31	76.92	0.00
非生产员工中的越南员工占员工总人数的比例	14.75	22.79	71.42	0.00
一线员工或生产员工中的越南员工占员工总人数的比例	53.75	38.51	97.47	0.00

续表

	均值	标准差	最大值	最小值
初等教育及以下的越南员工占员工总人数的比例	17.98	28.43	90.00	0.00
中等教育的越南员工占员工总人数的比例	40.59	34.70	96.15	0.00
大学本科及以上的越南员工占员工总人数的比例	18.98	23.70	71.42	0.00

按越南员工已完成的最高学历划分，[①] 如表6-6所示，受过中等教育的越南员工占员工总人数的平均比例最高，达到四成左右（40.59%），最高学历为中等教育的越南员工占比最多的一家企业比例高达96.15%。其次是受过大学本科及以上教育（高等教育）的越南员工占员工总人数的平均比例为18.98%，最高学历为高等教育的越南员工占比最多的一家企业比例为七成左右（71.42%）。最后是初等教育及以下的越南员工占员工总人数的平均比例为17.98%，但初等教育及以下的越南员工占比最多的一家企业比例高达九成（90.00%）。由此可见，企业中越南员工最高学历的平均水平为中等教育，受教育程度在初等教育及以下的越南员工和受过高等教育的越南员工数量的平均水平基本持平。通过分析发现，中资企业在越南的雇佣本土化程度较高，大部分越南员工主要从事一些对学历要求不高的简单劳动工作。

第二节　越南中资企业社会责任履行程度

企业是社会的组成部分，在创造经济价值的同时，企业也需要承

---

① 本书中已完成的最高学历主要分为初等教育、中等教育和高等教育。初等教育是指教育系统中最基础的部分，是学校教育的最初始的阶段。受教育者年龄一般在6—12岁，各国初等教育年限大多是4—6年。中等教育是指在初等教育基础上继续实施的教育。受教育者年龄一般在12—19岁，学历层次涵盖初中、高中、中专、中职等。高等教育是在完成中等教育的基础上进行的专业教育和职业教育，是培养高级专门人才和职业人员的主要社会活动。受教育者年龄一般在18—30岁，学历层次涵盖本科、专科、硕士、博士等。

担并履行好相应的社会职责。承担社会责任有助于企业获取有竞争优势和竞争力的资源，通过提高其品牌的知名度和美誉度来得到消费者对企业品牌的接受和认可。同时，有助于企业改善外部竞争环境，获得优良的环境要素条件，构筑社会责任的壁垒，建立规避与处理风险和危机制度，形成企业的竞争优势，增强企业的竞争力。而且履行社会责任对于企业形成独具的、超越竞争对手的、稀缺的竞争优势能力有重要作用，这种能力能够为企业创造超额的价值，还可以使企业的战略实施区别于其他企业。[①] 除了能够提高企业竞争力外，企业承担社会责任也有助于发展慈善事业、发展科技、文化建设、保护资源和环境，实现社会可持续发展等。总之，承担并履行社会责任是企业自身发展的需要，对推动社会发展和进步也具有重要的意义。本节主要分为中资企业社会责任的履行情况分析和中资企业社会责任海外宣传情况和效果分析两个部分，通过对比不同企业的状况，进而了解越南中资企业社会责任的履行程度。

一　中资企业社会责任的履行情况

为了解中资企业社会责任的履行情况，课题组对企业各种类别的援助项目的开展情况进行了分析。如图 6 - 5 所示，就援助项目来看，受访企业援助项目比例最高的是直接捐钱，其比例超过七成（72.00%），其次是以实物形式进行公益慈善捐赠，其比例超过六成（64.00%），再次是进行教育援助，比例超过五成（52.00%），接着是社会服务设施援助，比例超过四成（44.00%）。其他类别的援助项目均未超过两成，其中水利设施援助比例为 0%，即受访企业均未参与过对水利设施的援助。说明中资企业在越南开展的援助主要通过捐钱捐物的方式，相对而言，企业比较关注教育和社会服务方面的援助。但就水利设施、修建寺院、培训项目、卫生援助、其他基础设施

[①] 邓玉华：《基于社会责任的企业竞争力研究》，博士学位论文，江西财经大学，2013 年。

以及文化交流活动而言，企业开展相关社会责任活动的比例相对偏少。

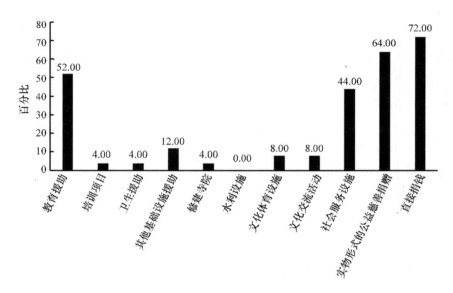

图 6-5 企业各项社会责任履行程度

对中资企业履行社会责任状况进行调查，进而了解企业社会责任履行程度与不同影响因素的关系。根据企业是否参加国际标准制定划分，如表 6-7 所示，首先，在参与国际标准化制定的企业中，三分之二（66.67%）的企业没有在企业内设置专门社会责任办公室或相应主管，而没有参与国际标准化制定的企业此项比例则接近九成（88.89%）。其次，在建立社会责任、公益行为准则的规章制度方面，参与国际标准化制定的企业全部（100.00%）都没有建立相关的规章制度，而没有参与国际标准化制定的企业则仅有接近三成（27.78%）的企业建立了社会责任、公益行为准则的规章制度。再次，在制订年度公益计划方面，参与国际标准化制定的企业中有三分之二（66.67%）的企业没有在公司年度计划中制订年度公益计划，而没有参与国际标准化制定的企业的这一比例则超过八成（83.33%）。

最后，参与国际标准化制定的企业近三年（2016—2018 年）的企业社会责任支出全部（100.00%）都有所增加，而没有参与国际标准化制定的企业则有三分之二（66.67%）的企业社会责任支出有所增加。由此可见，参与国际化标准制定的中资企业对社会责任的履行更加重视，主要通过在企业内部设置专门的机构和人员、制订年度公益计划等措施进行统筹管理和安排，同时加大对社会责任援助项目的资金投入。

表 6 - 7　　　　　　　　　企业社会责任履行程度　　　　　（单位：%）

	设置专门社会责任办公室或相应主管		建立社会责任、公益行为准则的规章制度		是否在公司年度计划中制订年度公益计划		2016—2018 年的企业社会责任支出变化	
	是	否	是	否	是	否	不变	增加
参与国际标准化制定	33.33	66.67	0.00	100.00	33.33	66.67	0.00	100.00
没有参与国际标准化制定	11.11	88.89	27.78	72.22	16.67	83.33	33.33	66.67
工业	14.29	85.71	23.81	76.19	19.05	80.95	25.00	75.00
服务业	7.14	92.86	28.57	71.43	21.43	78.57	66.67	33.33
不在经开区	0.00	100.00	8.33	91.67	25.00	75.00	66.67	33.33
中国经开区	33.33	66.67	0.00	100.00	33.33	66.67	0.00	100.00
越南经开区	11.76	88.24	41.18	58.82	11.76	88.24	0.00	100.00
其他地区	33.33	66.67	33.33	66.67	33.33	66.67	100.00	0.00
有企业工会	12.50	87.50	25.00	75.00	12.50	87.50	0.00	100.00
无企业工会	10.53	89.47	26.32	73.68	26.32	73.68	60.00	40.00

按照企业类型划分，首先，工业企业中有 14.29% 设置了专门的社会责任办公室或相应主管，这一比例较服务型企业高出一倍，服务型企业仅 7.14% 设置了社会责任办公室或相应主管。其次，在建立社会责任、公益行为准则的规章制度和制订年度公益计划方面，工业企业

和服务型企业的差异并不明显。工业企业有超过两成（23.81%）建立相关的规章制度，而服务型企业有 28.57% 建立了社会责任、公益行为准则的规章制度。工业企业中接近两成（19.05%）在公司的年度计划中制订了年度公益计划，而服务型企业的这一比例为 21.43%。最后，有四分之三（75%）的工业企业近三年（2016—2018 年）的企业社会责任支出有所增加，三分之一（33.33%）的服务型企业近三年的企业社会责任支出有所增加。这表明，从总体来看，工业企业和服务型企业在内部相关社会责任机构和制度的建设方面差异化并不太明显，但在社会责任援助项目的资金投入上，工业企业显然较服务型企业更加有优势，大部分工业企业近年来的社会责任支出都有所增加。

按照企业所在区域划分，首先，不在经济开发区的企业仅 8.33% 的企业建立了社会责任、公益行为准则的规章制度，同时这一类企业有四分之一（25.00%）在公司年度计划中制订了年度公益计划，而有三分之二（66.67%）的企业近三年（2016—2018 年）的企业社会责任支出没有发生变化。其次，位于中国经济开发区的企业中设置了专门社会责任机构的企业与在公司年度计划中制订了年度公益计划的企业数量相当，所占比例均为三分之一（33.33%）；然而这类企业近三年（2016—2018 年）的企业社会责任支出全部（100.00%）都有所增加。再次，位于越南经济开发区的企业中，设置了专门社会责任机构的企业与公司年度计划中制订了年度公益计划的企业数量相当，所占比例均超过一成（11.76%），低于位于中国经济开发区的企业相应的比例；位于越南经济开发区的企业中超过四成（41.18%）的企业已经建立了社会责任、公益行为准则的规章制度，而且位于这一区域的所有企业（100.00%）近三年（2016—2018 年）的企业社会责任支出均有所增加。最后，位于其他地区的企业设置了专门社会责任机构的比例与建立了社会责任、公益行为准则的规章制度的比例以及制订了年度公益计划的比例相同，所占比例均为三分之一（33.33%），但该类型企业的社会责任支出近三年（2016—2018

年）都没有发生过变化。这表明，位于不同经济开发区的企业履行社会责任的具体情况各不相同。相对而言，位于中国经济开发区的企业在社会责任机构的设置和公益计划的制订方面所占比例较高，虽然位于越南经济开发区的企业在这两方面的投入比例略低一些，但位于越南经济开发区的企业在规章制度的建立上较前者更加全面。

按照企业有无企业工会划分，有工会的企业中有 12.50% 的企业设置了专门的社会责任办公室或相应主管，而无工会的企业比例略低一些，为 10.53%；在有工会的企业中建立了社会责任、公益行为准则的规章制度的比例占到四分之一（25.00%），而无工会的企业相应的比例为 26.32%；在制订年度公益计划方面，无工会的企业（26.32%）则高出有工会企业（12.50%）将近 14%，但有工会的企业近三年（2016—2018 年）的社会责任支出都（100.00%）在增加，而这一比例在无工会企业里仅占四成（40.00%）。可以看出，无论企业是否有工会，在企业履行社会责任上并无明显差异，但有工会的企业相对来说更加愿意通过增加投入资金的方式来履行社会责任。

为进一步了解企业履行社会责任的情况，我们对企业内部的员工福利待遇状况进行了调查。如表 6-8 所示，根据企业是否参与国际标准化制定划分，首先，在参与国际标准化制定的企业中全部存在（100.00%）员工加班的现象，而没有参与国际标准化制定的企业的相应比例则超过七成（73.68%）。其次，在员工食堂或午餐安排方面，参与国际标准化制定的企业全部（100.00%）都有员工食堂或为员工提供午餐，而没有参与国际标准化制定的企业则有接近八成（78.95%）的企业有员工食堂或为员工提供午餐。再次，在提供员工宿舍方面，参与国际标准化制定的企业中有三分之二（66.67%）为员工提供住宿，而没有参与国际标准化制定的企业的相应比例则接近五成，为 47.37%。最后，参与国际标准化制定的企业中有三分之一（33.33%）的企业为员工提供文体活动中心，而没有参与国际标准化制定的企业的比例略高一些，为 36.84%。由此可见，虽然参与国际化标准制定的中资企业相较于未参与国际标准化制定的企业的加班状况更加普遍，但在为员工提供餐饮和住宿方面，参与国际化标准制定的中资企业做得相对较好。

表6-8　　　　　　　　　　　企业福利待遇比较　　　　　　　（单位：%）

	是否有加班		是否有员工食堂或午餐安排		是否提供员工宿舍		是否有员工文体活动中心	
	是	否	是	否	是	否	是	否
参与国际标准化制定	100.00	0.00	100.00	0.00	66.67	33.33	33.33	66.67
没有参与国际标准化制定	73.68	26.32	78.95	21.05	47.37	52.63	36.84	63.16
工业	77.27	22.73	81.82	18.18	50.00	50.00	36.36	63.64
服务业	46.15	53.85	78.57	21.43	35.71	64.29	14.29	85.71
不在经开区	83.33	16.67	58.33	41.67	16.67	83.33	0.00	100.00
中国经开区	100.00	0.00	100.00	0.00	0.00	100.00	0.00	100.00
越南经开区	55.56	44.44	88.89	11.11	66.67	33.33	44.44	55.56
其他地区	33.33	66.67	100.00	0.00	66.67	33.33	66.67	33.33
有企业工会	68.75	31.25	93.75	6.25	56.25	43.75	50.00	50.00
无企业工会	66.67	33.33	68.42	31.58	36.84	63.16	10.53	89.47

按照企业类型划分，首先，工业企业中有接近八成（77.27%）的企业存在员工加班现象，而服务型企业相应比例不足五成（46.15%）。其次，在员工食堂或午餐安排方面，工业企业和服务型企业的差异并不明显，所占比例均在八成左右：工业企业中有员工食堂或为员工提供午餐的比例为81.82%，服务型企业为78.57%。再次，工业企业中有五成（50.00%）的企业为员工提供住宿，而服务型企业中为员工提供住宿的企业比例占35.71%；最后，工业企业中接近四成（36.36%）的企业有员工文体活动中心，而服务型企业的这一比例仅为14.29%。从总体来看，工业企业的员工福利明显要优于服务型企业，但工业企业也存在较为普遍的加班状况。

按照企业所在区域划分，首先，不在经济开发区的企业超过八成（83.33%）存在员工加班现象，同时该类企业中接近六成（58.33%）有员工食堂或为员工提供午餐，接近两成（16.67%）为员工提供住宿。其次，位于中国经济开发区的所有企业（100%）都存在加班现象，这些企业都会有员工食堂或为员工提供午餐，但都没有为员工提供住宿，也没有员工文体活动中心。再次，位于越南经济开发区的企业中，超过五成（55.56%）的企业存在员工加班现象，这一区域的企业接近九成（88.89%）有员工食堂或为员工提供午餐，有三分之二（66.67%）会提供员工宿舍，有员工文体活动中心的企业超过了四成（44.44%）。相对而言，位于中国经济开发区的企业员工福利状况不容乐观。

　　关于企业与越南员工聚餐情况，我们也对不同企业进行了对比。如表6-9所示，首先，参与国际标准化制定的所有企业（100.00%）都曾与越南员工聚餐，而没有参与国际标准化制定的企业的该比例也超过九成（94.74%）。其次，服务型企业与越南员工聚餐的情况很普遍，比例达到100.00%，工业企业相应的比例为95.45%。再次，位于中国经济开发区、越南经济开发区和其他地区的所有企业（100%）也都曾与越南员工聚餐，而不在经济开发区的企业的这一比例也达到了91.67%。最后，所有无工会的企业（100%）都曾与越南员工聚餐，而这一比例在有工会的企业中则略低一些，为93.75%。通过对比发现，在不同的企业中，曾组织与越南员工聚餐的现象非常普遍，比例均超过了九成。对于企业而言，通过与员工聚餐不仅能够增强企业与员工的交流，而且能够提升员工对企业的归属感。

表6-9　　　　　　　　　　企业与越南员工聚餐情况比较　　　　　　　　　（单位：%）

	与越南员工聚餐	未与越南员工聚餐
参与国际标准化制定	100.00	0.00
没有国际标准化制定	94.74	5.26
工业	95.45	4.55
服务业	100.00	0.00
不在经开区	91.67	8.33
中国经开区	100.00	0.00

	与越南员工聚餐	未与越南员工聚餐
越南经开区	100.00	0.00
其他地区	100.00	0.00
有企业工会	93.75	6.25
无企业工会	100.00	0.00

二 中资企业社会责任海外宣传情况和效果分析

关于企业社会责任的海外宣传情况，我们对不同企业进行了比较。如表 6-10 所示，首先，参与国际标准化制定的企业均（100%）未开展企业社会责任海外宣传工作，而没有参与国际标准化制定的企业中开展过企业社会海外宣传的也仅仅只占到三成左右（31.58%）。其次，工业企业与服务型企业开展企业社会海外宣传的比例基本相当，工业企业的比例为 27.27%，服务型企业的比例略低一些，为 21.43%。再次，通过对比发现，位于其他地区的企业在海外开展过宣传工作的占比最高，达到三分之二（66.67%），然后是位于越南经济开发区的企业，比例为三分之一（33.33%），而不在经济开发区的企业的这一比例为 8.33%。值得关注的是，位于中国经济开发区的企业（100%）都从未开展过与企业社会责任相关的海外宣传。最后，有工会的企业在海外进行企业社会责任宣传的企业占到三成（31.25%），而这一比例在无工会的企业中则略低一些，为 21.05%。总体而言，开展过社会责任海外宣传的企业比例并不是很高，甚至六成以上的企业从来未在海外进行过类似的宣传活动。如前所述，中资企业都十分重视履行企业社会责任，并通过多种途径来实施企业社会责任计划，但对该领域的海外宣传工作明显力度不够，仍有较大提升空间。中资企业应该注重社会责任的海外宣传，因为这不仅有助于提升企业的海外品牌形象，而且也能进一步提升中国在海外的影响力和亲和力。

表 6 – 10　　　　　　　　　企业对社会责任进行过海外宣传比较　　　　（单位:%）

	对企业社会责任海外宣传过	对企业社会责任未海外宣传
参与国际标准化制定	0.00	100.00
没有参与国际标准化制定	31.58	68.42
工业	27.27	72.73
服务业	21.43	78.57
不在经开区	8.33	91.67
中国经开区	0.00	100.00
越南经开区	33.33	66.67
其他地区	66.67	33.33
有企业工会	31.25	68.75
无企业工会	21.05	78.95

　　除了对不同企业的社会责任履行状况进行了对比，我们也根据企业高管的回答，了解到一些国家的企业在越南当地履行国际社会责任（公益活动）的效果。如图 6 – 6 所示，打分标准为 1—10 分，1 分为最不被越南居民接受，10 分为最受越南居民欢迎。调查数据显示，最受欢迎的三类企业分别是：日本企业、中国企业和美国企业。日本

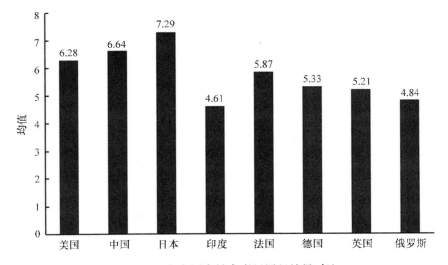

图 6 – 6　各个国家社会责任履行效果对比

企业在越南当地民众的接受程度最高，平均分达到 7.29 分，其次是中国企业（6.64 分），美国企业紧随其后（6.28 分）。来自这三个国家的企业平均分都在 6 分以上，位于第一梯队。而第二梯队的三个国家都是欧洲国家，分别是法国、德国和英国，分别得分 5.87 分、5.33 分、5.21 分。位于第三梯队的是俄罗斯和印度，得分均低于 5 分，得分最低的是印度企业，平均分仅为 4.61 分，相比位居第一的日本企业低了将近 3 分。通过对来自不同国家的企业履行社会责任状况的对比，反映出日本企业在越南当地履行社会责任的效果要明显优于其他国家，中国企业虽然位居第一梯队但在当地履行社会责任方面仍有较大的提升空间。

第三节　越南中资企业形象传播及其产品在越南的认可度分析

企业形象的塑造在企业发展过程中同样具有重要作用，良好的企业形象能够获得更多消费者的支持，以此带来企业销售业绩的提升，创造更多的经济价值。① 尤其是在互联网时代，企业能够通过多种多样的新媒体方式向外输出企业文化和品牌，进而提升企业的知名度和美誉度，最终在激烈的市场竞争中占据优势地位。本节主要描述了中资企业形象宣传的情况以及中资企业产品在越南的认可度的状况。

一　中资企业形象媒体宣传情况

为了解中资企业在越南通过何种方式进行企业形象宣传，课题组将企业对外宣传的手段主要分为五个选项：越南本地媒体、越南华人媒体、新媒体如 Facebook 或 Twitter、新媒体如微信公众号、只做不

---

① 陶桃、杨磊：《企业社会责任履行程度对其品牌竞争力的影响》，《中国管理信息化》2016 年第 24 期。

说。如图6-7所示，调查结果显示，选择"只做不说"选项的企业
数量最多，占比超过了五成（55.56%）；而排在第二位的则是在中
国普遍使用的新媒体平台"微信公众号"，占比接近两成
（19.44%）；其次是选择"越南本地媒体"选项的企业，占比
13.89%；选择Facebook或Twitter等新媒体的占8.33%；在企业宣传
中使用最少的则是"越南华人媒体"，占比仅有5.56%。显然，大多
数受访的中资企业并不重视对企业形象的宣传，他们更加倾向于通过
实际行动而不是增加宣传力度来扩大影响力。值得注意的是，可能是
因为受到企业产品以及母公司的影响，在越南的中资企业中仍然较多
会通过中国的新媒体渠道来宣传企业形象，提升在中国的品牌影响力
和竞争力。因此，如何进一步因地制宜地提升中资企业及其品牌在投
资所在国的影响力，值得越南中资企业认真思考。

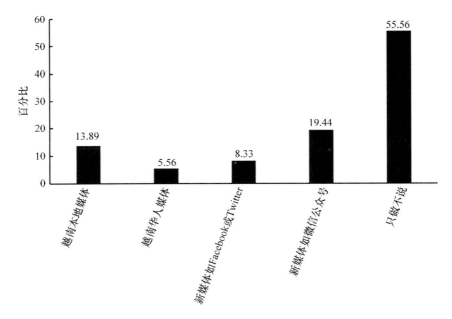

图6-7　企业形象宣传手段对比

此次调研还对企业社交媒体公众账号的数量做了进一步的调查。

如图 6 - 8 所示，根据企业社交媒体公众账号的数量，统计结果如下：没有社交媒体公众账号的企业占比超过六成（61.11%）；仅有一个社交媒体账号的企业占比为 25.00%；有三个以上社交媒体账号的企业占比为 8.33%；有两个社交媒体账号的企业占 5.56%。可以看出，尽管处于社交媒体迅猛发展的背景下，但在越中资企业中超过半数并没有十分重视新媒体的宣传方式，拥有社交媒体账号的中资企业占比还不足半数。企业形象宣传的重要性不言而喻，通过社交媒体的方式加强企业形象宣传力度是在越中资企业需要努力的方向。

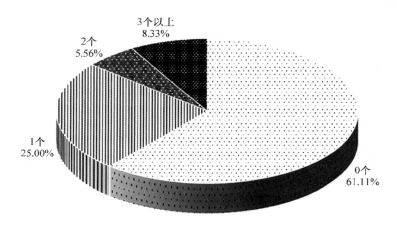

图 6 - 8　越南中资企业社交媒体公众账号数量比较

二　中资企业产品在越南的认可度

除了调查了中资企业形象的宣传状况外，此次调研还调查了企业产品和企业服务在越南的认可度状况。如表 6 - 11 所示，打分标准为 1—10 分，1 分为最不认可，10 分为最为认可。首先，按照注册时间划分，注册时间超过五年的企业产品或服务品牌在越南认可度平均值为 7.67 分，注册时间低于五年的企业产品或服务品牌在越南的认可度的平均分略高一些，为 8.13 分。其次，按照是否参与国际标准化制定划分，参与国际标准化制定的企业产品或服务品牌在越南认可度平均值为 6.00 分，而没有参与国际标准化制定的企业产品或服务品牌在越南认可度平均值为 7.76 分。再次，按照企业类型划分，服务型企业产品或服务品牌在越南认可度平均得分高于工业企业：服务型企业平均分为 8.23 分，工业企业平均分为 7.67 分。其次，按照企业所处区域划分，位于中国经济开发区和其他地区的企业产品或服务品牌在越南的认可度的平均分都为 9.00 分，位于越南经济开发区的企业产品或服务品牌在越南的认可度的平均分为 7.94 分，不在经济开发区的企业产品或服务品牌在越南的认可度的平均分为 7.22 分。最后，有工会的企业产品或服务品牌在越南的认可度的平均分为 8.14 分，而无工会的企业相应的平均分则略低一些，为 7.81 分。总体而言，企业高管对企业产品与服务在越南本地的认可度基本持乐观态度。

表6-11	中资企业产品在越南的认可度对比			（单位：分）
	均值	标准差	最大值	最小值
注册超过五年	7.67	1.08	9	6
注册低于五年	8.13	2.10	10	2
参与国际标准化制定	6.00	0	6	6
没有参与国际标准化制定	7.76	1.92	10	2
工业	7.67	1.91	10	2
服务业	8.23	1.17	10	6
不在经开区	7.22	2.22	9	1
中国经开区	9.00	1.41	10	8
越南经开区	7.94	1.30	10	6
其他地区	9.00	1.00	10	8
有企业工会	8.14	2.07	10	2
无企业工会	7.81	1.17	9	6

　　良好的企业形象也是良好的国家形象的直接体现，一个企业如果在海外不能承担相应的经济和社会责任，就有可能影响外交关系，甚至有可能造成外交危机。企业在国外开展经济活动时代表的是母国的形象，例如苹果、华为、三星等科技企业所代表的科技、创新的元素

也会被赋予到母国国家形象上，相反，企业形象的受损带来的也是国家形象的受损。[①] 此次调研对越南的外资企业国家形象进行了调查，打分标准为 1—10 分，1 分为最低分，10 分为最高分。根据调查结果，如表 6 - 12 所示，按照平均分由高到低排序如下：日本（7.41分）、中国（6.09 分）、美国和法国（5.85 分）、德国（5.24 分）、英国（5.06 分）、印度（4.27 分）。值得注意的是，通过与各个国家社会责任履行效果的图表（见图 6 - 6）进行比对发现，两表存在正相关关系：社会责任履行程度较高的日本、中国和美国，在国家形象得分中同样也位列前三位，而国家形象得分最低的印度在社会责任履行效果上也同样位于最末位。这说明，企业社会责任的履行与国家形象有较大的关联性，两者基本存在正相关关系。因此企业在海外应充分重视社会责任的承担和履行，为提升国家形象贡献力量。

表 6 - 12　　　　　　　　　　国家形象打分对比

	均值	标准差	最大值	最小值
美国	5.85	2.11	10	2
中国	6.09	1.73	10	2
日本	7.41	2.05	10	3
印度	4.27	1.91	7	1
法国	5.85	2.28	9	2
德国	5.24	2.46	8	1
英国	5.06	2.09	8	1

如图 6 - 9 所示，关于当地居民对于中资企业在越南投资的态度问题，通过对企业的调查发现，超过八成（82.86%）的民众持欢迎态度，持无所谓态度的仅占到一成左右（11.43%）。总体来说，越南当地居民对中资企业在越投资持积极态度的占比在九成左右（88.57%）。

---

① 周进：《中国企业公共外交与国家形象塑造研究》，硕士学位论文，华中师范大学，2017 年。

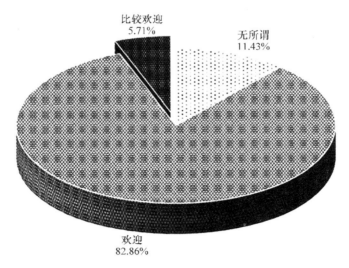

图 6 - 9　当地居民对于公司在越南投资的态度

第四节　越南中资企业的公共外交分析

　　企业履行社会责任是企业通过日常的经营活动避免或消除对自然或社会的不利影响，关注的重点是与企业有关的利益相关方，基本属于企业的日常经营活动。而企业的公共外交重在传播正面的中国形象，强调的是国家利益，其范畴超出了企业日常的经营活动。[①] 在公共外交中，中资企业一定程度上被赋予了政治和外交的功能，通过企业的公共外交，一方面，可以提高企业在国际社会的知名度和美誉度，从而提高企业的竞争力，进而获得经济效益，促进企业的持续发展。另一方面，良好的企业形象还能够代表中国，提升中国的国家形象，改善外国公众对中国的态度，进而影响外国政府对中国的政策。本节主要通过调查越南中资企业在生产经营活动中与越南当地企业高

---

　　① 李岚：《浅论跨国企业公共外交与企业社会责任实践活动的有机统一》，《国际市场》2012 年第 Z3 期。

层、当地政府领导等交往的频率，进而对比分析不同类型的中资企业在越南开展公共外交的状况。

一　中资企业与越南同类型企业高层管理者往来情况

问卷中涉及了中资企业与越南同类型企业的高层管理者的往来频率情况。如表6-13所示，按照企业所属类型划分，工业企业中超过半数（57.14%）的企业与越南当地同类型的企业高层往来较少，与越南当地同类型的企业高层往来频繁的企业仅仅占到4.76%，与越南当地同类型的企业高层没有往来的企业则接近两成（19.05%）。服务型企业中选择"往来频繁"选项的企业最多，占比为38.46%，其次是选择"有往来"的企业，占比在三成左右（30.77%），占比最小的是选择"没有往来"选项的企业，仅有7.69%。通过对比能够看出，工业企业整体上与越南当地同类型企业高层管理者接触较少，而服务型企业则与越南当地同类型企业高层管理者接触较多。

表6-13　　　　　企业与越南同类企业的高层管理者的往来情况　　　　（单位：%）

	没有往来	较少往来	有往来	往来频繁
工业	19.05	57.14	19.05	4.76
服务业	7.69	23.08	30.77	38.46
不在经开区	16.67	33.33	16.67	33.33
中国经开区	0.00	0.00	100.00	0.00
越南经开区	16.67	61.11	22.22	0.00
其他地区	0.00	0.00	33.33	66.67

按企业所处区域划分，位于中国经济开发区的所有企业（100.00%）都与越南同类型企业的高层管理者有往来。位于越南经济开发区的企业与越南当地同类型企业高层管理者往来较少的企业超过六成（61.11%），有往来的仅占两成左右（22.22%），还有16.67%的企业从未与越南当地同类型企业的高层管理者有往来；不在经济开发区的企业中，与越南同类型企业的高层管理人员往来频繁

的企业占据三分之一（33.33%），往来较少的企业也占据了三分之一（33.33%），有往来的占16.67%，而没有往来的也占16.67%。从分布情况来看，不在经济开发区的企业与越南当地同类型企业高层管理人员往来较为频繁。位于其他地区的企业中，从频率分布来看，有三分之二（66.67%）的企业与越南当地同类型企业高层管理人员往来频繁，剩余三分之一（33.33%）企业则是与越南当地同类型企业高层管理人员有往来。相对而言，其他地区的企业与越南当地企业高层管理人员接触最为频繁。

二 中资企业与越南政府领导往来情况

为进一步了解中资企业在越南开展公共外交的状况，此次调研也涉及中资企业与当地的行政长官的往来频率情况。如表6－14所示，按企业所属类型划分，工业企业中超过四成（42.86%）的企业与当地的行政长官有较少往来，与当地的行政长官往来频繁的企业占到4.76%，与当地的行政长官没有往来的企业则超过了三成（33.33%）。服务型企业中选择"有往来"选项的企业最多，占比为46.15%；其次是选择"较少往来"选项的企业，占比在三成左右（30.77%）；占比最小的是选择"往来频繁"选项的企业，仅有7.69%。通过对比发现，服务型企业与当地的行政长官的接触较为频繁，而工业企业与当地的行政长官的接触则较少。

表6－14　　　　　　企业与所在地的行政长官的往来情况　　　　　（单位：%）

	没有往来	较少往来	有往来	往来频繁
工业	33.33	42.86	19.05	4.76
服务业	15.38	30.77	46.15	7.69
不在经开区	33.33	25.00	33.33	8.33
中国经开区	0.00	100.00	0.00	0.00
越南经开区	27.78	44.44	22.22	5.56
其他地区	0.00	33.33	66.67	0.00

按照企业所处区域划分，位于中国经济开发区的所有企业

（100.00％）均与当地的行政长官的往来较少；位于越南经济开发区
的企业中，选择"较少往来"选项的企业占比超过四成（44.44％），
选择"没有往来"选项的企业接近三成（27.78％），选择"有往来"
选项的企业占比为 22.22％，而选择"往来频繁"选项的企业仅占
5.56％；不在经济开发区的企业中，与当地的行政长官没有往来的企
业占据三分之一（33.33％），有往来的企业也占据了三分之一
（33.33％），往来较少的企业占据四分之一（25.00％），而往来频繁
的企业仅占到 8.33％；位于其他地区的企业中，从频率分布来看，
有三分之二（66.67％）的企业与当地行政长官有往来，剩余三分之
一（33.33％）的企业与后者则是有较少往来。

关于中资企业与越南行业部门政府领导接触情况，主要是对比工
业企业和服务型企业以及位于不同地区的中资企业与越南行业部门政
府领导的接触情况。按企业所属类型划分，如表 6 - 15 所示，工业企
业中超过四成（42.86％）的企业与越南行业部门的政府领导有较少
往来，与越南行业部门的政府领导往来频繁的企业占比接近一成
（9.52％），与越南行业部门的政府领导没有往来的企业则超过了三
成（33.33％）。服务型企业中选择"有往来"选项的企业最多，占
比为 46.15％；选择"较少往来"和"没有往来"选项的企业比例相
当，均为 23.08％，占比最小的是选择"往来频繁"选项的企业，仅有
7.69％。通过对比发现，服务型企业整体与越南行业部门政府领导接触
较为频繁，而工业企业与越南行业部门政府领导的接触则较少。

表 6 - 15　　　　企业与越南行业部门的政府领导的往来情况　　（单位:%）

	没有往来	较少往来	有往来	往来频繁
工业	33.33	42.86	14.29	9.52
服务业	23.08	23.08	46.15	7.69
不在经开区	33.33	16.67	50.00	0.00
中国经开区	0.00	100.00	0.00	0.00
越南经开区	33.33	50.00	11.11	5.56
其他地区	0.00	0.00	33.33	66.67

按企业所处区域划分，位于中国经济开发区的所有企业（100.00%）都与越南行业部门政府领导往来较少；位于越南经济开发区的企业中，选择"较少往来"选项的企业占比为五成（50.00%），选择"没有往来"选项的企业超过三成（33.33%），有一成左右（11.11%）的企业选择了"有往来"选项，而选择"往来频繁"选项的企业仅占5.56%；不在经济开发区的企业中，与越南行业部门政府领导有往来的占五成（50.00%），与越南行业部门政府领导没有往来的企业占了三分之一（33.33%），与越南行业部门政府领导往来较少的企业占比接近两成（16.67%）；位于其他地区的企业中，从频率分布来看，有三分之二（66.67%）的企业与越南行业部门政府领导往来频繁，剩余三分之一（33.33%）的企业则是与越南行业部门政府领导有往来。

按照与以上表格同样的划分和对比方法，分析中资企业与当地规制或行政管理部门的主要领导的往来情况。如表6-16所示，按照企业所属类型划分，在工业企业中，选择与当地规制或行政管理部门的主要领导有"较少往来"选项的工业企业超过五成（52.38%），选择"没有往来"选项的企业占比接近两成（19.05%），选择"往来频繁"和"有往来"两个选项的企业占比相当，均为14.29%。在服务型企业中，选择"较少往来"选项的企业最多，占比为46.15%；选择"有往来"选项的企业占比三成左右（30.77%），占比最小的是选择"往来频繁"选项的企业，仅占比7.69%。通过对比发现，服务型企业整体与越南当地规制或行政管理部门的主要领导接触频率比工业企业略微高一些。

表6-16　　**企业与当地规制或行政管理部门的主要领导的往来情况**　　（单位:%）

	没有往来	较少往来	有往来	往来频繁
工业	19.05	52.38	14.29	14.29
服务业	15.38	46.15	30.77	7.69
不在经开区	33.33	41.67	16.67	8.33
中国经开区	0.00	100.00	0.00	0.00

	没有往来	较少往来	有往来	往来频繁
越南经开区	11.11	61.11	16.67	11.11
其他地区	0.00	0.00	66.67	33.33

按企业所处区域划分，在中国经济开发区的企业中，选择与越南当地规制或行政管理部门的主要领导有"较少往来"选项的企业占比达到100.00%；在越南经济开发区的企业中，选择"较少往来"选项的企业数量最多，占比超过六成（61.11%），选择"有往来"选项的企业接近两成（16.67%），选择"往来频繁"和"没有往来"选项的企业占比相当，都在一成左右（11.11%）；不在经济开发区的企业中，与越南当地规制或行政管理部门的主要领导有较少往来的企业占比超过四成（41.67%），与越南当地规制或行政管理部门的主要领导没有往来的企业占据了三分之一（33.33%），与越南当地规制或行政管理部门的主要领导有往来的企业占比接近两成（16.67%）；位于其他地区的企业中，有三分之二（66.67%）的企业与越南当地规制或行政管理部门的主要领导有往来，剩余三分之一（33.33%）的企业则与越南当地规制或行政管理部门的主要领导往来频繁。

三 中资企业管理层对越南政治环境评估情况

中资企业管理层对越南政治环境评估的调查结果显示，如图6-10所示，有超过七成（72.22%）的企业管理层认为越南的政治环境比较稳定，认为越南政治环境稳定、投资风险较小的企业管理层占比超过了两成（22.22%），而仅有5.56%的企业管理层认为越南的政治环境状况不好说、存在不稳定的风险。总体来说，对越南政治环境持积极态度的企业管理层占比超过了九成（94.44%），这表明绝大多数中资企业对越南政治环境持乐观态度，仅有少数企业高管持谨慎态度。

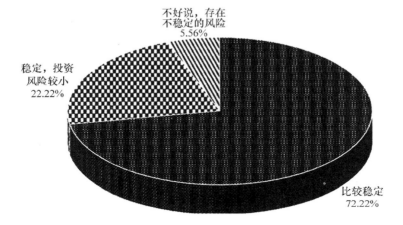

图 6 – 10   企业管理层认为越南政治环境情况

第 七 章

越南中资企业员工的
职业发展与工作条件

　　近年来，很多中国企业在越南投资设厂，这一举措也大大带动了当地劳动力市场的发展，对当地居民的就业产生了巨大的影响，吸引了许多劳动力到中资企业工作。本章基于此次调研的数据分析，对在中资企业工作的越南员工的个人和家庭收入以及个人的工作现状进行描述、分析和总结。主要论述内容包括职业经历和工作环境、工作时间与职业培训和晋升、参与工会组织和社会保障情况、个人和家庭收入及家庭地位和耐用消费品等几个方面，通过量化分析，从不同角度了解越南员工的工作现状及家庭生活状况。

第一节　职业经历和工作环境

　　为了保证本次调研样本数据的真实性和准确性，需要选择合适的员工作为员工样本，因此在调研问卷的一开始就会通过几个过滤问题来选择员工样本，故只有在进入中资企业工作一年且属于该企业长期雇用的越南员工才能作为合格的员工样本。但考虑到目前在越南的许多中资企业属于近几年刚赴越南投资并开拓海外市场的企业，因此问卷对象中也包括部分在企业工作尚未满一年的员工。

据越南国家统计局的数据显示，截至 2018 年，越南人口约 9470 万人。截至目前，越南人口总数居世界第 14 位，人口密度是平均每平方公里 311 人。越南人口平均年龄为 31 岁。2016 年，越南年满 15 岁及以上的劳动人口达 5444.5 万人，截至 2017 年，全国 15 岁及以上的劳动人口大约 5482.3 万人（其中男性占比 51.80％，女性占比 48.20％），占总人口的 58.50％。① 总而言之，越南人力资源的质量与数量在逐步提高。

一　越南员工应聘入职情况

问卷调查了越南员工是通过哪些不同的途径获得现工作信息的情况。由表 7-1 可知，在 1023 个有效样本中，大多数（40.86％）员工都是通过亲戚朋友介绍而获得现工作的，这在一定程度上说明在中资企业工作的员工比较认同当前企业的工作环境、企业文化、薪酬奖励制度等，他们具有较高的工作满意度，因此才会介绍自己的亲戚朋友前来企业上班谋职。换言之，已在中资企业工作的越南员工无形之中成为企业宣传招聘最好的媒介，当地员工通过口口相传的方式使得企业的本地员工队伍不断壮大。有近三成（27.17％）的员工是通过企业的招聘广告获知招聘信息并获得现工作；有近四分之一（24.73％）的员工是通过直接来企业应聘的方式获得现工作，这些员工多半都是家住企业附近，由于地理和人缘等因素可以便捷地获知附近企业的相关信息；还有少数（3.62％）员工是通过参加招聘会而获得现工作；剩下 3.61％ 的员工则通过职业介绍机构或学校就业中心等渠道获得现工作。

---

① Lực lượng lao động từ 15 tuổi trở lên phân theo giới tính và phân theo thành thị，nông thôn，Tổng Cục Thống Kê（《按性别和城乡划分的 15 岁及以上的劳动力》，越南国家统计局），https：//www.gso.gov.vn/default.aspx？tabid = 714，2018 年 8 月 28 日。

表7-1　　　　　　越南员工获得现工作的主要途径（$N=1023$）　　（单位：个、%）

获得此工作主要途径	频数	百分比
在职业介绍机构登记求职	8	0.78
参加招聘会	37	3.62
通过学校就业中心	3	0.29
看到招聘广告	278	27.17
通过亲戚朋友	418	40.86
直接来企业应聘	253	24.73
雇主直接联系你	17	1.66
其他	9	0.88
合计	1023	100.00

　　从整体来看，通过招聘广告、通过亲戚朋友介绍和直接上门应聘这三种方式是中资企业的越南员工获取现工作的重要渠道。相对而言，招聘会、学校就业中心、职业介绍机构等在帮助越南员工了解在越中资企业相关信息方面作用不大，也能说明在越南的中资企业中，除了像OPPO、海尔、格力等大型企业以外，大多数企业尤其是中小型企业的知名度都不高。因此企业要注重企业形象推广，企业可以通过新闻公关、网络公关、举办企业庆典及参与社会公益活动等有效的传播方式来进行形象推广，让更多人认识与了解企业，也为企业招聘更多的本地化人才打下基础。

　　如前所述，大多数越南员工是通过在中资企业工作的亲戚朋友介绍而获得现工作的，由表7-2可知，在201个有效样本中，超过一半（54.23%）的员工有一个家人和自己在同一企业工作；有近三成（29.35%）的员工有两个家人和自己在同一企业工作；有近一成（9.45%）的员工有四个以上的家人和自己在同一企业工作；剩下6.97%的员工有三个家人和自己在同一企业工作。由此可知，绝大多数员工都认同或喜欢自己所在企业的工作环境及薪酬福利制度，因此才会出现一家几口或是更多亲戚在同一家企业工作的情况。

表7-2 　　　　越南员工家人在本企业的数量（N=201） 　（单位：个、%）

有几个家人在本企业	频数	百分比
一个	109	54.23
两个	59	29.35
三个	14	6.97
四个以上	19	9.45
合计	201	100.00

二 越南员工的工作时间及工作环境

人才是企业最重要的资源，人才的选拔和任用成为一个企业生存的关键。因此企业要做好人力资源管理，注重培养人才、运用人才，并为优秀的员工提供有竞争力的待遇，在吸引人才和留住人才等方面多下一番功夫，才能为企业的长远发展奠定坚实的基础。

图7-1反映了越南员工在当前企业的工作时长分布，在1025个

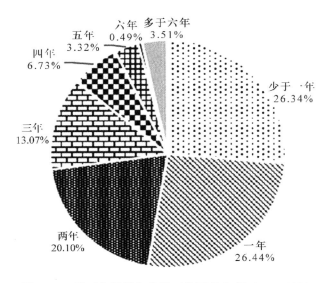

图7-1 员工在当前企业的工作时长分布（N=1025）

有效样本中，我们可以看到目前在越南中资企业工作的越南员工中有一半（52.78%）的员工工作时长都少于 2 年。具体而言，有近三成（26.44%）的员工在当前企业的工作时间为 1 年，同样也有近三成（26.34%）的员工在当前企业的工作时间少于 1 年，只有两成（20.10%）的员工在当前企业有 2 年的工作时长，有13.07%的员工在当前企业的工作时间为 3 年，仅有3.51%的员工在当前企业的工作时长超过 6 年。

问卷中还涉及了有关越南员工工作环境的问题，在问卷中的具体问题为"您在日常工作中使用电脑吗"，其回答选项包括"是"和"否"。根据表 7 - 3 可知不同性别的员工在日常工作中使用电脑的情况，数据显示，有超过一半（56.96%）的女性员工需要在工作中使用电脑，而不需要使用电脑的女性员工占比43.04%；在男性员工中的情况则相反，有超过一半（51.94%）的男性员工在工作中不需要使用电脑，而需要使用电脑的男性员工占比48.06%。

表7－3　　按性别划分的越南员工日常工作使用电脑状况（$N = 1025$）　（单位:%）

日常工作是否使用电脑	男	女
是	48.06	56.96
否	51.94	43.04
合计	100.00	100.00

综上所述，在日常工作中需要使用电脑的女性员工比男性员工更多，比例多出约 9 个百分点；男性员工中不需要使用电脑的比例比在工作中使用电脑的比例高。由此可以了解到，目前在越南中资企业工作的越南员工中，女性行政员工居多，而车间一线工人则是男性员工居多，因为他们的工作环境中大多需要接触一些生产线的机器设备，或是需要从事一些需要负重的体力劳动。

第二节 工作时间与职业晋升、培训

职业晋升或发展机会是体现职业生涯发展的一个重要方面，对于向上社会流动有着重要作用。通过了解越南员工在中资企业的工作时间也能从侧面更加直观地了解中资企业的管理模式和员工的工作环境。

一 工作时间

工作时间是指劳动者为履行工作义务，在用人单位从事工作或者生产的时间，劳动者或用人单位不遵守工作时间的规定或约定，要承担相应的法律责任。它可以促进现代化科学技术的发展，提高工作效率和劳动生产率，同时又是劳动者实现休息权的法律保障。

表7-4反映了按性别划分的管理人员与非管理人员的分布情况，在1025个有效样本中，在男性员工中有超过两成（25.07%）的员工属于管理人员，而超过七成（74.93%）的员工不属于管理人员；在女性员工中有超过一成（15.36%）的员工属于管理人员，而超过八成（84.64%）的员工不属于管理人员。通过对比可发现，男性管理人员的比例比女性管理人员的比例高出约一成（9.71%）。由此可知，在管理职务发展方面存在一定的性别差异，男性较女性来说更容易获得担任管理人员的机会。

表7-4　　按性别划分的管理人员与非管理人员分布（*N* = 1025）　　（单位:%）

是否是管理人员	男	女
管理人员	25.07	15.36
非管理人员	74.93	84.64
合计	100.00	100.00

　　由于工作内容的区别性和工作职务的特殊性，因此管理人员和非管理人员每周每月的工作天数会存在差异，关于工作时间的部分具体在问卷中体现的问题为"上个月，您平均每周工作几天"。如表 7 - 5 所示，在 1024 个有效样本中，可以看到管理人员与非管理人员上月平均每周工作天数的差异为：在管理人员中，超过七成（72.63%）的员工每周需要工作 6 天，休息 1 天；14.74% 的员工每周需要工作 7 天，没有休息；还有 11.05% 的员工每周需要工作 5 天，休息 2 天。在非管理人员中，超过七成（73.74%）的员工每周需要工作 6 天，休息 1 天；17.51% 的员工每周需要工作 7 天，没有休息；还有 7.55% 的员工每周需要工作 5 天，休息 2 天。

表 7 - 5　　　　　　　　管理人员与非管理人员上月平均
每周工作天数的差异（N = 1024）　　　　　　（单位：%）

上月平均每周工作天数	管理人员	非管理人员
0	0.53	0.12
1	0.00	0.24
2	0.00	0.12
3	0.53	0.36
4	0.53	0.36
5	11.05	7.55
6	72.63	73.74
7	14.74	17.51
合计	100.00	100.00

　　总体来说，无论是管理人员还是非管理人员，绝大多数越南员工每周都需要工作 6 天，休息 1 天。而可以休息 2 天只工作 5 天的员工多为管理人员，比非管理人员高出约 4 个百分点；需要工作 7 天却没有休息的员工多为非管理人员，比管理人员高出约 3 个百分点。由此可知，相比非管理人员来说，管理人员可以休息调整的时间更多。

二　职业培训和职业晋升

新员工入职培训是指企业给新雇员提供有关企业的基本背景情况，使新员工了解所从事工作的基本内容与方法，使他们明确自己工作的职责、程序、标准，并向他们初步灌输企业及其部门所期望的态度、规范、价值观和行为模式等，从而帮助他们顺利地适应企业环境和新的工作岗位，使他们尽快进入角色。

问卷中涉及了有关越南员工入职培训的问题，在问卷中的具体问题为"您进入本企业以来，是否就以下能力进行过专门培训或进修（多选题）"，其回答选项包括"管理技能""人际交往能力""写作能力""职业道德""中文读写""计算机技能""技术性技能""安全生产""其他"和"没有"等十个选项。

关于入职后的培训内容，按性别划分，由表7-6可知，在1023个有效样本中，无论是男性员工还是女性员工，绝大多数都参加了安全生产培训，其中参加了安全生产培训的男性员工比例高出女性员工约4个百分点。这不难理解，安全生产培训的宗旨是安全促进生产，生产必须安全。做好安全工作，改善劳动条件，可以调动职工的生产积极性；可以增加企业效益，无疑会促进生产的发展。位列第二的培训内容则为技术性技能培训，其中男性员工参加了技术性技能培训的比例高出女性员工3个百分点。值得关注的是，入职后没有参加过培训的男性和女性员工占比均超过一成。紧随其后的培训内容分别是其他培训、计算机培训和职业道德培训，在这三项培训内容中，女性员工的占比都稍高于男性员工。剩下的培训内容（写作能力、中文读写、人际交往能力、管理技能）各企业员工很少或几乎没有参加过。

表7-6　　　　按性别划分的越南员工入职后的培训内容（N = 1023）　　　（单位:%）

入职后培训或进修内容	男	女
管理技能	0.30	0.73
人际交往技能	1.50	1.45

续表

入职后培训或进修内容	男	女
写作能力	0.00	0.29
职业道德	1.50	2.76
中文读写	1.20	1.02
计算机技能	2.10	4.93
技术性技能	12.87	9.87
安全生产	64.37	59.94
其他	3.29	5.08
没有培训	12.87	13.93
合计	100.00	100.00

问卷中还涉及了有关员工最近一次参加培训的问题，在问卷中的具体问题为"您最近一次参与培训的内容是（可多选）"，其回答选项同上题。由表7-7可知，在870个有效样本中，无论是男性员工还是女性员工，绝大多数都参加了安全生产培训和技术性技能培训，在这两项培训中男性员工的比例都比女性员工高，分别高出约3个百分点和5个百分点。在男性员工和女性员工中，占比第三高的是其他培训，紧随其后的培训内容分别是计算机技能、人际交往技能、职业道德、中文读写和管理技能，在这几项培训内容中，女性员工的占比几乎都稍高于男性员工。

表7-7　　按性别划分的越南员工最近一次的培训内容（N=870）　　（单位：%）

最近一次培训的内容	男	女
管理技能	0.70	1.88
人际交往技能	2.45	2.40
写作能力	0.00	0.17
职业道德	1.75	3.25
中文读写	1.40	2.74
英文读写	0.00	0.34
计算机技能	2.45	4.79
技术性技能	26.57	21.23

续表

最近一次培训的内容	男	女
安全生产	58.74	55.48
其他	5.24	6.85
没有培训	0.70	0.86
合计	100.00	100.00

　　总体而言，在问卷涉及的十个培训选项中，无论是在入职培训还是在最近一次培训中，各企业对员工进行培训内容最多的是安全生产与技术性技能这两项，在这两部分培训内容中男性员工的占比都高于女性员工。剩下的几项培训内容企业都较少组织，甚至还有超过一成的企业没有对员工进行任何培训。由此看来越南中资企业对本地化人才的培训还不够重视，没有形成系统规范的职业培训体系与制度，是急需引起重视与亟待改进的部分。培训进修是一种有效且常用的方法来提高雇员的业务能力、跨文化沟通能力与沟通技巧。通过培训或进修不仅能提高企业的生产效率，还可提高员工的忠诚度。企业通过对员工进行培训，对内可以增强企业的向心力和凝聚力，对外则可以提高企业的国际竞争力。

　　因此，中资企业应注重进一步完善员工培训制度，加强对本地员工的开发与培训。尤其是对企业招聘的管理人员来说，应侧重培训其管理能力、沟通能力、时间管理能力、语言技能等多个方面，对他们进行更多的企业文化培训，让他们能够真正融入企业，理解并热爱企业文化。

　　本次问卷中对于职业晋升状况的调查，问题设置为："从您进入这家企业工作算起，您是否获得过职位晋升"，回答分为"是"和"否"两个选项。进一步按性别划分来考察越南员工的职业晋升状况时发现，在进入中资企业后，男性员工比女性员工更容易获得职位晋升的机会。如表7-8所示，在1025个有效样本中，有21.79%的男性员工获得了职位晋升机会，而仅有13.19%的女性员工获得了职业晋升机会，已获得职位晋升的男性员工比女性员工高出了8.6个百分点。由此可知，在职业发展方面存在一定的性别差异，男性较女性来说更容易获得职位晋升。总体而言，与女性员工相比，男性员工在收入、职业晋升和发展机会上显然更有优势。

表7-8 按性别划分的越南员工的职业晋升状况（N=1025） （单位:%）

进入本企业后是否有职业晋升	男	女
是	21.79	13.19
否	78.21	86.81
合计	100.00	100.00

第三节 工会组织与社会保障

工会组织是劳动者利益的代表，在现代各种社会组织中，工会是由劳动者组成的特殊的社会组织。作为劳动者群体的代表，工会成为市场经济中劳动关系的重要组成部分，成为劳动力所有者的代表。而社会保障是以国家或政府为主体，依据法律，通过国民收入的再分配，对公民在暂时或永久丧失劳动能力以及由于各种原因而导致生活困难时给予物质帮助，以保障其基本生活的制度。

一 越南员工加入工会情况

企业工会是工会的重要组织基础和工作基础，是企业工会会员和职工合法权益的代表者和维护者。越南劳动联合总会为全国最高工会组织，越南企业一般都设有工会。近年来，工会在保障企业员工利益，特别是增加工人工资方面发挥了重要作用。

本次问卷也涉及了部分关于越南员工加入中资企业工会情况，在问卷中具体体现为问题"您所在的企业是否有企业工会？您是否加入了企业工会"，回答选项为"是""否"。如表7-9所示，在738个有效样本中，按性别划分的员工加入企业工会状况来看，有近七成

（69.60%）的男性员工已加入企业工会，有超过七成（77.10%）的女性员工已加入企业工会，虽然女性员工的比例比男性员工约高出 7个百分点，但无论是男性员工还是女性员工，加入工会的人数都在七成左右，这充分说明越南员工对企业工会有着足够的信任，同时也说明企业工会给予了员工相应的安全感，越南中资企业切实关心越南员工的切身利益。

表 7 - 9　　　　按性别划分的越南员工加入企业工会状况（ _N_ = 738）　　（单位：%）

本人是否加入企业工会	男	女	合计
是	69.60	77.10	74.80
否	30.40	22.90	25.20

"行业工会"通常是指由同一行业的工人组成的劳工组织，其目的是在工资、福利和工作条件方面（通过集体谈判）促进其成员的利益。行业工会主要反映和解决本行业职工需要解决的共同性问题，具有强制力量。由于诸多原因，企业工会的协调解决能力受到许多限制，因此部分劳动者在出现纠纷的苗头或者发生争议之后，往往会选择向行业工会申诉以寻求解决办法。因此问卷中对员工加入行业工会的状况也有所涉及。

如表 7 - 10 所示，在 982 个有效样本中，按性别划分的员工加入行业工会状况来看，有超过两成（22.57%）的男性员工加入了行业工会，有两成左右（19.46%）的女性员工加入了行业工会，也就是说加入了行业工会的男性员工比例比女性员工高出约 3 个百分点。

表 7 - 10　　　　按性别划分的员工加入行业工会状况（ _N_ = 982）　　（单位：%）

本人是否加入行业工会	男	女	合计
是	22.57	19.46	20.47
否	68.03	74.66	72.51
当地没有行业工会	9.40	5.88	7.03

从表 7-10 来看，无论是男性员工还是女性员工，加入行业工会的人数都在两成左右。然而还有 7.03% 的员工所工作的地方没有设立行业工会，因此，就算他们有加入行业工会的意愿，也无法加入行业工会。

从管理人员和非管理人员加入行业工会的差异状况来看，由表 7-11 可知，在 982 个有效样本中，在管理人员中，有三成左右（27.32%）的员工加入了行业工会，有大约一成（9.29%）的员工由于当地没有行业工会尚未加入行业工会；在非管理人员中，有两成左右（18.90%）的员工加入了行业工会，比管理人员加入行业工会的占比少了一成左右（8.42%），还有 6.51% 的员工由于当地没有行业工会尚未加入行业工会。

表 7-11　　　管理人员与非管理人员加入行业工会状况（$N = 982$）　　（单位:%）

是否加入行业工会	管理人员	非管理人员
是	27.32	18.90
否	63.39	74.59
当地没有行业工会	9.29	6.51
合计	100.00	100.00

由上可知，越南员工加入企业工会的比例总体高于加入行业工会的比例，但总体上加入企业工会和行业工会现象还不是很普遍，尤其是行业工会的加入率极低，甚至有些地方还没有成立专门的行业工会，也有一些刚赴越南投资的中资企业尚未成立企业工会。对于这些问题，应引起越南中资企业的重视，尚未成立工会的企业应该及时成立保障员工权利的工会。已有工会的企业也要考虑让更多的员工加入企业工会，真正发挥工会作为职工之家的职能和作用，维护好员工的合法权益，多给员工一些人文关怀，从根本上关心他们的福祉，落实企业以人为本的思想精神，建设一个健康、温馨、稳定的工作环境，切实维护和保障好每位员工的权益，从而调动员工的工作积极性，提高工作效率与员工的工作满意度，使他们能够积极主动地为企业做出

更多的贡献。

　　之所以出现以上现象，说到底是因为中国企业在越南市场投资的时间还不是很长，虽然近几年数量逐渐增多，但多为中小企业。这些中资企业在越南市场还没有完全站稳脚跟，面对激烈的竞争，企业文化建设等问题还没来得及考虑。

二　越南员工享有的社会保障情况

　　社会保障是民生之安，关系着每一个人、每一个家庭的福祉。此次问卷中涉及的社会保障主要包括：医疗保险、养老保险、养老金等。

　　这部分具体在问卷中体现的问题为"这份工作为您提供了哪些社会保障（多选题）"，回答选项包括"医疗保险""养老保险""其他"和"不清楚"。如表7－12所示，在1024个有效样本中，可以看到管理人员和非管理人员享有社会保障的情况为：在管理人员中超过九成（94.74%）的员工都享有社会保障，而非管理人员中只有约八成（79.38%）的员工享有社会保障，还有两成左右（20.62%）的员工处于没有享受社会保障的状态。超过九成（94.74%）的管理人员都能享受社保，这比能够享受社会保障的非管理人员（79.38%）高出约15个百分点。这说明，目前中资企业对非管理人员的社会保障还没有完全落实到位，需要在今后有针对性地加以改进。

表7－12　　　　管理人员与非管理人员是否享有社会保障（N = 1024）　　（单位：%）

是否享有社会保障	管理人员	非管理人员
是	94.74	79.38
否	5.26	20.62
合计	100.00	100.00

　　接下来就管理人员与非管理人员享有的社会保障类型的差异来看，如表7－13所示，在842个有效样本中，在管理人员中，有四成

（40.00%）的越南员工享有医疗保险；近两成（17.22%）的员工享有养老保险；还有超过四成（42.78%）的员工享有其他社会保障；在非管理人员中，近五成（48.64%）的员工享有医疗保险；有8.16%的员工享有养老保险；还有41.84%的员工享有其他社会保障；剩下1.36%的员工则对这个问题表示不清楚。总体而言，无论是管理人员还是非管理人员，所有员工享有最多的社会保障都是医疗保险。而非管理人员享有的医疗保险比管理人员高出约8个百分点。但在养老保险方面，管理人员享有养老保险的比例高出非管理人员约9个百分点。超过四成的员工均享有除医疗和养老保险以外的其他类型的社会保障。

表7-13　　管理人员与非管理人员享有的社会保障类型（$N=842$）　　（单位:%）

享有哪些社会保障	管理人员	非管理人员
医疗保险	40.00	48.64
养老保险	17.22	8.16
其他	42.78	41.84
不清楚	0.00	1.36
合计	100.00	100.00

社会保障是劳动力再生产的保护器，是社会发展的稳定器，是经济发展的调节器。此外，社会保障可以解除劳动力流动的后顾之忧，使劳动力流动渠道通畅，有利于调节和实现人力资源的高效配置。中资企业只有尽快完善社会保障体系，真正做到以人为本，以增进员工福利为宗旨，才能真正维护到越南员工的切身利益，给员工提供经济保障与服务保障。员工没有了后顾之忧，才能全心全意为企业付出与服务。

几乎绝大多数企业的员工都会因为各种原因而产生纠纷或者诉求，当劳动者认为自身权利受到侵犯时往往会通过不同的方式来解决纠纷，这部分内容具体在问卷中体现的问题为"如果您认为本企业没有履行劳动法规，您最有可能采取什么方式解决纠纷"，回答选项包括表 7 – 14 第一列所示的几个解决方式。根据数据可知,无论是管理人员还是非管理人员,他们选择解决纠纷的方式区别不大。除了部分数据略有差异以外,大部分越南员工都采取向企业管理部门投诉的方式来解决纠纷,还有超过三成的员工选择向企业工会投诉的方式来解决纠纷,排名第三的解决方式是向劳动监察部门投诉。其中,管理人员更倾向于向企业管理部门投诉,而非管理人员则倾向于找企业工会投诉,剩下几项解决方式也存在一些差异。如表 7 – 14 所示,在 981 个有效样本中,相比而言,向行业工会投诉的人多为管理人员(5.41%);在独自停工、辞职方面选择较多的是非管理人员(8.42%),比管理人员高出近 5 个百分点;向劳动监察部门投诉方面,管理人员和非管理人员选择的人数占比差不多;在上网反映情况方面,管理人员和非管理人员占比都很低,但管理人员的比例略高一点;在参与罢工方面,非管理人员的占比略高一点;剩下一部分员工会通过其他方式解决纠纷。有一成多的员工选择沉默,不会采取任何行动来解决纠纷。

表 7 – 14　　管理人员与非管理人员解决纠纷方式的差异(N = 981)　　(单位:%)

最有可能采取的解决纠纷方式	管理人员	非管理人员
找企业管理部门投诉	39.46	31.78
找企业工会投诉	32.97	37.44
找行业工会投诉	5.41	3.52
向劳动监察部门投诉	7.57	7.79
独自停工、辞职	3.78	8.42
参与罢工	0.54	0.88
上网反映情况	1.08	0.88
没有采取任何行动	4.32	6.66
其他	4.86	2.64
合计	100.00	100.00

综上所述,当中资企业的越南员工认为自身权利受到侵犯时,一般会先选择向企业管理部门和企业工会反映问题,基本没有人会选择

在网上反映情况或者擅自罢工、辞职等激烈的方式。这也能从一个侧面说明越南员工对企业管理部门和企业工会有较高的信任度，能够在发生问题的第一时间找工会解决问题而不是罢工辞职，这是一个很好的现象。因为随着越南吸引外资的增加，企业及劳动者的数量不断上升，罢工现象在越南时有发生，主要针对外资企业，以台资、韩资企业为主，本地企业罢工相对较少。近两年，少数中资企业也曾遭遇罢工。大部分罢工由工人自发组织，目的是要求企业提高薪资、改善生活及工作条件。所以就表7-14的结果而言，在越南中资企业工作的越南员工几乎不会采取罢工这一方式来解决纠纷。接下来的问卷对企业是否按时发放工资的情况进行了调查。在问卷中具体的问题为"这家企业有未按时给您结算工资超过一个月的情况吗？最长一次拖欠了多长时间"。通过表7-15可知，在1019个有效样本中，一部分企业确实存在拖欠员工工资的现象，但企业拖欠员工工资超过一个月的情况整体较少。在管理人员中，有2.11%的员工被企业拖欠工资超过一个月；而在非管理人员中，仅有0.72%的员工被企业拖欠工资超过一个月；无论是在管理人员还是非管理人员中，超过九成的员工工资没有拖欠情况或者拖欠情况没有超过一个月。

表7-15　　　　　管理人员与非管理人员工资拖欠状况（$N=1019$）　　　（单位：%）

	管理人员	非管理人员
超过一个月	2.11	0.72
未拖欠/拖欠未超过一个月	97.89	99.28
合计	100.00	100.00

总体而言，中资企业拖欠员工工资的情况虽少但仍然存在，这需要引起重视并进一步整改。越南中资企业要严格遵守越南在雇佣、解聘、社会保障等方面的规定，依法与越南员工签订雇佣合同，按时足额发放员工工资，缴纳各类社会保险和补贴等，对员工进行必要的技能培训；在日常生产经营中要与工会组织保持必要的沟通，了解员工

的思想动态，进行必要的疏导，发现问题及时解决；要建立和谐的企业文化，邀请工会成员参与企业管理，增强员工主人翁意识，激发并保护员工的积极性，凝聚员工的智慧和创造力。

第四节　个人和家庭收入

收入作为衡量职业的重要指标，在问卷中体现为问题"您每月的工资收入是多少"，单位为越南货币越南盾。正如国内外的大部分问卷调查一样，收入在任何社会都是比较敏感和隐私的话题，在越南也不例外。在问卷样本量为1024个的情况下，个体的月工资最低收入为300万越南盾，最高工资收入为2300万越南盾，标准差为2000万，这表明虽然越南还没有进入经济起飞阶段，但个体之间的收入差距已经开始拉大。

一　越南员工的个人月收入

为便于统计描述，依据表7－16将越南员工的月收入层次分为："最低收入群体"（300万—490万越南盾）、"较低收入群体"（500万—590万越南盾）、"中等收入群体"（600万—700万越南盾）、"较高收入群体"（710万—900万越南盾）和"最高收入群体"（910万—2300万越南盾）共五个群体。将"最低收入群体"和"较低收入群体"进行加总得到"中等以下收入群体"，将"最高收入群体"与"较高收入群体"进行加总得到"中等以上收入群体"。

表7－16　　　　按性别划分的越南员工月收入层次分布（$N = 948$）

（单位：百万越南盾、%）

性别	3—4.9	5—5.9	6—7	7.1—9	9.1—23
男	15.87	8.57	24.44	22.86	28.25
女	16.75	19.27	27.65	23.54	12.80
合计	16.46	15.72	26.58	23.31	17.93

　　从收入分配的性别差异来看，由表 7 - 16 可知，在 948 个有效样本中，在男性被调查者中，中等以下收入群体（300 万—590 万越南盾）占比 24.44%，中等收入群体（600 万—700 万越南盾）占比 24.44%，中等以上收入者（700 万—2300 万越南盾）占比 51.11%。也就是说，有约一半的男性员工都分布在中等以上收入群体。在女性被调查者中，中等以下收入者占比 36.02%，中等收入群体占比 27.65%，中等以上收入者占比 36.34%。通过分析比较可知，男性员工的最高收入与最低收入群体比例相差了近 13 个百分点，而女性员工的收入层次分布相对均匀。但最高收入群体出现在男性被调查者中，占比将近三成（28.25%），而女性的最高收入群体仅占比一成（12.80%）。换言之，男性被调查者最高收入群体的占比较女性被调查者高出约 16 个百分点。

　　不同的年龄段意味着处于职业生涯的不同阶段，对于收入也有着重要影响，接下来分析不同年龄组员工之间的月收入分布差异，如表 7 - 17 所示，在 948 个有效样本中，17—25 岁这个年龄段的员工，都是刚刚步入社会，意气风发的青年人，此时正处于事业积累期，员工之间的收入差距不会太大，虽有约 6.00% 的优秀青年能够达到最高收入群体，但也是所有年龄段中最高收入群体占比最少的年龄组。具体表现如下：17—25 岁的员工中等以下收入者占比 36.14%，中等收入者占比 32.63%，中等以上收入者占比 31.22%。26—35 岁年龄段中，这些员工正值壮年，要么就是高学历的毕业生，要么就是已经在职场打拼了一段时间并有一定工作经验和能力的年轻人，处于职业生涯的上升期。因此，最高收入群体的占比是三个年龄组当中最高的，占比 24.28%。同时也有将近一半的（48.97%）员工分布在中等以上收入群体，其中中等收入者则占到了 24.49% 的比例，中等以下收入者占比 26.54%。在 36 岁及以上的年龄段中，中等以上收入者占比 36.15%，中等收入者占比 22.60%，中等以下收入者占比 41.24%，占比稍向最低收入群体倾斜。这个年龄段的最高收入群体和最低收入群体差距较明显，各占比两成左右。在调研的过程中发现，许多 40

岁以上低收入的员工多为受教育程度低的员工，因此他们多从事一些如安保、保洁或车间重体力劳动的工作，工作辛苦，同时收入也较低。

表 7-17　　　　　　按年龄组划分的员工月收入分布（N = 948）

（单位：百万越南盾、%）

年龄组	3—4.9	5—5.9	6—7	7.1—9	9.1—23
17—25 岁	18.60	17.54	32.63	25.26	5.96
26—35 岁	12.55	13.99	24.49	24.69	24.28
36 岁及以上	23.73	17.51	22.60	16.38	19.77
合计	16.46	15.72	26.58	23.31	17.93

通过分析不同受教育程度的收入差别，可以看出受教育程度对于收入的重要影响。由表 7-18 可知，在 939 个有效样本中，在未受过教育组中，没有较高收入群体和最高收入群体，中等收入群体占比 33.33%，中等收入以下群体占比 66.66%。换言之，接近七成未受过教育的员工处于中等收入以下群体。在小学学历组中，中等以下收入群体占比 50.00%，中等收入群体占比 27.27%，中等以上收入群体占比 22.73%。在中学学历组中，中等以下收入群体占比 39.16%，

表 7-18　　　　按受教育程度划分的越南员工月收入分布（N = 939）

（单位：百万越南盾、%）

最高学历	3—4.9	5—5.9	6—7	7.1—9	9.1—23
未受过教育	33.33	33.33	33.33	0.00	0.00
小学学历	40.91	9.09	27.27	9.09	13.64
中学学历	20.28	18.88	27.77	20.90	12.17
本科及以上	5.49	8.42	22.71	31.14	32.23
总数	16.51	15.65	26.30	23.54	18.00

中等收入群体占比 27.77%，中等以上收入群体占比 33.07%，即分布稍向中等以下收入群体倾斜。在本科及以上学历组中，中等以下收入群体占比 13.91%，中等收入群体占比 22.71%，中等以上收入群体占比 63.37%。在这个组别中，最高收入群体的占比是所有组别中最高的，同时最低收入群体的占比也是最低的。

由此可以看出，随着受教育程度的提高，中等以下收入群体占比逐渐减小，中等以上的收入群体占比越来越大。由此可见，越南和其他很多国家一样，受教育程度与收入有着正相关关系。

从员工个体月收入的城乡差别来看，如表 7 - 19 所示，在 947 个有效样本中，来自农村的员工中等以下收入阶层占比 32.40%，中等收入阶层占比 26.93%，中等以上收入阶层占比 40.67%。来自城市的员工中等以下收入阶层占比 31.63%，中等收入阶层占比 25.64%，中等以上收入阶层占比 42.73%。

表 7 - 19　　　　　　按出生地划分的越南员工月收入分布（N = 947）

（单位：百万越南盾、%）

农村或城镇	3—4.9	5—5.9	6—7	7.1—9	9.1—23
农村	16.97	15.43	26.93	23.56	17.11
城市	14.96	16.67	25.64	22.22	20.51
合计	16.47	15.73	26.61	23.23	17.95

总体而言，来自农村的员工和来自城市的员工的月收入差异相对体现在最高收入阶层和最低收入阶层，在最高收入阶层上，来自城市的员工比来自农村的员工高出 3.4 个百分点；在最低收入阶层上，来自农村的员工比来自城市的员工高出 2.01 个百分点，除此之外其他阶层的月收入分布基本没有显著的差异。

在此次样本调查中，对越南中资企业中的管理人员和非管理人员的月收入做了对比调查。如表 7 - 20 所示，在 948 个有效样本中，在管理人员组中，中等以下收入阶层占比 8.18%，中等收入阶层占比

15.79%，中等以上收入阶层占比 76.03%。在非管理人员组中，中等以下收入阶层占比 37.46%，中等收入阶层占比 28.96%，中等以上收入阶层占比 33.59%。

表 7-20   管理人员与非管理人员的月收入分布（N=948）

（单位：百万越南盾、%）

是否是管理人员	3—4.9	5—5.9	6—7	7.1—9	9.1—23
管理人员	4.09	4.09	15.79	26.32	49.71
非管理人员	19.18	18.28	28.96	22.65	10.94
合计	16.46	15.72	26.58	23.31	17.93

通过对比可知，管理人员组中将近八成（76.03%）的员工都分布在中等以上收入阶层，其中最高收入阶层占比最大，接近一半（49.71%）；同时最低收入阶层占比也最小，仅占比 4.09%；而非管理人员组则稍向中等以下收入阶层倾斜。这说明管理人员的最高月收入普遍高于非管理人员，同时也能说明在越南中资企业的高薪群体绝大多数都是管理人员。

综上所述，在中资企业工作的越南员工月收入普遍不高，大部分都属于中等收入阶层，且越南员工之间存在一定程度的收入差距。因此，中资企业可进一步建立科学的薪酬福利制度，切实推行绩效考核和薪酬水平挂钩的机制，从而形成公平、公正、客观的薪酬制度，多角度探求吸引和留住人才的办法。

二　越南员工的家庭年收入

接下来将展开对越南员工家庭年收入状况的对比分析。依据表 7-21 将越南员工家庭年收入分为五个等级，分别是"最低收入群体""较低收入群体""中等收入群体""较高收入群体"和"最高收入群体"。

表7－21　　　　　越南员工家庭年收入状况（N＝729）　　　（单位：百万越南盾、%）

家庭年收入	频数	百分比
20—95	146	20.03
96—120	165	22.63
128—192	133	18.24
200—240	148	20.30
246—600	137	18.79
合计	729	100.00

从本次调查结果来看，由表7－21可得知，在729个有效样本中，中等以下收入群体占比42.66%，中等收入群体占比18.24%，中等以上收入群体占比39.09%。换言之超过四成（42.66%）的家庭年收入处于中等以下水平，而将近四成（39.09%）的家庭年收入处于中等以上水平，说明当今越南家庭贫富差距已经开始拉大。不过正如本节开头所言，收入在任何社会都是比较敏感和隐私的话题，在实地调研中，我们也发现，许多被调查者对于个人工资及家庭年收入的估算都有所保留或夸大，因此本次调查中的受访者的家庭年收入是缺失值较大的一个变量。

第五节　家庭地位和耐用消费品

家庭是组成社会的最小单元，也是最重要、最基本、最核心的经济组织，同时也是人们最重要的精神家园。本节从主观认同的家庭社会经济地位、家庭耐用消费品拥有情况等两个方面展开论述，从而对当前中资企业越南员工的家庭基本情况有一个直观的了解。

一　越南员工的家庭地位

现有的诸多研究成果表明，人们对许多社会现象和社会现实的看法和态度，更多的是取决于自我认定的社会经济地位，而不是客观上的经济收入水平，这说明人们在主观上自我认同的社会阶层比客观的收入阶层更具有解释力。因此，本次调查还采集了越南员工对自己家庭经济状况的主观认识。在问卷中具体体现为问题"人们有时候会谈论家庭社会经济状况处于上层或底层，设想一个10级的台阶，第1级代表社会经济地位最低，第10级代表最高，您认为您当前的家庭社会经济地位应该位于以下第几个台阶上"，回答选项有"1到10个阶层"。第二个问题是为了了解越南员工在进入中资企业之前对自己家庭经济社会地位的自评情况，再通过定量化分析，从而客观地了解该员工在进入中资企业工作之后生活质量是否有明显的好转。

通过访问发现，许多越南员工的自评相对保守，大多数受访者认为自己的家庭经济状况"一般"。从数据来看，无论是城市员工还是农村员工，主观上对自己家庭经济状况的满意度均较低。

从表7-22可知，越南员工对当前家庭社会经济地位的自评要高于最初进入中资企业时期。在最初进入中资企业时，员工的家庭社会经济地位自评平均分为4.81分（标准差为1.61），而当前员工的家庭社会经济地位自评平均分上升到5.17分（标准差为1.46），上升了0.36分。这说明，越南员工在进入中资企业后所获得的薪酬福利切切实实地对其个人和家庭生活起到了一定的改善作用。但其上升的平均分却又相对较低，说明中资企业为越南员工提供的薪酬福利还有待进一步改进。

表7-22　　　　　当前和进入企业时的家庭社会经济地位自评　　　　（单位：%）

时间点	样本量	均值	标准差	最小值	最大值
当前	1013	5.17	1.46	1	10
进入企业时	1014	4.81	1.61	1	10

二　越南员工家庭拥有耐用消费品情况

随着越南经济社会的快速发展，越南人民的生活得到了很大的改善和提高，由此，越南普通家庭和民众对家电的需求也保持着稳定的增长势头。接下来对中资企业越南员工的家庭耐用消费品拥有情况进行具体的数据分析，从而对员工的家庭经济状况有一个更为全面细致的了解。

问卷调查所涉及的家电主要有电视、手机、冰箱、摩托车和汽车等五类家庭耐用消费品。电视作为获取外界信息，增加生活乐趣和丰富娱乐活动的主要电器，几乎成为现代越南家庭必备且都拥有的电器；手机是现代社会人与人之间交流和交换信息的重要终端，因此也是越南人手必备的电器之一；由于独特的气候条件，地处热带季风气候的越南常年炎热，冰箱就成为不可或缺的家用电器，使用冰箱或冰柜来给食物保鲜是人民生活质量的体现；由于越南城市的街巷较窄，单行道多，且摩托车轻便易行，摩托车便成为越南人最主要的交通工具，也使得越南成为名副其实的世界第一摩托王国；汽车相对摩托车来说，能给全家的便捷出行带来极大的便利，但因为价格等因素，许多中等及中等以下收入阶层的家庭都较难承受此项支出，因此汽车在越南家庭的普及率是最低的。

表7-23反映了不同受教育程度员工的家庭耐用消费品拥有率之间的差异。在1016个有效样本中，在未受过教育组中，没有任何一个家庭拥有汽车，但对电视、摩托车和手机的拥有率却为百分之百，其中对摩托车的拥有率也是所有组别中最高的，而只有近七成（66.67%）的家庭拥有冰箱；在小学学历组中，对汽车的拥有率也是为零，近乎所有的家庭都拥有电视、摩托车和手机，有将近九成（86.36%）的家庭拥有冰箱；在中学学历组中，仅有6.67%的家庭拥有汽车，但是几乎所有的家庭都拥有电视、摩托车、手机和冰箱；在本科及以上学历组中，有将近两成（16.14%）的家庭拥有汽车，这些家庭对电视、摩托车、手机和冰箱的拥有率也将近百分之百。

表7-23　　按受教育程度划分的家庭耐用消费品拥有率（N=1016）　　（单位:%）

	汽车	电视	摩托车	手机	冰箱
未受过教育	0.00	100.00	100.00	100.00	66.67

续表

	汽车	电视	摩托车	手机	冰箱
小学学历	0.00	100.00	95.45	100.00	86.36
中学学历	6.67	96.59	96.89	99.70	97.33
本科及以上	16.14	98.73	99.05	99.68	99.05
总计	9.45	97.34	97.54	99.70	97.54

从表7-23可知，除了少数数据存在一定的偏差，大体而言受教育程度与家庭耐用消费品拥有率呈正相关的关系，即受教育程度越高拥有的家庭耐用消费品就越多。从按出生地划分的家庭耐用消费品拥有率来看，如表7-24所示，在1024个有效样本中，在农村被调查者中，仅有7.30%的家庭拥有汽车，对电视的拥有率比城市被调查者低约3个百分点，对冰箱的拥有率也比城市被调查者低约2个百分点，对摩托车和手机的拥有率则与城市被调查者相差无几。在城市被调查者中，汽车的拥有率为15.13%，是农村被调查者的将近两倍。通过对比可以发现，越南家庭耐用消费品在汽车的拥有率上的城乡差异较为明显。

表7-24　　　　按出生地划分的家庭耐用消费品拥有率（N=1024）　　　（单位：%）

	汽车	电视	摩托车	手机	冰箱
农村	7.30	96.68	97.48	99.73	97.08
城市	15.13	99.26	97.79	99.63	98.89
总计	9.38	97.36	97.56	99.71	97.56

按月收入划分的家庭耐用消费品拥有率来看，如表7-25所示，在948个有效样本中，月收入的阶层与家庭耐用消费品拥有率并没有呈现出正相关的关系。换言之，并不是说收入越高，对家庭耐用消费品的拥有率就越高。例如：虽然最高收入阶层对各项家庭耐用消费品的拥有率在所有组别中依次都是最高的，但最低收入阶层对汽车的拥有率占比为7.05%，并不是所有阶层中最低的，相反，对汽车拥有

率最低的阶层反而是中等收入阶层。

表 7-25　　　　　按月收入划分的家庭耐用消费品拥有率（N=948）

（单位：百万越南盾、%）

	汽车	电视	摩托车	手机	冰箱
3—4.9	7.05	96.15	98.08	99.36	95.51
5—5.9	9.40	97.32	97.99	99.33	95.97
6—7	5.56	96.43	95.63	99.60	98.02
7.1—9	5.88	97.74	98.64	100.00	97.74
9.1—23	17.65	98.82	98.82	100.00	98.82
总计	8.65	97.26	97.68	99.68	97.36

　　总而言之，电视、摩托车、手机、冰箱对于当今的越南家庭而言是生活必需品，区别仅在于不同家庭拥有耐用消费品的质量和价格不同而已，因此在表中这四项占比并无太大差异，都是接近百分之百的拥有率。而汽车却属于中高端消费品，处于最高收入阶层的家庭也只有将近两成（17.65%）的占比，其他四个阶层的占比均低于一成。

　　总体来说，在享有"摩托王国"之称的越南，无论人民受教育程度如何，家庭富裕或是贫穷，绝大部分家庭一定会有的交通工具就是摩托车。随着全球信息化的发展，越南民众能够紧跟潮流的步伐，对移动电话的需求及使用率也在大大提高。与此同时我们发现越南家庭的汽车拥有率很低，这体现出越南员工家电存在基本耐用消费品普及率较高，但是高档家电普及率低，城乡家电普及率差异较大的现状。这些现状都反映了有少部分越南员工具有较高的购买力，同时存在一定的地区贫富差距，部分员工只能保障正常的生活，这在一定程度上影响了越南的消费增长。随着越南经济发展、民生改善，人民的生活水平不断提高，越南民众的购买力将不断增强，越南民众对汽车、空调等高档家庭耐用消费品的需求也将有极大的提升空间。

三　越南员工家庭拥有耐用消费品的原产国分布情况

　　自中越关系正常化以来，两国经贸一直处在不断增长的趋势中，至 2015 年中国已经连续 12 年成为越南最大贸易伙伴国。2016 年起，越南超过马来西亚成为中国在东盟的最大贸易伙伴。按理说，规模如此巨大的双边贸易应该早就使中国品牌在越南占有一席之地，但相反的是，中国商品尚未在越南市场树立良好的品牌形象，许多涉华的不法商业行为也造成了部分越南民众对中国品牌抱有消极看法，认为中国商品虽然价廉物却不美，或是质量不好或多是假货，因此在家庭耐用消费品的选择上通常不会选择中国品牌。此外，也有部分越南民众不认识或不熟悉中国品牌，哪怕自己家里有"中国制造"的商品，但其本人并不知情。

越南员工对品牌的选择实际上包含了对品牌的认可、喜爱和信任等重要的无形资产，也能体现越南民众对当今各国品牌的喜爱与信任程度。接下来通过下列图表分析越南家庭拥有耐用消费品的原产国分布情况，从而了解当下越南家庭对各国品牌的认知与喜爱情况。

这部分具体在问卷中体现的问题为"您和您的家人是否拥有以下产品？是哪个国家生产的"，回答选项包括"本国""中国""美国""日本""印度""其他国家"六个选项。如图 7 - 2 所示，在 65 个有效样本中，可以看到越南员工家庭拥有轿车的原产国百分比分布情况

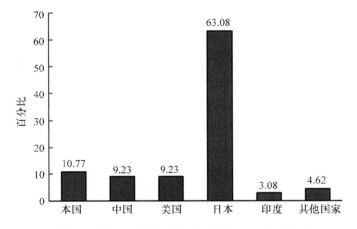

图 7 - 2　家庭拥有轿车/吉普车/面包车的原产国百分比分布 （ N = 65）

为：超过六成（63.08%）的家庭拥有的轿车产自日本，一成左右（10.77%）的家庭拥有的轿车产自本国，紧随其后的分别是中国和美国，占比都是9.23%，而员工家庭所拥有的产自印度的轿车占比是最低的（3.08%）。通过对比可以发现，在越南轿车用户中，绝大多数家庭拥有产自日本的汽车，而轿车又是越南员工家庭耐用消费品中占比最小且费用最高的开支，许多家庭一般会谨慎选择他们最信任的品牌，这同时也说明日本汽车占据了越南汽车市场的半壁江山，而中国汽车却只与美国汽车并列排在第三的位置。

随着越南经济的不断发展，越南汽车市场正在扩大，国外企业和以 Vinfast 为代表的越南本土企业都在竞争，中国企业如何应对实力强大的国外企业和越南本土企业？怎样发挥自己的优势？在越南消费者普遍对中国汽车的安全性和质量缺乏信心的形势下如何赢得其信任？这些都是中国汽车企业急需解决的问题。

图 7－3 显示了越南员工家庭拥有彩色或黑白电视的原产国分布情况。在 644 个有效样本中，大约一半（48.45%）的越南员工家庭拥有的电视产自日本，排名第二的是产自越南本国的电视，占比超过两成（20.65%），排名第三的是产自其他国家的电视，占比接近两

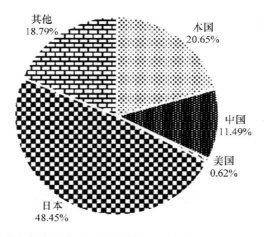

图 7－3　家庭拥有彩色或黑白电视的原产国百分比分布（$N = 644$）

成（18.79%），而产自中国的电视仅仅排在倒数第二位，占比仅有一成左右（11.49%）。同样可以说明的是，有近一半越南民众喜欢购买生产自日本的彩色或黑白电视。

图7-4显示了越南员工家庭拥有摩托车的原产国分布情况。在919个有效样本中，有超过一半（51.03%）的员工家庭购买了生产自日本的摩托车，位列第二的仍然是生产自越南本国的摩托车，占比36.67%，而产自中国的摩托车仅仅占比5%左右，且仅排名第四。作为"摩托王国"，越南几乎每个成年人都人手一辆摩托车，每个家庭至少拥有两到三辆摩托车。曾几何时，中国制造的摩托车占据了越南半数以上的摩托车市场，但由于质量问题渐渐淡出越南市场，而日产摩托车凭借着"物美"的优势后来居上，渐渐占据了越南庞大的摩托车市场。

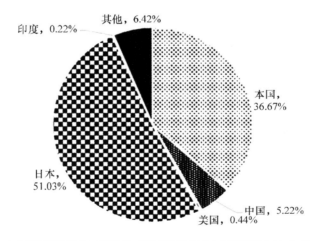

图7-4　家庭拥有滑板车/摩托车/轻便摩托车的原产国百分比分布（N=919）

图7-5显示了越南员工家庭拥有移动电话的原产国分布情况。在834个有效样本中，美国品牌的手机以超过四成（41.01%）的占比位列第一，中国品牌的手机以31.53%的占比位列第二，越南本国的手机以15.71%的占比位列第三，而日本品牌的手机却仅有6.00%

的占比，排名倒数第二。通过调查发现，越南员工拥有的美国品牌手机绝大多数都是苹果手机，越南员工拥有的中国制造的手机品牌分别是华为、OPPO、小米、VIVO 等，其中存在部分员工在使用生产自中国的手机却不知道中国品牌的现象。说明中国制造的手机已经占据了越南近三分之一的消费市场份额，但是中国手机品牌在越南的认知度还不够高，在越南市场仍有很大的拓展空间，中资企业需要加大在越南市场的品牌宣传和售后服务等工作力度。

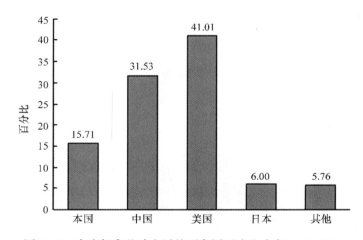

图 7 - 5　家庭拥有移动电话的原产国百分比分布（$N = 834$）

　　图 7 - 6 显示了越南员工家庭拥有冰箱的原产国百分比分布情况。在 723 个有效样本中，可以看到位列第一的仍然是日本品牌的冰箱，超过六成（62.52%）的越南家庭拥有的冰箱都产自日本，超过两成（23.37%）的越南家庭拥有的冰箱产自越南本地，生产自中国的冰箱仅仅占比 6.64%，位列第三。

　　通过上述对比分析可以发现，除了手机以外，越南家庭拥有的耐用消费品以日本品牌为主，日本制造早已深入越南人民之心，甚至是高质量产品的代名词，日本品牌早已占据了越南市场的半壁江山，紧随其后的是越南本国自产的耐用消费品。而中国制造的产品占据的份额却是微乎其微，其中缘由，发人深省。

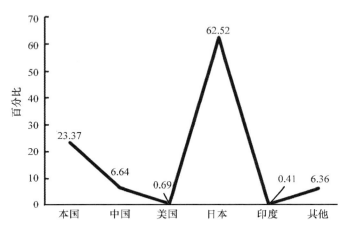

图 7 - 6　家庭拥有冰箱的原产国百分比分布（N =723）

　　中国虽然是越南的最大贸易对象国，但却还未在越南树立"中国制造"的品牌形象，这也使得越南对中国商品没有树立信心和信任度。与早已深入人心的日韩品牌相比，市场份额占有率仍有较大差距。此外，最初进入越南市场的部分中方企业一方面不了解越南藏富于民的国情，对越南消费市场的了解片面，缺少冷静和审慎的目光，总是以傲慢的姿态去俯视越南市场，一度以"质差价廉"的商品打入越南市场。低廉的"中国制造"在失去了消费者市场的同时，也逐渐失去民众信任。[①] 此外，由于一些涉华不法商业行为，使得大量假冒伪劣产品通过走私渠道进入越南市场，再随着网络的普及和传媒的渲染，使得越南民众对"中国制造"产生了难以抹去的阴影和不良印象。

　　因此，"中国制造"和"中国品牌"若想在越南市场扭转乾坤，重新夺回半壁江山，需要针对越南市场的最新形势和特点，制定有效的应对措施，以"质量"取胜则是其关键。概言之，中资企业和中国商品想要在越南市场树立受消费者欢迎的品牌形象，任重而道远。

_____

　　① 杨健：《百年来越南的中国观演变轨迹及动因探析》，《云南师范大学学报》（哲学社会科学版）2018 年第 2 期。

第 八 章

交往与态度

　　本章主要根据中资企业的越南员工调研问卷所涉及的问题，包括社会交往与社会距离、企业评价以及社会议题三个模块，把员工对相关问题作答的情况做成图表进行描述和分析。其中，社会交往与社会距离模块主要涉及的是受访员工与外国人（美国人、中国人、日本人、韩国人、印度人）交往的态度与社会距离，重点描述了越南员工与中国人交往的情况，从而对越南员工对外国人的交往态度和情况进行更加确切和深入的了解。企业评价部分主要包括了越南员工对中资企业是否尊重当地风俗习惯、是否尊重员工宗教信仰的评价以及越南员工对中资企业工作作息时间和晋升制度的评价，通过对员工们作答情况进行数据分析，进一步了解越南员工对中资企业的认同感和归属感，旨在加深员工和企业间的相互了解，便于企业制定出更加完善的政策。社会议题部分主要从越南员工的视角，对普通民众与政治精英之间的心理距离、普通民众参与政治决策的意愿以及普通民众与普通民众之间的心理距离感知情况进行描述、分析，从而进一步了解越南员工对于相关社会议题的态度，以便于更加深入地了解越南的社会状况。

第一节　社会交往与社会距离

　　社会交往往往可以反映出人与人之间的社会距离、相互影响的程度以及不同种族、文化之间的跨文化交际情况。课题组询问了中资企业中的越南员工对与外国人（美国人、中国人、印度人、日本人、韩国人）一起生活和工作的态度和感受，以及与中国人的交往情况，以此测量越南员工与外国人特别是中国人之间的社会距离和交往态度。

一　越南员工与外国人之间的社会距离

就越南员工与外国人之间的社会距离测量而言，在问卷中具体体现为如下几个问题："你是否愿意与美国人／中国人／日本人／韩国人／印度人结婚""是否愿意将美国人／中国人／日本人／韩国人／印度人称为密友""是否愿意与美国人／中国人／日本人／韩国人／印度人做隔壁邻居""是否愿意与美国人／中国人／日本人／韩国人／印度人做同事一起工作""我只愿意与美国人／中国人／日本人／韩国人／印度人做点头之交""我可以接受与美国人／中国人／日本人／韩国人／印度人生活在同一个城市""我不能接受美国人／中国人／日本人／韩国人／印度人来我们国家"，在问卷设计中以上问题按照顺序排列，每一个国家的问题独立分开成一个问句。回答选项为"是""否"，当受访者对某一个问句所选答案为"是"时，其后的所有问句自动跳过，无须作答。只有当被访者所选答案为"否"时，则需进一步继续完成问题回答，直至其所选择答案为"是"或者所有问题结束。

如图 8-1 所示，在 723 个有效样本中，中资企业的越南员工与外国人的社会距离相对较近，他们与外国人的交往密切。大部分人愿意与外国人成为伴侣、朋友，只有极少数人不愿意接受外国人到越南或者与外国人居住在同一城市。其次，从具体各个国家来看，越南员工对中国、韩国、美国、日本四个国家之间的社会距离都相对较近，对印度的社会距离相对较远。其中与中国的社会距离最近，其次依次为韩国、美国和日本，具体表现为大部分越南员工愿意与中国人、韩国人、美国人、日本人成为伴侣或朋友，只有极少部分的人拒绝与外国人成为同事、做点头之交、居住在同一城市或拒绝外国人到越南。

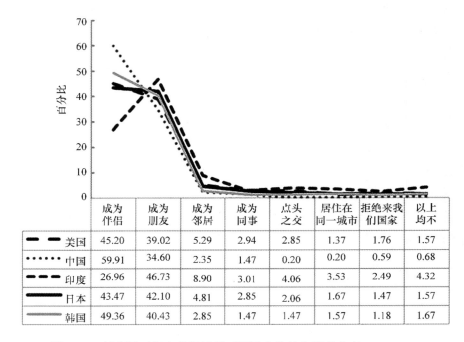

		成为伴侣	成为朋友	成为邻居	成为同事	点头之交	居住在同一城市	拒绝来我们国家	以上均不
— —	美国	45.20	39.02	5.29	2.94	2.85	1.37	1.76	1.57
⋯⋯	中国	59.91	34.60	2.35	1.47	0.20	0.20	0.59	0.68
– –	印度	26.96	46.73	8.90	3.01	4.06	3.53	2.49	4.32
▬▬	日本	43.47	42.10	4.81	2.85	2.06	1.67	1.47	1.57
——	韩国	49.36	40.43	2.85	1.47	1.47	1.57	1.18	1.67

图 8 - 1　越南员工与中美印日韩五国民众的社会距离分布（N = 723）

调研数据显示，除印度外，均有超过八成的越南员工愿意与上述国家的外国人成为伴侣或者朋友，并欢迎这些国家的人到越南访问。其中愿意与中国人、韩国人、美国人、日本人、印度人成为伴侣的越南员工占比分别为：59.91%、49.36%、45.20%、43.47%、26.96%；愿意与中国人、韩国人、美国人、日本人、印度人成为朋友的越南员工占比分别为：34.60%、40.43%、39.02%、42.10%、46.73%；愿意与中国人、韩国人、美国人、日本人、印度人成为邻居的越南员工占比分别为：2.35%、2.85%、5.29%、4.81%、8.90%；愿意与中国人、韩国人、美国人、日本人、印度人成为同事的越南员工占比分别为：1.47%、1.47%、2.94%、2.85%、3.01%；愿意与中国人、韩国人、美国人、日本人、印度人做泛泛之交、点头之交的越南员工占比分别为：0.20%、1.47%、2.85%、

2.06%、4.06%；愿意与中国人、韩国人、美国人、日本人、印度人居住在同一城市的越南员工占比分别为：0.20%、1.57%、1.37%、1.67%、3.53%；不愿意中国人、韩国人、美国人、日本人、印度人到越南的越南员工占比分别为：0.59%、1.18%、1.76%、1.47%、2.49%。

根据以上数据，课题组将社会关系分为：亲密、相对亲密、相对疏远、疏远四个层次。其中，伴侣和朋友关系为亲密关系，邻居、同事为相对亲密关系，点头之交和居住在同一城市为相对疏远关系，拒绝外国人到本国为疏远关系。由此可以看出，越南员工更愿意与外国人建立亲密的社会关系，而不愿意与外国人建立疏远的社会关系。同时，由于中越互为近邻并在文化上有很多相似之处，绝大部分越南员工愿意与中国人保持亲密的社会关系。具体表现为，有将近95%的越南员工愿意与中国人保持亲密的社会关系，只有0.40%的员工愿意与中国人保持相对疏远关系，有0.59%的员工愿意与中国人保持疏远关系。有将近90%的越南员工愿意与韩国人保持亲密的社会关系，只有约3.00%的员工愿意与韩国人保持相对疏远关系，有1.18%的员工愿意与韩国人保持疏远关系。有约84%的越南员工愿意与美国人保持亲密的社会关系，只有约4.00%的员工愿意与美国人保持相对疏远关系，有1.76%的员工愿意与美国人保持疏远关系。有85.57%的越南员工愿意与日本人保持亲密的社会关系，只有3.73%的员工愿意与日本人保持相对疏远关系，有1.47%的员工愿意与日本人保持疏远关系。有73.69%的越南员工愿意与印度人保持亲密的社会关系，只有7.59%的员工愿意与印度人保持相对疏远关系，有2.49%的员工愿意与印度人保持疏远关系。

二 越南员工与中国人之间的交往情况

越南员工与中国人之间的交往情况和态度可以反映中资企业内部越南员工与中方员工之间沟通、交流、互相往来的情况，同时了解越南员工对中国人的交往态度。就以上内容，在问卷中具体体现为如下两个问题："您在本企业中有几个中国朋友""除了本企业员工之外，您有多少个中国朋友"，答案可以是"0—100"之间的任何一个数字。

如表 8-1 所示，在 1021 个有效样本中，按照性别来划分，男性越南员工在本企业内拥有中国朋友的数量高于女性。具体表现为，男性员工拥有中国朋友的数量均值为 3.45，女性员工拥有中国朋友的数量均值为 2.68。由此可见，越南男性员工在企业内与中方员工的互动、交流要多于女性员工，在一定程度上也可以说明男性员工在企业内的交际范围要广于女性员工。

表 8-1　　　　　　　　按性别划分的越南员工在本企业
拥有的中国朋友数量差异（$N = 1021$）　　　　（单位：个）

性别	样本量	均值	标准差	最小值	最大值
男	333	3.45	8.57	0	100
女	688	2.68	6.61	0	100

按照管理人员与非管理人员来划分，如表 8-2 所示，身为管理人员的越南员工在本企业内拥有的中国朋友数量要远远高于非管理人员。具体表现为，非管理人员在本企业内拥有的中国朋友数量均值只有 1.83，而管理人员在本企业内拥有的中国朋友数量均值为 7.81，约相当于非管理人员的 4 倍。由此可见，中资企业内部身为管理人员的越南员工与中方员工的往来、沟通要远远多于非管理人员，这或许在一定程度上与大多数中资企业内部管理人员，特别是高层管理人员主要是中方员工有关，一般情况下管理人员与管理人员之间的接触、交往机会更多。同时，这也反映出在中资企业内部，非管理人员与中方中高层管理人员之间的交往机会以及沟通、互动可能相对较少。

表 8 - 2　　　　　　　　管理人员与非管理人员在本企业拥有
的中国朋友数量差异（$N = 1021$）　　（单位：个）

是否管理人员	样本量	均值	标准差	最小值	最大值
是	188	7.81	13.57	0	100
否	833	1.83	4.19	0	40

其次，对于越南员工在企业外拥有的中国朋友数量，按照性别来划分，如表 8 - 3 所示，在 1020 个有效样本中，男性员工在本企业外拥有的中国朋友的数量明显高于女性。具体表现为，男性员工在本企业外拥有的中国朋友数量的均值为 4.47，女性员工在本企业外拥有的中国朋友数量的均值为 2.14，与男性相比相差超过一倍。由此可见，在与中国人进行交往的过程中，男性越南员工的交际范围要广于女性员工。

表 8 - 3　　　　　　　　按性别划分的越南员工在企业外
拥有的中国朋友数量差异（$N = 1020$）　　（单位：个）

性别	样本量	均值	标准差	最小值	最大值
男	331	4.47	19.05	0	200
女	689	2.14	6.45	0	100

按照管理人员与非管理人员来划分，如表 8 - 4 所示，在 1020 个有效样本中，身为管理人员的越南员工在本企业外拥有的中国朋友数量远远高于非管理人员。具体表现为，非管理人员在本企业外拥有的中国朋友数量均值为 2.00，管理人员在本企业外拥有的中国朋友数量均值为 6.92，约为非管理人员的 3 倍。由此可知，在与本企业外的中国人进行交往时，作为管理人员的越南员工与中国人的交流往来要远远多于非管理人员。

表 8 – 4　　　　　　　　管理人员与非管理人员在企业外
拥有的中国朋友数量差异（$N = 1020$）　　　　（单位：个）

是否管理人员	样本量	均值	标准差	最小值	最大值
是	186	6.92	19.21	0	200
否	834	2.00	9.66	0	200

因此，从拥有中国朋友的数量来看，不论是在企业内部还是企业外部，男性越南员工拥有的中国朋友数量都要高于女性员工，身为管理人员的越南员工拥有中国朋友的数量要远远高于非管理人员的员工。这在一定程度上或许与大多中资企业驻外人员以男性偏多以及多数作为管理人员的越南员工多少都懂些汉语有关。

第二节　企业评价

员工对一个企业的评价包含了员工自身对这个企业的认同感和归属感，这种认同感和归属感可以大大降低企业的监督成本，对企业的发展至关重要。与此同时，了解员工对企业的认同感可以让企业更加了解自己的员工，从而有针对性地制定更加完善的管理制度。

本次调研内容涉及员工对企业是否尊重当地风俗、是否尊重员工宗教信仰以及对企业工作时间、晋升制度等方面的评价。在问卷中具体体现为如下问题："这家企业尊重本地的风俗习惯""这家企业尊重我的宗教信仰""我喜欢这家企业的工作作息时间规定""外国员工的晋升制度与中国员工的晋升制度是一致的"，回答选项包括"完全不同意""不同意""一般""基本同意"和"完全同意"五个选项。在答案选项中"基本同意"和"完全同意"两个选项表示员工对上述问题观点持肯定的态度，相反，"完全不同意"和"不同意"两个选项表示员工对上述问题的观点表示否定的态度，选项"一般"表示员工对上述问题的观点持中立的态度。

一　对企业是否尊重当地风俗习惯的评价

如表 8 - 5 所示，在 1024 个有效样本中，在对"本企业尊重本地风俗习惯"这一说法进行评价时，总体来说，有 30.29% 的越南员工完全同意这一说法，有 56.96% 的员工表示基本同意，有 9.22% 的员工选择"一般"，有 1.57% 的员工表示不同意，有 1.96% 的员工表示完全不同意。由此可见，在接受本次调研的企业中约有 87.25% 的越南员工认为中资企业完全或基本尊重当地的风俗习惯，约有 3.53% 的越南员工表示中资企业不尊重或完全没有尊重本地的风俗习惯。这一数据显示，绝大部分的越南员工对中资企业融入当地风俗习惯的政策和做法表示认同，认为企业尊重当地的风俗习惯。

表 8 - 5　　　　　　　　按族群划分的是否同意"本企业
尊重本地风俗习惯"（$N = 1024$）　　　　　（单位:%）

族群	完全不同意	不同意	一般	基本同意	完全同意
京族	2.13	1.60	8.95	57.08	30.24
岱依族	0.00	0.00	14.29	53.57	32.14
泰族	0.00	10.00	0.00	50.00	40.00
芒族	0.00	0.00	0.00	66.67	33.33
其他族	0.00	0.00	16.22	56.76	27.03
合计	1.96	1.57	9.22	56.96	30.29

从族群划分来看，数据显示：87.32% 的京族员工认为中资企业完全或基本尊重当地的风俗习惯，3.73% 的京族员工表示中资企业没有尊重当地的风俗习惯；85.71% 的岱依族员工认为中资企业完全或基本尊重当地风俗习惯，但是没有岱依族员工认为中资企业不尊重当地风俗习惯；90.00% 的泰族员工认为中资企业尊重当地的风俗习惯，剩下 10.00% 的员工认为中资企业不尊重当地的风俗习惯；100.00% 的芒族员工认为中资企业尊重当地风俗习惯。由此可见，绝大部分京族、岱依族、泰族、芒族的员工都认为中资企业尊重当地的风俗习

惯，只有极少数的京族员工和泰族员工表示中资企业不尊重当地的风俗习惯。因此，从中资企业的角度出发，在本企业现有的管理制度和政策下，可以适当了解越南京族和泰族的相关风俗习惯，制定出更加完善的管理制度。

从宗教信仰来看，如表 8 - 6 所示，在 1018 个有效样本中，76.19% 的越南道教信徒员工表示中资企业基本或完全尊重当地的风俗习惯，4.76% 的越南道教信徒员工则认为中资企业没有尊重当地的风俗习惯；81.14% 的佛教信徒员工认为中资企业基本或完全尊重当地的风俗习惯，5.66% 的佛教信徒员工表示中资企业不尊重当地的风俗习惯；83.34% 的天主教信徒员工表示中资企业尊重当地的风俗习惯，但没有天主教信徒员工认为中资企业不尊重当地风俗习惯。所有（100.00%）的新教信徒员工都认为本企业完全尊重当地风俗习惯。持有其他宗教信仰的员工均认为中资企业尊重当地风俗习惯。不信仰任何宗教的员工中有 87.86% 的员工认为中资企业尊重当地的风俗习惯，只有 3.58% 的员工认为中资企业不尊重当地的风俗习惯。从1018 个有效样本量来看，有 87.23% 的员工表示中资企业尊重当地风俗习惯，只有 3.63% 的员工表示中资企业不尊重当地的风俗习惯。

表 8 - 6　　　　按宗教信仰划分的是否同意"本企业尊重本地风俗习惯"（N = 1018）　　　（单位：%）

宗教信仰	完全不同意	不同意	一般	基本同意	完全同意
越南道教	4.76	0.00	19.05	61.90	14.29
佛教	1.89	3.77	13.21	49.06	32.08
天主教	0.00	0.00	16.67	55.56	27.78
新教	0.00	0.00	0.00	0.00	100.00
其他教	0.00	0.00	0.00	50.00	50.00
不信仰任何宗教	2.06	1.52	8.56	57.31	30.55
合计	2.06	1.57	9.14	56.88	30.35

由此可见，在越南道教、佛教、天主教、新教四种宗教信徒的员

工中，认为中资企业基本或完全尊重当地风俗习惯比例最高的是新教徒，其后依次为天主教徒、佛教徒、道教徒。由于此次调研主要集中在越南北部地区，而越南北部地区民众信仰最多的是佛教和道教，所以以上新教徒比例最高、其次为天主教徒的结果或许在一定程度上受到了样本量的影响。但是从整体的数据不难看出，绝大多数的员工不论信仰何种宗教，都认为中资企业基本或完全尊重当地风俗习惯，只有极少数的员工对这一观点持否定态度。

从管理人员与非管理人员的角度看，如表8－7所示，在1021个有效样本中，有87.16%的越南员工表示中资企业尊重当地风俗习惯，有3.63%的员工认为中资企业不尊重当地的风俗习惯。其中，有87.89%的管理人员表示中资企业基本或完全尊重当地的风俗习惯，只有1.58%的管理人员持否定的态度。有87.00%的非管理人员认为中资企业基本或完全尊重当地风俗习惯，只有4.10%的非管理人员表示中资企业不尊重当地风俗习惯。由此可见，绝大多数的管理人员或非管理人员都认为中资企业尊重当地风俗习惯，对企业的相关政策和做法有较高的认同度，只有极少的员工认为中资企业不尊重当地的风俗习惯。

表 8 – 7　　　　　　　管理人员与非管理人员是否同意 "本企业
尊重本地风俗习惯"（N = 1021）　　　　　（单位:%）

是否是管理人员	完全不同意	不同意	一般	基本同意	完全同意
是	1.05	0.53	10.53	53.68	34.21
否	2.29	1.81	8.90	57.64	29.36
合计	2.06	1.57	9.21	56.90	30.26

二　对企业是否尊重员工宗教信仰的评价

从不同族群的员工对企业是否尊重其宗教信仰的评价来看，如表8－8所示，在984个有效样本中，接近九成（86.28%）的员工认为中资企业基本或完全尊重他们的宗教信仰，只有2.94%的员工认为中资企业没有尊重他们的宗教信仰。其中，有86.31%的京族员工认为中资企业基本或完全尊重员工的宗教信仰，岱依族员工、泰族员工、芒族员工相应的比例分别是 81.48%、100.00%、100.00%，只有 2.86% 的京族员工和 3.70% 的岱依族员工认为中资企业没有尊重他们的宗教信仰。这说明在上述四个民族中，所有的泰族和芒族员工都认为中资企业基本或完全尊重他们的宗教信仰。由此可见，族群在对企业是否尊重员工的宗教信仰进行评价时并无太大差异，绝大部分（超过 80.00%）员工都认为中资企业尊重自己的宗教信仰。

表 8 – 8 　　　　　按族群划分的是否同意 "本企业
尊重我的宗教信仰"（ *N* = 984）　　　　（单位:%）

族群	完全不同意	不同意	一般	基本同意	完全同意
京族	1.43	1.43	10.82	55.63	30.68
岱依族	3.70	0.00	14.81	59.26	22.22
泰族	0.00	0.00	0.00	70.00	30.00
芒族	0.00	0.00	0.00	66.67	33.33
其他族	0.00	5.71	11.43	51.43	31.43
合计	1.42	1.52	10.77	55.79	30.49

从不同宗教信仰的员工对企业是否尊重其宗教信仰的评价来看，如表 8 – 9 所示，在 983 个有效样本中，有 86.17% 的员工认为中资企业尊重他们的宗教信仰，只有 3.06% 的员工认为中资企业不尊重自己的宗教信仰。其中所有的新教信徒员工都认为中资企业尊重自己的宗教信仰，71.43% 的越南道教信徒、77.36% 的佛教信徒以及 88.89% 的天主教信徒员工表示中资企业基本尊重或完全尊重自己的宗教信仰，4.76% 的越南道教信徒和 5.66% 的佛教信徒员工表示中资企业不尊重自己的宗教信仰。由此可以看出，大部分宗教信徒员工都对中资企业对自己信仰宗教的态度有较高的评价和认同感，其中认同感最高的是新教徒员工和天主教徒员工。

表8-9 按宗教信仰划分的是否同意"本企业
尊重我的宗教信仰"（N = 983） （单位:%）

宗教信仰	完全不同意	不同意	一般	基本同意	完全同意
越南道教	0.00	4.76	23.81	47.62	23.81
佛教	1.89	3.77	16.98	41.51	35.85
天主教	0.00	0.00	11.11	66.67	22.22
新教	0.00	0.00	0.00	100.00	0.00
其他教	0.00	0.00	0.00	50.00	50.00
不信仰任何宗教	1.58	1.35	10.14	56.42	30.52
合计	1.53	1.53	10.78	55.65	30.52

从管理人员与非管理人员来看，如表8-10所示，在985个有效样本中，有86.20%的员工认为中资企业完全尊重或基本尊重自己的宗教信仰，其中认为中资企业完全尊重自己的宗教信仰的占比30.46%。管理人员中认为中资企业完全尊重自己宗教信仰的占比37.50%，认为中资企业基本尊重自己宗教信仰的占比50.57%，认为中资企业完全不尊重自己宗教信仰的占比1.14%；非管理人员中认为中资企业完全尊重自己宗教信仰的员工占比28.92%，认为中资企业基本尊重自己宗教信仰的员工占比56.86%，认为中资企业不尊重自己的宗教信仰的占比3.46%。由此可见，是否为管理人员在对企业对员工的宗教信仰态度进行评价时结果差异不大，有85%以上的员工认为企业尊重自己的宗教信仰，但是在选择"完全同意""基本同意"两个选项时，管理人员选择完全同意的比例要高于非管理人员。

表8-10 管理人员与非管理人员是否同意"本企业
尊重我的宗教信仰"（N = 985） （单位:%）

是否是管理人员	完全不同意	不同意	一般	基本同意	完全同意
是	1.14	0.00	10.80	50.57	37.50
否	1.61	1.85	10.75	56.86	28.92
合计	1.52	1.52	10.76	55.74	30.46

三 对企业工作时间的评价

从不同族群员工的角度看越南员工对企业工作作息时间的评价，如表 8 – 11 所示，在 1020 个有效样本中，有 76.57% 的越南员工表示喜欢或基本喜欢中资企业的工作作息时间，其中有 23.63% 的员工选择了完全喜欢，52.94% 的员工选择了基本喜欢；17.84% 的员工对"喜欢本企业工作作息时间"这一观点持中立态度；5.59% 的员工不喜欢或完全不喜欢中资企业的工作作息时间。从各个族群的数据来看，针对"喜欢本企业工作作息时间"这一观点，岱依族、泰族、芒族员工选择"完全同意"的比例相差不大，分别是 17.86%、18.18%、16.67%，而选择"完全同意"的京族员工比例略高于上述三个民族的员工，为 24.20%；选择"基本同意"的京族和泰族员工比例相差不大，分别为 53.41% 和 54.55%，选择"基本同意"比例最高的是芒族员工（66.67%），最低的是岱依族员工（39.29%）。有 3.30% 的京族员工、10.71% 的岱依族员工和 9.09% 的泰族员工表示不同意"喜欢本企业工作作息时间"这一观点，1.71% 的京族员工和 3.57% 的岱依族员工表示完全不同意"喜欢本企业工作作息时间"这一观点。

表 8 – 11　　　　　　按族群划分的是否同意"喜欢

本企业工作作息时间"（ $N = 1020$ ）　　　　（单位：%）

族群	完全不同意	不同意	一般	基本同意	完全同意
京族	1.71	3.30	17.38	53.41	24.20
岱依族	3.57	10.71	28.57	39.29	17.86
泰族	0.00	9.09	18.18	54.55	18.18
芒族	0.00	0.00	16.67	66.67	16.67
其他族	5.41	8.11	21.62	48.65	16.22
合计	1.86	3.73	17.84	52.94	23.63

由此可见，对"喜欢本企业工作作息时间"这一观点持肯定态度比例最高的是芒族员工（83.34%），最低的是岱依族员工

（57.15%）；对这一观点持否定态度比例最高的是岱依族员工（14.28%），比例最低的是芒族员工（0.00%）。因此，在对企业的工作作息时间进行评价时，京族、岱依族、泰族、芒族四个族群员工之间的态度略有差异，但是整体上差异不大，大多数员工都对中资企业的工作作息时间表示认同。

从宗教信仰来看，如表 8-12 所示，在 1018 个有效样本中，有76.62% 的员工表示基本喜欢或完全喜欢中资企业的工作作息时间，有 5.60% 的员工表示不喜欢或完全不喜欢中资企业的工作作息时间。其中，除新教信徒的调研数据可能因样本量问题出现误差以外，越南道教、佛教、天主教三种宗教信徒员工表示完全喜欢中资企业的工作作息时间的比例差异不大，分别为 28.57%、30.19%、33.33%，三种宗教信徒员工基本喜欢中资企业的工作作息时间的比例差异也不明显，分别为 57.14%、45.28%、50.00%，有 4.76% 的越南道教信徒和 1.89% 的佛教信徒员工表示完全不喜欢中资企业的工作作息时间。由此可以看出，上述四种宗教信徒的员工中，绝大部分都对本企业的工作作息时间表示认同，只有极少数的越南道教和佛教信徒员工表示不认同。在分析不信仰任何宗教的员工的相关数据时，课题组发现其与宗教信徒的相关数据差异不大。因此，可以说宗教信仰对员工对企业工作作息时间的评价以及对企业工作作息时间的认同感影响不大。

表 8-12　　　　　　　　按宗教信仰划分的是否同意"喜欢
本企业工作作息时间"（N = 1018）　　　　　（单位：%）

宗教信仰	完全不同意	不同意	一般	基本同意	完全同意
越南道教	4.76	0.00	9.52	57.14	28.57
佛教	1.89	0.00	22.64	45.28	30.19
天主教	0.00	0.00	16.67	50.00	33.33
新教	0.00	0.00	0.00	100.00	0.00
其他教	0.00	0.00	0.00	50.00	50.00
不信仰任何宗教	1.84	4.12	17.77	53.20	23.08
合计	1.87	3.73	17.78	52.85	23.77

按管理人员与非管理人员的角度划分员工是否喜欢中资企业工作时间，如表 8－13 所示，在 1021 个有效样本中，不管是否为管理人员，有接近八成（76.59%）的越南员工表示喜欢或基本喜欢中资企业的工作时间，有不到一成（5.58%）的员工表示不喜欢或完全不喜欢中资企业的工作作息时间。其中选择"完全同意"的管理人员占比 26.32%，非管理人员占比 23.10%；选择"基本同意"的管理人员占比 45.26%，非管理人员占比 54.63%。由此可见，对中资企业工作作息时间表示认同的非管理人员的比例要略高于管理人员的比例。其次，选择"不同意"的管理人员占比 6.32%，非管理人员占比 3.13%，选择"完全不同意"的管理人员占比 2.11%，非管理人员占比 1.81%。由此可以看出，管理人员对中资企业工作作息时间不认同的比例要高于非管理人员，也就是说，非管理人员对中资企业工作作息时间的认同感要略高于身为管理人员的员工。

表 8－13　　　　　管理人员与非管理人员是否同意"喜欢本企业工作作息时间"（ N = 1021）　　　　（单位：%）

是否是管理人员	完全不同意	不同意	一般	基本同意	完全同意
管理人员	2.11	6.32	20.00	45.26	26.32
非管理人员	1.81	3.13	17.33	54.63	23.10
合计	1.86	3.72	17.83	52.89	23.70

四　对企业晋升制度的评价

从不同族群的角度看越南员工对中资企业晋升制度的评价，如表 8－14 所示，在 867 个有效样本中，接近七成（68.16%）的员工认为中资企业中外员工晋升制度基本或完全一致，有约两成（16.04%）的员工表示中资企业中外员工晋升制度不一致或完全不一致。其中，选择"完全同意"的京族员工占比 19.05%，岱依族员工占比 9.09%，泰族员工占比 20.00%，芒族员工占比为 0%；选择"基本同意"的京族员工占比 49.12%，岱依族员工占比 40.91%，泰族员工占比70.00%，芒族员工占比83.33%；选择"一般"的京族员工占比15.91%，岱依族员工占比27.27%，泰族和芒族员工占比为0%；选择"不同意"的京族员工占比14.29%，岱依族员工占比13.64%，泰族员工占比10.00%，芒族员工占比为0%；选择"完全不同意"的京族员工占比1.63%，岱依族员工占比9.09%，泰族员工占比为0%，芒族员工占比16.67%。由此可见，认为中资企业中外员工晋升制度一致的员工占比最高的是泰族（90.00%），其后依次是芒族（83.33%）、京族（68.17%）、岱依族（50.00%）。综合而言，从族群的角度来看，对中资企业中外员工晋升制度是否一致评价最高的是泰族员工，其次是芒族员工、京族员工和岱依族员工。值得注意的是，岱依族员工对中资企业晋升制度表示同意的只占到了50.00%。需要说明的一点是，在调研过程中也发现，除作为越南主体民族的京族员工外，其他民族受访者的数量相对较少，所以数据可能存在一定的误差。

表8－14　　　　　　　　　按族群划分的是否同意"中外
员工晋升制度一致"（N=867）　　　　（单位：%）

族群	完全不同意	不同意	一般	基本同意	完全同意
京族	1.63	14.29	15.91	49.12	19.05
岱依族	9.09	13.64	27.27	40.91	9.09
泰族	0.00	10.00	0.00	70.00	20.00
芒族	16.67	0.00	0.00	83.33	0.00
其他族	0.00	16.13	12.90	58.06	12.90
合计	1.85	14.19	15.80	49.71	18.45

按宗教信仰划分员工是否同意"中外员工晋升制度一致"这一观点而言，如表8－15所示，在864个有效样本中，完全同意"中外员工晋升制度一致"这一观点的比例最高的是天主教徒员工（35.71%），之后是越南道教徒（22.22%）和佛教徒（15.91%）对

上述观点表示完全同意。就基本同意"中外员工晋升制度一致"这一观点而言，在已知的宗教中的各个宗教信徒员工数据差距明显，其中比例最高的是新教徒（100.00%），其次是越南道教徒（55.56%）、佛教徒（36.36%）和天主教徒（28.57%）。就"中外员工晋升制度一致"这一观点选择"一般"的员工比例而言，比例最高的是佛教徒（25.00%），其次是天主教徒（21.43%）和越南道教徒（16.67%），新教徒的比例为0%。不同意"中外员工晋升制度一致"这一观点的比例占比最高的是佛教徒（22.73%），其次是天主教徒（14.29）和越南道教徒（5.56%）。值得注意的是，在上述四种宗教的教徒员工中，没有员工对"中外员工晋升制度一致"这一观点表示完全不同意。由此可见，从宗教信仰的角度，认为中资企业中外员工晋升制度一致的比例最高的是新教徒员工（100.00%），其次是越南道教徒员工（77.78%）、天主教徒员工（64.28%）和佛教徒员工（52.27%）。

表 8 - 15　　　　　　　　按宗教信仰划分的是否同意

"中外员工晋升制度一致"（ $N = 864$ ）　　　　　　（单位：%）

宗教信仰	完全不同意	不同意	一般	基本同意	完全同意
越南道教	0.00	5.56	16.67	55.56	22.22
佛教	0.00	22.73	25.00	36.36	15.91
天主教	0.00	14.29	21.43	28.57	35.71
新教	0.00	0.00	0.00	100.00	0.00
其他教	0.00	0.00	50.00	50.00	0.00
不信仰任何宗教	2.04	14.01	14.90	50.70	18.34
合计	1.85	14.24	15.63	49.77	18.52

按管理人员与非管理人员划分员工是否同意中资企业"中外员工晋升制度一致"，如表 8 - 16 所示，在 867 个有效样本中，完全同意中资企业中外员工晋升制度一致的管理人员比例为 20.24%，略高于非管理人员（18.03%）；基本同意的管理人员比例为 39.29%，明显

低于非管理人员（52.22%）；不同意的管理人员比例为 19.05%，略高于非管理人员（13.02%）；完全不同意的管理人员比例为 1.79%，略低于非管理人员（1.86%）。由此可见，认为中资企业中外员工晋升制度一致的非管理人员比例要高于管理人员。值得注意的是，认为中资企业中外员工晋升制度不一致的管理人员比例超过两成（20.84%）。因此，从某种程度上可以说非管理人员对中资企业中外员工的晋升制度认同感要高于管理人员。

表 8 - 16　　　　　　　管理人员与非管理人员是否同意
"中外员工晋升制度一致"（N = 867）　　　　（单位：%）

是否是管理人员	完全不同意	不同意	一般	基本同意	完全同意
是	1.79	19.05	19.64	39.29	20.24
否	1.86	13.02	14.88	52.22	18.03
合计	1.85	14.19	15.80	49.71	18.45

第三节　公共议题

　　本节主要针对越南员工对相关公共议题的态度进行描述、分析和探讨，并将性别、年龄、受教育程度、家庭是否联网、手机是否联网作为每一个议题的变量。议题主要涉及普通民众与社会统治阶层之间的社会距离、人民群众参与政治决策意愿以及普通民众与普通民众之间的心理距离。

一　普通民众与社会统治阶层之间的心理距离

　　本次问卷调研涉及了少部分关于越南国内公共议题的内容，具体而言就是越南员工对于社会统治阶层人士的心理距离感知。通过相关调研数据，从越南员工的视角出发，了解普通民众与统治精英之间心理距离的实际状况，以更加客观地看待这一距离。在问卷中相关内容具体体现为以下几个问题："国会代表们会很快就与普通民众失去联系""普通民众和统治精英之间的差距要比普通人之间的差距大得多""政治人物根本不关心像我这样的普通人怎么想""国会代表们应该遵循人民的意愿"，回答选项为"同意"和"不同意"，课题组认为选择"同意"即为对上述观点表示赞同，选择"不同意"即是对上述观点表示不赞同。

如表 8-17 所示，对于"国会代表们会很快就与普通民众失去联系"这一说法，从性别来看，有 42.55% 的男性员工和 46.79% 的女性员工表示赞同这一说法，两组数据差别不大，说明不同性别的员工对该问题的感知无明显差异。从年龄组来看，16—25 岁年龄段的员工赞同"国会代表们会很快就与普通民众失去联系"这一说法的占比 45.65%，26—35 岁年龄段员工占比 41.94%，36 岁及以上越南员工超过六成（64.71%）表示对这一说法赞同。由此可见，16—35 岁年龄段的员工对"国会代表们会很快就与普通民众失去联系"这一说法表示赞同的比例要明显低于 36 岁及以上的员工的比例。因此，可以说大部分 36 岁及以上的员工认为国会代表与普通民众之间距离相距较远，认为国会很快会与普通民众失去联系。从受教育程度来看，有 100.00% 的小学学历的员工、36.36% 的中学学历的员工以及 51.69% 的本科及以上学历的员工对"国会代表们会很快就与普通民众失去联系"这一说法表示赞同。由此可见，从受教育程度来看，对"国会代表们会很快就与普通民众失去联系"这一观点表示赞同的比例最高的是小学学历的员工，其次是本科及以上学历的员工，最后是中学学历的员工，各程度层次之间的比例差异明显。从家庭联网情况来看，家里能联网的员工有 46.98% 表示赞同"国会代表们会很快就与普通民众失去联系"这一观点，家里不能联网的员工有 14.29% 表示赞同上述观点。由此可见，家里能联网的员工对上述观点表示赞同的比例要高于家里不能联网的员工。从手机是否能上网来看，没有手

机和手机不能上网的员工对"国会代表们会很快就与普通民众失去联
系"这一观点表示赞同的比例都高达100.00%，手机能上网的员工
对上述观点表示赞同的比例为44.44%。由此可见，手机的上网情况
对上述观点的认同有明显影响，几乎所有没有手机和手机不能上网的
员工都对上述观点表示认同。同时，只有44.44%手机能上网的员工
对上述观点表示认同。但值得注意的是，在调研过程中课题组发现，
没有手机或手机不能上网的员工样本量占比较少。

表8-17　　　　　　　**赞成以下公共议题相关陈述的比例**　　　　（单位:%）

	类别	国会代表们会很快就与普通民众失去联系	普通民众和统治精英之间的差距要比普通人之间的差距大得多	政治人物根本不关心像我这样的普通人怎么想	国会代表们应该遵循人民的意愿
性别	男	42.55	50.00	24.44	89.36
	女	46.79	59.29	26.27	89.74
年龄组	16—25 岁	45.65	50.00	12.50	87.50
	26—35 岁	41.94	54.84	26.53	89.58
	36 岁及以上	64.71	83.33	58.82	95.00
受教育程度	未受过教育	0.00	0.00	0.00	0.00
	小学学历	100.00	100.00	100.00	100.00
	中学学历	36.36	51.43	26.87	85.07
	本科及以上	51.69	60.47	24.21	92.71
是否家庭联网	是	46.98	57.62	25.64	89.24
	否	14.29	33.33	28.57	100.00
是否手机上网	没有手机	100.00	100.00	100.00	100.00
	是	44.44	55.84	24.38	89.38
	否	100.00	100.00	100.00	100.00

对于"普通民众和统治精英之间的差距要比普通人之间的差距大

得多"这一议题，从性别上看，有 50.00% 的男性和 59.29% 的女性表示认同这一观点。由此可见，相比于男性，有更多的女性认为普通民众和统治精英之间的差距要比普通人之间的差距大得多。从年龄层次来看，有 50.00% 的 16—25 岁的员工、54.84% 的 26—35 岁的员工以及 83.33% 的 36 岁及以上的员工对上述议题表示赞同。总体而言，年龄越大对上述议题表示赞同的员工的比例越高，两者呈正相关的关系。从受教育程度来看，对上述观点表示赞同的比例最高的是小学学历的员工（100.00%），其次是本科及以上学历的员工（60.47%），比例最低的是中学学历的员工（51.43%），各层次之间的差异明显但是没有呈相关关系。从家庭是否联网来看，家中能联网的员工中有 57.62% 赞同"普通民众和统治精英之间的差距要比普通人之间的差距大得多"这一观点，家中不能联网的员工中有 33.33% 赞同上述观点。由此可见，家庭网络越便捷的员工对上述观点表示认同的比例越高。从手机上网的情况来看，没有手机与手机不能上网的员工对上述观点表示赞同的比例都高达 100.00%，手机能上网的员工对上述观点表示赞同的比例为 55.84%。

对于"政治人物根本不关心像我这样的普通人怎么想"这一议题，从性别上看，不论男女对这一议题赞同的比例相差不大，男性占比 24.44%，女性占比 26.27%。从年龄层次上看，三组年龄段的员工对这一议题表示赞同的比例差异明显，其中，16—25 岁的员工对这一议题表示赞同的比例为 12.50%，26—35 岁的员工比例为 26.53%，36 岁及以上的员工的比例为 58.82%。由此可见，年龄越大的员工对这一议题表示赞同的比例越高，两者呈正相关的关系，在一定程度上可以说年龄越大就有越多人认为"政治人物根本不关心像我这样的普通人怎么想"，越觉得普通人与政治人物之间的心理距离大。从受教育程度上看，赞同"政治人物根本不关心像我这样的普通人怎么想"这一议题比例最高的是小学学历的员工（100.00%），其次是中学学历的员工（26.87%），最后是本科及以上学历的员工（24.21%）。其中，中学学历和本科及以上学历的员工之间的比例差异较小，都在两成以上。从家庭是否能联网的情况来看，不论家里是否能联网都约有三成的员工表示对上述议题表示赞同，两者差异不大。具体数据为，家中能联网的员工赞同"政治人物根本不关心像我这样的普通人怎么想"这一议题的比例为25.64%，家中不能联网的员工比例为28.57%。从手机上网的情况来看，没有手机和手机不能上网的员工对上述议题表示赞同的比例都高达100.00%，手机能上网的员工表示赞同的比例为24.38%。

对于"国会代表们应该遵循人民的意愿"这一议题，从性别来看，不论男女都有近九成的员工表示赞同，具体数据为，表示赞同"国会代表们应该遵循人民的意愿"这一议题的男性比例为89.36%，女性比例为89.74%，可见对于赞同这一议题的比例在性别上无明显差异。从年龄组来看，对这一议题表示赞同的16—25岁的员工的比例为87.50%，26—35岁的员工的比例为89.58%，36岁及以上的员工的比例为95.00%。由此可见，年龄越大的员工对这一议题赞同的比例越高，两者呈正相关的关系。从受教育程度来看，对这一议题表示赞同比例最高的是小学学历的员工（100.00%），其次是本科及以上学历的员工（92.71%），最后是中学学历的员工（85.07%）。其中，中学学历和本科及以上学历的员工的比例差异不大。从家庭联网情况来看，家庭不联网的员工对这一议题表示赞同的比例高达100.00%，而家庭联网的员工的比例为89.24%。从手机上网情况来看，没有手机和手机不能上网的员工赞同这一议题的比例高达100.00%，手机能上网的员工表示赞同的比例为89.38%。

由此可见，受访的越南员工中，平均有约四成的员工认为国会代表很快会与普通民众失去联系，平均有五成的员工认为普通民众和统治精英之间的差距要比普通人之间的差距大得多，平均有两成的员工认为政治人物根本不关心像自己这样的人怎么想，有接近九成的员工认为国会代表们应该遵循人民的意愿。因此，可以看出，在大部分受访员工心里，普通民众与政治人物之间距离相对较远。

二 普通民众参与政治决策的意愿

本次问卷不仅关注了在越南员工视角下的普通民众与社会统治精英之间的心理距离，还涉及越南员工视角下普通民众参与政治决策的意愿情况。在问卷中具体体现为如下三个问题："人民应该通过直接公投来掌握重大政治议题的最终决定权""人民才应该拥有最重要政策的决定权，而不是政治人物""像我这样的人对政府的行为无法产生影响"，回答的选项为"同意"和"不同意"。在描述、分析中课题组认为，选择"同意"即是对上述议题表示赞同或认可，选择"不同意"即是对上述议题表示不赞同或不认同。

如表 8-18 所示，对于"人民应该通过直接公投来掌握重大政治议题的最终决定权"这一说法，从性别来看，选择"同意"选项的男女比例差异不大，具体数据为男性占比 97.92%，女性占比 91.53%。由此可见，有九成以上的员工认为人民应该通过直接公投来掌握重大政治议题的最终决定权，这说明员工内心民主意识较强，同时有强烈的意愿参与重大政治议题的决策。从年龄组来看，划分的三个年龄段的员工均有 90% 以上对这一说法表示赞同，其中 16—25 岁、26—35 岁、36 岁及以上三个年龄段的员工表示赞同的比例分别为 94.00%、92.78%、94.74%，不同年龄段之间的比例数据差距不明显。由此可见，16 岁以上员工对这一观点的看法基本一致，都有较强的参与政治决策的意愿。从受教育程度来看，在受访员工中不论何等学历，均有九成以上的员工对这一说法表示赞同，其中比例最高的是小学学历的员工（100.00%），其次是中学学历的员工（95.71%），最后是本科及以上学历的员工（91.58%）。从家庭联网情况来看，家里能联网的员工认同上述观点的比例要略高于家庭不联网的员工，具体比例分别为 93.71% 和 85.71%。从手机上网的情况来看，没有手机和手机不能上网的员工赞同上述观点的比例都高达 100.00%，略高于手机能上网的员工（93.21%）。

表8-18　　　　　　赞成以下公共议题相关陈述的比例（续1）　　　　（单位:%）

类别		人民应该通过直接公投来掌握重大政治议题的最终决定权	人民才应该拥有最重要政策的决定权，而不是政治人物	像我这样的人对政府的行为无法产生影响
性别	男	97.92	50.00	51.02
	女	91.53	67.86	51.28
年龄组	16—25 岁	94.00	58.70	42.86
	26—35 岁	92.78	61.86	50.51
	36 岁及以上	94.74	73.68	77.78
最高学历	未受过教育	0.00	0.00	0.00
	小学学历	100.00	100.00	100.00
	中学学历	95.71	60.00	53.52
	本科及以上	91.58	63.74	48.94
是否家庭联网	是	93.71	63.23	51.57
	否	85.71	42.86	42.86
是否手机上网	没有手机	100.00	100.00	100.00
	是	93.21	61.64	50.31
	否	100.00	100.00	100.00

　　对于"人民才应该拥有最重要政策的决定权，而不是政治人物"这一说法，从性别来看，对这一观点表示赞同的男性员工比例明显低于女性员工，其中男性员工的比例为 50.00％，女性员工的比例为 67.86％。由此可见，更多的女性员工认为人民才应该拥有最重要政策的决定权，而不是政治人物。说明在一定程度上女性对重要政策决定参与的意愿要大于男性。从年龄结构来看，所划分的三个年龄组的员工对这一说法表示赞同的比例差异明显，同时呈现年龄越大的员工对"人民才应该拥有最重要政策的决定权，而不是政治人物"这一说法表示赞同的比例越高的现象。具体数据显示，16—25 岁年龄段的员工对上述说法表示赞同的比例为 58.70％，26—35 年龄段的员工的比例为 61.86％，36 岁及以上的员工的比例为 73.68％。从受教育程度来看，对"人民才应该拥有最重要政策的决定权，而不是政治人物"这一说法表示赞同的比例最高的是小学学历的员工（100.00％），

中学学历和本科及以上学历的员工表示赞同的比例无明显差异，分别为 60.00% 和 63.74%。从家庭联网情况来看，家庭联网的员工对该议题表示赞成的比例要明显高于家庭不联网的员工，具体比例分别为 63.23% 和 42.86%。从手机是否上网来看，没有手机和手机不能上网的员工对此议题表示赞成的比例都高达 100.00%，手机能上网的员工赞成该议题的比例为 61.64%。

对于"像我这样的人对政府的行为无法产生影响"这一说法，从性别看，男、女性员工赞成该议题的比例无明显差异，其中，男性员工的比例为 51.02%，女性员工的比例为 51.28%，说明在对该议题的看法上男女性员工观点基本一致。从年龄组看，三个年龄组的员工对该议题表示赞同的比例差异明显，其中 16—25 岁年龄段的员工的比例为 42.86%，26—35 岁年龄段的员工的比例为 50.51%，36 岁及以上的员工的比例为 77.78%。由此可见，随着年龄的增加，员工对该议题表示赞成的比例也逐步增加，两者呈正相关关系。说明随着年龄的增长、社会经历的积累，越来越多的员工认为自己无法对政府的行为或决策产生影响。从受教育程度看，对该议题表示赞成比例最高的是小学学历的员工（100.00%），其次是中学学历的员工（53.52%），比例最低的是本科及以上学历的员工（48.94%）。虽然中学学历和本科及以上学历员工的比例相差不大，但总体而言，对该议题表示赞成的员工的比例随着学历的升高而降低，两者呈负相关的关系。从家庭联网情况看，家庭联网的员工对该说法表示赞成的比例要高于家庭不联网的员工，具体比例分别为 51.57% 和 42.86%。从手机上网情况看，没有手机和手机不能上网的员工赞成该议题的比例高达 100.00%，手机能上网的员工对该议题表示赞成的比例为 50.31%。

由此可见，不论从性别、年龄组、学历、上网情况看，都有约一半的员工认为自己无法对政府的行为产生影响，从前两个议题的数据不难看出受访员工有较高的参与政治决策的意愿，但与此同时，有约一半的员工认为自己无法对政府的行为、决策产生影响。

三 普通民众之间的心理距离感知

此次调研问卷除了涉及普通民众与政治精英间的心理距离外，还涉及了普通民众之间的心理距离。在问卷中具体体现为问题"普通民众总是团结一致""普通民众是善良和正直的""普通民众享有共同的价值观和利益"，回答选项为"同意"和"不同意"。在描述、分析过程中，课题组认为选择"同意"即对这一议题或说法表示赞同，选择"不同意"即对这一议题或说法表示不赞同。

对于"普通民众总是团结一致"这一说法，如表8-19所示。从性别看，赞同"普通民众总是团结一致"这一说法的女性员工的比例（91.20%）要明显高于男性员工（80.00%），说明从女性员工的视角出发，普通民众之间的距离相对更近。从年龄组看，所划分的三个年龄组的员工对"普通民众总是团结一致"这一说法表示赞同的比例差异较小，其中16—25岁年龄段员工的比例为86.27%，26—35岁年龄段员工的比例为88.24%，36岁及以上员工的比例为90.91%。由此可见，随着年龄的增长对这一说法表示赞同的比例略有提高，但是不管哪个年龄段都有约九成的员工赞同这一说法。说明在16岁以上的员工中，不管处于哪个年龄段都有约90%的员工认为普通民众总是团结一致的。从受教育程度看，赞同"普通民众总是团结一致"这一说法比例最高的是小学学历的员工（100.00%），其次是中学学历的员工（90.14%），比例最低的是本科及以上学历的员工（86.41%）。可见，随着学历的提高对"普通民众总是团结一致"这一说法表示赞同的员工比例略有下降，但是整体比例仍然接近90%，说明不管何等学历都有约90%的员工认为普通民众总是团结一致的。从家庭联网情况看，家庭联网的员工赞同"普通民众总是团结一致"这一说法的比例要明显低于家庭不联网的员工，具体数据分别为87.50%和100.00%。从手机上网情况看，没有手机和手机不能上网的员工对"普通民众总是团结一致"这一说法表示赞同的比例高达100.00%，手机能上网的员工对这一说法表示赞同的比例为

87.72％。上述数据显示，对于"普通民众总是团结一致"这一说法不论从性别、年龄组、学历还是上网情况划分，都有接近九成的员工表示赞同，说明从员工的视角，绝大多数的员工认为普通民众总是团结一致的，普通民众间的心理距离较近。

表 8 - 19   赞成以下公共议题相关陈述的比例（续 2）   （单位：%）

	类别	普通民众总是团结一致	普通民众是善良和正直的	普通民众享有共同的价值观和利益
性别	男	80.00	66.00	92.00
	女	91.20	83.33	91.74
年龄组	16—25 岁	86.27	72.00	89.80
	26—35 岁	88.24	78.79	94.06
	36 岁及以上	90.91	90.48	85.71
最高学历	未受过教育	0.00	0.00	0.00
	小学学历	100.00	100.00	100.00
	中学学历	90.14	83.33	94.29
	本科及以上	86.41	74.23	90.00
是否家庭联网	是	87.50	77.91	91.46
	否	100.00	85.71	100.00
是否手机上网	没有手机	100.00	100.00	50.00
	是	87.72	77.84	92.26
	否	100.00	100.00	100.00

对于"普通民众是善良和正直的"这一说法，如表 8 - 19 所示，从性别看，赞同"普通民众是善良和正直的"这一说法的男性员工比例要明显低于女性员工，具体数据分别为 66.00％ 和 83.33％，说明不同性别的员工对这一说法的观点存在明显差异。同时从数据上可以看出，有更多的女性员工认为普通民众是善良和正直的，可见女性员工对普通民众的信任要高于男性员工。从年龄组看，不同年龄段对"普通民众是善良和正直的"这一说法表示赞同的比例无明显差异，尤其是 16—25 岁年龄段以及 26—35 岁年龄段的员工。与此同时，随着年龄段的提高对"普通民众是善良和正直的"这一说法表示认同

的员工比例也略有提高，其中比例最高的是 36 岁及以上的员工
（90.48%），说明 36 岁及以上的员工对普通民众的信任感和距离感要
明显优于 36 岁及以下的员工。从受教育程度看，不同学历的员工对
"普通民众是善良和正直的"这一说法表示赞同的比例差异明显，其
中赞同这一说法比例最高的是小学学历的员工（100.00%），其次是
中学学历的员工（83.33%），比例最低的是本科及以上学历的员工
（74.23%）。由此可见，随着学历的提高，认为普通民众是善良和正
直的员工更少。从家庭联网情况看，家庭联网的员工对"普通民众是
善良和正直的"这一说法表示赞同的比例要略低于家庭不联网的员
工，具体数据分别为 77.91% 和 85.71%。从手机上网情况看，没有
手机和手机不能上网的员工对"普通民众是善良和正直的"这一说
法表示赞同的比例高达 100.00%，手机能上网的员工的比例为
77.84%，两者有显著差异，说明手机能上网的员工对普通民众的信
任感要低于手机不能上网的员工。

对于"普通民众享有共同的价值观和利益"这一说法，如表 8 -
19 所示，从性别看，男性员工赞成"普通民众享有共同的价值观和
利益"这一说法的比例为 92.00%，女性员工的比例为 91.74%，两
者比例无明显差异，说明对这一说法所持的观点在性别上无明显差
异。从年龄组看，所划分的三个年龄组的员工对"普通民众享有共同
的价值观和利益"这一说法表示赞同的比例差异不大，均接近九成，
其中比例最高的是 26—35 岁年龄段的员工（94.06%），其次是 16—
25 岁年龄段的员工（89.80%），比例最低的是 36 岁及以上的员工
（85.71%）。从受教育程度看，不同学历水平的员工对"普通民众享
有共同的价值观和利益"这一说法表示赞同的比例有略微差异，其中
表示赞成的比例最高的是小学学历的员工（100.00%），其次是中学
学历的员工（94.29%），比例最低的是本科及以上学历的员工
（90.00%）。由此可见，随着学历的提升，对"普通民众享有共同的
价值观和利益"这一说法表示赞同的员工的比例略有下降，但整体比
例仍在 90% 以上。从家庭联网情况看，家庭不联网的员工对"普通

民众享有共同的价值观和利益"这一说法表示赞同的比例要高于家庭联网的员工，具体比例分别为100.00%和91.46%。从手机上网情况看，没有手机的员工对"普通民众享有共同的价值观和利益"这一说法表示赞成的比例要明显低于手机不能上网和手机能上网的员工。其中，表示赞成"普通民众享有共同的价值观和利益"这一说法的手机不能上网的员工的比例为100.00%，手机能上网的员工的比例为92.26%，而没有手机的员工的比例仅为50.00%。

　　通过以上分析可知，绝大部分的受访越南员工认为普通民众总是团结一致，是善良和正直的，同时认为普通民众享有共同的价值观和利益。由此可见，从越南员工的视角出发，普通民众间的心理距离相对较近，相互之间是值得信赖的。

第 九 章

媒体与文化消费

　　本章主要调查的是中资企业中越南员工通过互联网和新媒体认识中国的情况，并从娱乐消费的角度了解中资企业越南员工对各国（主要为美国、日本、韩国、印度、中国）娱乐消费产品的看法，从而分析出不同国家不同娱乐产品对越南人特别是对中资企业越南员工的影响，总结出中资企业的越南员工对待中国娱乐消费产品的态度和消费喜好。本章主要采集了近一年内越南员工了解中国信息的渠道分布情况，并从性别、年龄、受教育程度、月收入等层面对越南员工了解中国信息的情况进行了全方位的调查，课题组从而得出了一些有规律性的、代表性的结论。另外，课题组从近一年内越南员工是否从越南媒体收看中国相关新闻的状况，分析中国某些行业或领域在越南的活动对越南员工产生的影响及越南员工对这些活动或行为的看法。

　　文化消费方面，问卷从越南员工观看中国、美国、韩国、日本、印度 5 个国家的电影或电视剧的频率分布以及越南员工对这 5 个国家音乐的喜爱程度的频率分布两个方面，分析越南员工对这 5 个国家文化娱乐产品（主要为影视剧和音乐）所持的观点和态度以及具体的消费行为，从而归纳出越南员工对上述国家以影视剧和音乐为代表的娱乐消费产品的消费喜好和消费倾向。

第一节　互联网和新媒体

随着互联网等新媒体的大量涌现，报刊、广播、电视等传统信息渠道似乎遭到了前所未有的打压。随着网络技术的日新月异，互联网正在成为人们了解外部世界的主要渠道，互联网在人们的日常生活中扮演着越来越重要的角色。调查结果显示，大多数越南员工都是通过网络获取包括中国在内的外部信息，特别是年轻人和中低收入群体，使用网络的情况更为突出。

一　越南员工获取中国信息的主要渠道

关于越南员工获取中国信息的主要渠道的调查，在问卷中具体体现为问题"近一年内，您通过哪些媒体渠道了解有关中国的信息"，其回答选项包括"本国的电视""本国的网络""本国的报纸杂志""中国传统媒体在本国的传播（如广播、电视、报纸杂志）""中国新媒体在本国的传播（如网站、社交媒体等）""企业内部员工""企业内部文字/图片等材料"，受访者可以选择多个答案。回答的情况如图9－1所示。

从图9－1可知，在989个有效样本中，网络是越南员工获取中国信息的主要渠道，通过网络了解中国信息的员工占近四成（37.51%），通过企业内部员工和企业内部资料来了解中国信息的比例分别占到了17.59%和17.09%。这一结果表明，越南员工除了主要通过网络了解中国信息以外，由于在中资企业工作，很多关于中国的信息可以从企业内部资料和内部员工中获得，此两种渠道共占比35%左右。此外，电视也是越南员工获取中国信息的一个渠道，占比10.52%。结合后面的数据来看（见图9－4），以电视作为获取中国信息手段的群体主要是受教育程度较低的群体。这是由于对新事物和新技术的理解、接受和运用水平有限，所以电视成为受教育程度低群体获取资讯的重要渠道。而报纸杂志及传统媒体的比重均不超过10%，说明大多数越南员工已经摒弃了传统的信息传输媒介而选择了内容更加丰富、资讯更新速度更快的网络和新媒体来获取资讯。

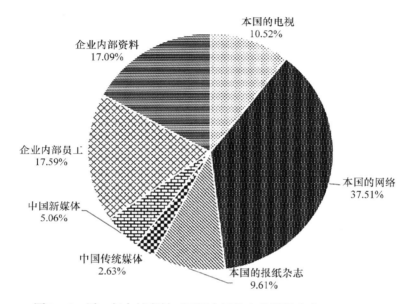

图 9 - 1　近一年内越南员工了解中国信息的渠道分布（N = 989）

二　不同层面的越南员工获取中国信息的不同渠道

此次问卷除了调查信息获取渠道以外，课题组还分别从性别、年龄、受教育程度及月收入等不同层面对越南员工如何获取中国信息进行了调查。从调查结果来看，女性、36 岁及以上、受教育程度较低（小学及未受教育）、低收入（月收入 300 万—490 万越南盾）的群体通过电视了解中国信息的员工最多。而男性、年龄在 26—35 岁之间、高学历（本科及以上）、高收入（月收入在 910 万—2300 万越南盾）的越南员工从企业内部员工和企业内部资料里获取中国资讯最多。

如图 9 - 2 所示，在 989 个有效样本中，从性别层面来看越南员工对中国信息的了解，女性员工通过电视、网络、报纸杂志、中国新媒体了解中国信息的比例均略超过男性员工，而男性员工从企业内部员工和企业内部资料了解中国信息的比例稍高于女性员工。在使用中国传统媒体了解中国信息方面，男女性员工所占比例不分伯仲。从调查得出的数据可以看出，在大多数情况下，越南男性员工和女性员工在了解中国信息时使用的渠道并无太大区别。但值得注意的是，在从企业内部员工中获取中国资讯这一渠道中，男性比例要远高于女性比例，其中男性占比21.85%，女性占比15.51%。从这一点可以看出，男性员工更热心于与企业内部员工的交流与沟通。另一方面也说明男性员工有更多的意愿、时间与同事谈天说地，这一点也符合越南男性喜欢广泛交友的特性。而从企业内部资料的渠道看，男女比例不相上下，说明在企业里男性员工和女性员工的地位相当，能接触到的企业内部资料差不多，从中获取的资讯也大体相同。

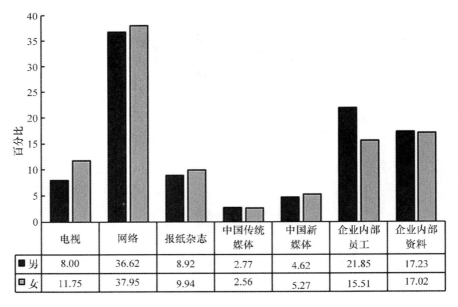

	电视	网络	报纸杂志	中国传统媒体	中国新媒体	企业内部员工	企业内部资料
■ 男	8.00	36.62	8.92	2.77	4.62	21.85	17.23
□ 女	11.75	37.95	9.94	2.56	5.27	15.51	17.02

图9-2　按性别划分的近一年内越南员工了解中国信息的渠道分布（N=989）

调查发现，在中资企业工作的越南员工以女性居多，特别是能进入管理阶层（部门负责人及以上）的大多数为女性，而且几乎所有担任部门负责人及以上的越南员工都通晓汉语，他们要不是从各种学校里的汉语专业毕业的汉语人才，要不就是华裔或者因为经常与中国人接触而学会了汉语的社会人士。因此在接触企业内部资料的机会上与男性相当，但是越南女性除了要做与男性一样的社会工作以外，还要承担更多的家庭事务，因此与企业内部员工特别是中方员工接触的时间没有男性员工多，因而出现从企业内部员工中获取中国资讯的比例低于男性的情况。从一定意义上来说，拥有更多中国朋友就更容易获取更多的中国资讯。

如图 9 - 3 所示，在 989 个有效样本中，从年龄层面看越南员工了解中国信息的渠道，各个年龄层次的人都主要通过网络渠道获取中国信息，网络渠道占比近四成（37.51%）。其中年龄在 17—25 岁之

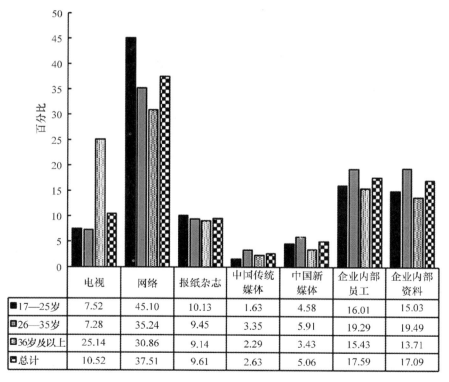

	电视	网络	报纸杂志	中国传统媒体	中国新媒体	企业内部员工	企业内部资料
■17—25岁	7.52	45.10	10.13	1.63	4.58	16.01	15.03
▦26—35岁	7.28	35.24	9.45	3.35	5.91	19.29	19.49
▨36岁及以上	25.14	30.86	9.14	2.29	3.43	15.43	13.71
▪总计	10.52	37.51	9.61	2.63	5.06	17.59	17.09

图 9 - 3　按年龄组划分的近一年内越南员工了解中国信息的渠道分布（*N* = 989）

间的越南员工使用网络渠道最多，达45.10%。其他年龄段的员工使用该渠道的比例也远远高于其他渠道。在使用电视方面，36岁及以上的越南员工使用比例最高，占25.14%，而这个年龄段的群体使用网络、报纸杂志和其他媒体的比例偏低。说明这一年龄层次的人较更年青一代更钟情于电视这种操作技术含量较低的渠道，同时也说明电视对20世纪80年代及以前出生的越南人的影响之深远。在使用报纸杂志渠道中，17—25岁的群体占比最高，达到10.13%；26—35岁与36岁及以上的群体比例分别为9.45%和9.14%。这一比例虽然差别不大，但可以从一个侧面看出，17—25岁刚从学校毕业不久的群体比已经走出学校多时的群体更加注重从纸质媒体上了解外部信息，包括中国的信息。在中国传统媒体、中国新媒体、企业内部员工及企业内部资料的使用方面，各个年龄段的群体分布都没有太大的差距。

从受教育程度的角度来看，如图9－4所示，在980个有效样本中，越南员工在使用各种渠道了解中国信息时，低学历（未受教育及小学学历）群体比较青睐于电视，其中小学学历的越南员工使用电视了解中国信息的比例达到47.37%，而高学历（本科及以上）群体使用电视的比例最低，还不到6.00%。中学学历（中学学历）群体主要使用网络了解中国信息。在通过企业内部员工及企业内部资料作为了解中国信息的渠道时，高学历群体的比例要远远高出其他学历水平的群体（未受教育的受访样本应该属于特例，不具有代表性）。由此可以说明，在中资企业里，高学历的越南员工与企业内部人员之间的沟通交流较多，可以接触到众多的企业内部信息，这也与高学历越南员工在企业里担任的职务有关。

从收入层面看越南员工了解中国信息的渠道，如图9－5所示。在916个有效样本中，越南员工通过网络渠道了解中国信息的比例最高，占比37.01%。其次是通过企业内部员工（17.90%）和企业内部资料（17.47%），再次是电视渠道（10.37%）和报纸杂志（9.61%）。通过中国新媒体和中国传统媒体渠道了解中国信息的员工较少，仅分别占比4.91%和2.73%。低收入（月收入300万—490

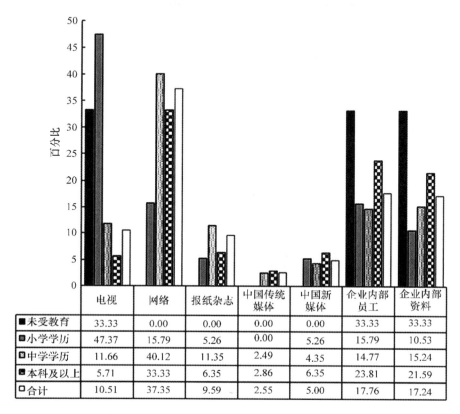

	电视	网络	报纸杂志	中国传统媒体	中国新媒体	企业内部员工	企业内部资料
■ 未受教育	33.33	0.00	0.00	0.00	0.00	33.33	33.33
▨ 小学学历	47.37	15.79	5.26	0.00	5.26	15.79	10.53
▨ 中学学历	11.66	40.12	11.35	2.49	4.35	14.77	15.24
■ 本科及以上	5.71	33.33	6.35	2.86	6.35	23.81	21.59
□ 合计	10.51	37.35	9.59	2.55	5.00	17.76	17.24

图 9 - 4 按受教育程度划分的近一年内越南员工了解中国信息的渠道分布（N = 980）

万越南盾）群体使用电视、报纸杂志渠道的比例高于其他收入水平的越南员工。这一点说明低收入员工一般是属于受教育程度较低的群体，电视和报纸杂志是其获取中国信息的主要渠道之一。但值得注意的是，低收入（月收入 300 万—490 万越南盾）员工通过网络渠道获取中国资讯的比例也不低，有四成左右（40.94%）的员工通过网络获取中国信息，远高于高收入（月收入 710 万—230 万越南盾）员工使用网络的比例。而中等收入（月收入 600 万—700 万越南盾）的员工通过网络获取中国资讯的比例是这个层面中比例最高的，达到

43.21%。这一点说明在中资企业里，无论哪种收入水平的群体都主要通过网络渠道获取有关中国的信息。在从中国传统媒体渠道获取中国信息的越南员工中，中低收入（月收入500万—590万越南盾）这个群体的比例相对高一些。而通过中国新媒体渠道获取中国信息的人员，主要集中在高收入员工中。从企业内部员工和企业内部资料渠道获取中国信息的群体，也主要是企业里的高收入员工。从调查时的具体情况来看，高收入的员工大多是具有汉语背景的员工，他们或是越南各大学汉语专业毕业的大学生，或是通过其他方式（如长期与中国

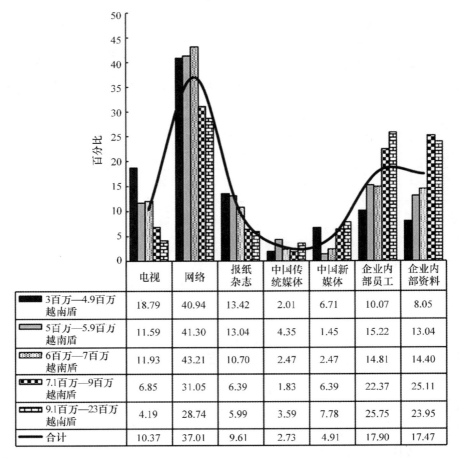

	电视	网络	报纸杂志	中国传统媒体	中国新媒体	企业内部员工	企业内部资料
3百万—4.9百万越南盾	18.79	40.94	13.42	2.01	6.71	10.07	8.05
5百万—5.9百万越南盾	11.59	41.30	13.04	4.35	1.45	15.22	13.04
6百万—7百万越南盾	11.93	43.21	10.70	2.47	2.47	14.81	14.40
7.1百万—9百万越南盾	6.85	31.05	6.39	1.83	6.39	22.37	25.11
9.1百万—23百万越南盾	4.19	28.74	5.99	3.59	7.78	25.75	23.95
合计	10.37	37.01	9.61	2.73	4.91	17.90	17.47

图 9-5　按月收入划分的近一年内越南员工了解中国信息的渠道分布（N=916）

人交往）通晓汉语的社会人士。因此，比起不会汉语的低收入员工，这部分人有更多的机会接触中国新媒体如淘宝网、微信等网站和社交媒体。这些高收入员工通常也是企业里的部门负责人或者更高职位的领导，因此通过企业内部员工和企业内部资料渠道获取中国信息的可能性也更大。

三 越南员工通过越南媒体关注中国信息的情况

表 9-1 反映的是近一年内越南员工是否从越南媒体收看中国相关新闻的状况。从数据中可以看出，越南员工对接收有关中国的信息有一定的过滤。在 988 个有效样本中，关注中国大使馆对越南的捐赠新闻的员工比例最小，只有不到四成（38.16%）的越南员工关注了这类新闻。而越南员工对本国学生前往中国留学的新闻关注度最高，在 1003 个有效样本中达到 81.95%。另外，越南员工对中国艺术演出新闻的关注度也非常高，在 996 个有效样本中达到 71.59%。对中国援助越南修建道路、桥梁、医院和学校的新闻关注，在 959 个有效样本中，只有不到一半（45.46%）的员工，一半以上（54.54%）的员工对此类新闻并不关心。

表 9-1　　　　　近一年内越南员工是否从越南媒体
收看中国相关新闻的状况　　　（单位:%）

有关中国的新闻	样本量	是	否
中国大使馆对本国的捐赠新闻	988	38.16	61.84
中国援助本国修建道路、桥梁、医院和学校的新闻	959	45.46	54.54
本国学生前往中国留学的新闻	1003	81.95	18.05
中国艺术演出的新闻	996	71.59	28.41

从上述问卷的结果来看，越南员工对中国自主捐赠、援助越南的新闻不太关注，或许是不太愿意关注。在实际调查中，课题组发现很多越南员工更愿意接受日本、韩国等这些国家对越南的援助，也更认同这些国家对越南的援助。由于越南长期以来对中国抱有非常复杂的

心情，一方面希望中国加大援助越南的力度，另一方面又不愿意对中国的解囊相助表示谢意，总觉得中国对其帮助是不怀好意的。鉴于这些原因，越南员工对中国捐赠、援助的新闻的关注数据只能作为一个参考，并不能代表受访越南员工的真实想法。网络上有一则消息：有一位外国网民在美版悟空问答（Quora）上问"越南如何看待中国"，让人意外的是，Quora 上不仅是美国人、印度人、中国人多，越南人也不少。十多个越南网民在底下给出了自己的答案。其中有一位网民留言说"我去过越南几次（我是美国人），当我第一次去那里的时候，我对美国对他们所做的一切感到内疚和羞耻。每当我提起这个问题时，我被告知不要担心，都是过去的事了。'我们担心的是中国'，他们说"①。这样的例子在越南人中并非典型。

中国曾经向越南提供了诸多援助，特别是在越南战争期间，中国先后派出 30 余万人次的防空、运输等军事人员，协助越南抗击美国侵略，约有 1100 人牺牲。同期，中国援助越南的物资计有：飞机 170 余架、舰艇 140 余艘、中型和水陆坦克 500 余辆、汽车 1.6 万辆、火炮 3.7 万余门、枪 216 万余支（挺）、枪弹 2 亿发、炮弹 90 多万发、炸药 700 多吨、军服 20 万套、各种布 400 万米。据不完全统计，截至 1978 年 3 月，中国援越物资总值达到 200 多亿美元，其中绝大多数是无偿援助。中国援越物资可装备越南三军部队 200 多万人，还有 500 万吨粮食、200 多万吨汽油、3000 多千米的输油管以及新建和改建 479 千米铁路并提供机车和车厢。中国还为越南培训干部和技术人员 6000 余名，汽车司机和修理工 800 余名，飞行员和机务人员 280 余名。② 尽管如此，中国提供的大量援助并没有得到越南的善意回应，除去一些复杂的外部因素以外，也反映出越南民众历来对中国的一种

---

① 《外国人问越南如何看待中国？越南网民：我们的老大！》，新浪网，https://k.sina.cn/article_ 6383740662_ 17c8026f6001008jwz.html？http = fromhttp，2018 年 12 月 24 日。

② 古小松：《越南国情与中越关系》，世界知识出版社 2008 年版，第 275—278 页。

戒备心理。

相比而言，大多数越南员工对于本国学生前往中国留学的新闻表现出极大的热情，八成多（81.95%）的越南员工都在过去一年中关注了这类新闻。随着中国经济和社会的不断发展，中国在国际舞台上扮演的角色越来越重要，同时中越之间在政治、经济、文化等领域的交流不断深入，加之中国对包括越南在内的东南亚留学生提供颇有吸引力的奖学金政策，中国现已成为越南出国留学的主要目的地。据统计，截至 2015 年 11 月，越南在华留学生有 1.4 万人左右。① 另据统计，2018 年共有来自 196 个国家和地区的 492185 名各类外国留学人员在中国 31 个省（区、市）的 1004 所高等院校学习，越南在中国的留学生数量排名来华留学生数量的第 11 名。② 因此，越南员工对此类新闻的关注符合越南当下的国情和中越关系的现实。此外，越南员工对中国艺人或艺术团体在越南的演出也表现出很大的关注度，七成左右（71.59%）的越南员工在过去一年里关注了此类新闻。中国的娱乐界及一些传统艺术历来受越南民众的欢迎，中国内地及港澳的娱乐明星很多在越南拥有大批的粉丝，中国的电视剧和电影在越南拥有大量的观众，中国流行歌曲也很受越南民众欢迎。因此，以越南员工为代表的越南人比较关注中国艺术演出。

第二节　文化消费

文化消费的对象是文化产品。法国社会学家皮埃尔·布迪厄把文化产品分为三个层次：第一，正统的范围，包括高雅音乐、绘画、雕

---

① 《数据统计：越南在华留学学生有 1.4 万人左右》，中华教育网，http：//www. edu-gov. cn/news/24780. html，2015 年 11 月 6 日。

② 《2018 年来华留学统计》，中华人民共和国教育部，http：//www. moe. gov. cn/jyb_ xwfb/gzdt_ gzdt/s5987/201904/t20190412_ 377692. html，2019 年 4 月 12 日。

刻，文学、戏剧等；第二，准正统的范围，包括爵士乐、电影、摄影等；第三，任意的范围，主要包括教育、文化娱乐、体育健身、旅游观光等方面。文化消费一方面所满足的是消费主体的精神需要，使主体感到愉悦、满足；另一方面是满足主体需要的对象，主要是精神文化产品或精神文化活动。文化消费的内容不仅包括专门的精神、理论和其他文化产品的消费，也包括文化消费工具和手段的消费；既包括对文化产品的直接消费，比如电影电视节目、电子游戏软件、书籍、杂志的消费，也包括为了消费文化产品而消费各种物质消费品，如电视机、照相机、影碟机、计算机等。此外也需要各种各样的文化设施，如图书馆、展览馆、影剧院等。文化消费以物质消费为依托和前提，文化消费的需求受制于社会的生产力水平的发展，因而文化消费水平能够更直接、更突出地反映出现代物质文明和精神文明的程度。

一 越南员工对外国影视产品的消费情况

表 9 - 2 反映了越南员工观看不同国家的影视剧的频率分布。在1025 个有效样本中，课题组发现华语影视剧非常受欢迎。只有3.12%的越南员工表示从来不看华语影视剧，而有超过八成的越南员工表示有时看、经常或频繁观看华语影视剧。其中有近一半（43.71%）的越南员工表示经常观看华语影视剧，有 16.20%的员工表示频繁观看华语影视剧。印度影视剧在越南最不受欢迎，有近五成（47.51%）的越南员工表示从来不看印度影视剧，有近三成（30.93%）的越南员工表示很少观看印度影视剧，只有不到 6.00%的越南员工表示经常或频繁观看印度影视剧。此外，日本影视剧也没有得到越南员工的青睐，有三成左右（31.41%）的越南员工表示从来不看日本影视剧，而超过四成的越南员工都表示很少看日本影视剧。韩国、美国的影视剧在越南员工中的观看情况介于中国和日本、印度中间。其中从来不看美国影视剧的越南员工比例是从来不看韩国影视剧的越南员工比例的两倍，有一成左右（10.44%）的越南员工

表示从来不看韩国影视剧，而有超过两成（22.15％）的越南员工表示从来不看美国影视剧。有六成（60.00％）的越南员工有时或经常观看韩国影视剧，而有五成左右（51.22％）的越南员工表示有时或经常观看美国影视剧。只有4.00％的越南员工频繁观看韩国影视剧，而只有不到3.00％的越南员工频繁观看美国影视剧。

表9－2　　　　　　　　　越南员工观看不同国家的电影／
　　　　　　　　　　　　电视剧的频率分布（$N = 1025$）　　（单位:％）

频率	华语电影／电视剧	日本电影／电视剧	韩国电影／电视剧	印度电影／电视剧	美国电影／电视剧
从不	3.12	31.41	10.44	47.51	22.15
很少	12.00	43.12	25.56	30.93	24.39
有时	24.98	17.56	35.61	15.80	30.15
经常	43.71	7.02	24.39	5.27	21.07
很频繁	16.20	0.88	4.00	0.49	2.24

　　文化消费中对精神产品的消费，不仅要求消费者具备经济上的消费能力，还要求消费者具备必要的艺术鉴赏等文化修养和素质方面的能力。中国和越南有着长期的文化交流，越南深受中国文化的影响，中越两国有太多文化方面的共通性。中国很多电影和电视剧产品所承载的文化内涵，能够引起越南民众的高度共鸣，使他们的精神需要得到满足。比如《西游记》《三国演义》《封神榜》这些中国的古典文学在越南可谓家喻户晓，其中的人物如唐僧师徒、曹操、关公、姜子牙等形象早已深入越南民众的内心。因此，由这些名著改编而来的电视剧对越南观众来说毫不陌生。20世纪90年代末，《还珠格格》在越南播映期间甚至出现了万人空巷的局面，而饰演小燕子的中国内地演员赵薇在越南有着数量非常可观的粉丝。华语文坛的很多作家在越南也非常受欢迎，像金庸和他的作品在越南就有众多的追随者。根据金庸作品拍摄的电视剧如《射雕英雄传》《神雕侠侣》等，当年占据了越南所有电视台的黄金时段。近年来，在中国内地广受好评的电视

剧如《芈月传》《三生三世十里桃花》等反映宫廷斗争和男女爱恨情仇的影视作品，由于其与越南古典文化非常接近，因而受到越南观众的热烈追捧。据统计，《三生三世十里桃花》仅在越南一家视频平台点击量就超过3000万次。电视剧是促进文化交流的重要载体，中越文化传统相近，发展模式相似，尤其是爱情、婚姻等题材的电视剧所反映的社会问题，越南人也深有体会，容易引起共鸣。中国的大批电视剧在越南同步上映，甚至有些比中国国内更新得快。据说2015年《芈月传》播出的时候，越南网站的更新速度比中国国内还快，很多越南人在争相抢中国人之先一睹为快。正是由于中越在文化上有着太多的相似点，因此华语影视剧能够在越南受到广泛的欢迎。同理，以印度教文化为基础的印度文化就与越南文化有着较大的鸿沟，具有鲜明而强烈宗教性的印度文化在越南无法得到普通民众的认可，因此印度影视剧在越南很难有广泛的群众基础。

二 越南员工对外国音乐产品的消费情况

表9-3反映的是越南员工对不同国家音乐喜爱程度的频率分布。从数据上看，越南员工收听华语音乐的频率远远超过收听其他几个国家的音乐。有超过九成（91.94%）的越南员工都表示接受华语音乐，其中非常喜欢华语音乐的越南员工比例达到24.85%，喜欢华语音乐的越南员工比例达到43.71%，23.38%的越南员工觉得华语音乐一般，只有不到一成（7.56%）的越南员工表示不喜欢华语音乐。与华语音乐在越南员工中大受欢迎的情况相反的是，印度音乐在越南员工中非常不受欢迎，其中不喜欢印度音乐的员工占67.84%，非常不喜欢印度音乐的员工占6.61%，而非常喜欢印度音乐的比例不到1%，有24.95%的员工表示能接受（喜欢和一般）印度音乐。意外的是，日本音乐也非常不受越南员工的青睐，有近六成（55.27%）的越南员工表示不喜欢日本音乐，非常喜欢日本音乐的员工不到2%。相比而言，韩国和美国的音乐在越南员工中的受欢迎程度比较均衡，但喜欢韩国音乐的越南员工（38.20%）稍多于喜欢美国音乐

的越南员工（27.87%）。有近七成（67.72%）的越南员工表示可以接受（喜欢和一般）韩国音乐，有一半左右（53.56%）的越南员工表示可以接受（喜欢和一般）美国音乐，非常不喜欢韩国和美国的音乐的越南员工均不超过2%，分别占比1.09%和1.78%，其中，非常喜欢韩国音乐和美国音乐的占比也均不超过5%，分别占比4.64%和3.56%。

表9-3　　　　越南员工对不同国家音乐喜爱程度的频率分布　　（单位:%）

喜欢程度	华语音乐 N = 1018	日本音乐 N = 997	韩国音乐 N = 1013	印度音乐 N = 998	美国音乐 N = 1012
非常喜欢	24.85	1.71	4.64	0.60	3.56
喜欢	43.71	11.74	38.20	8.12	27.87
一般	23.38	27.78	29.52	16.83	25.69
不喜欢	7.56	55.27	26.55	67.84	41.11
非常不喜欢	0.49	3.51	1.09	6.61	1.78

从以上数据分析来看，华语音乐对越南员工的吸引力明显比其他国家高。中越山水相连，有诸多相同的文化背景，人们对音乐的审美及喜好也有很多的共同点。其实华语音乐在越南乐坛历来占有非常重要的位置，很多越南国内流行的音乐都与华语乐曲有关。早在20世纪50—60年代，就有不少中国歌曲传入越南，像《社会主义好》《北京的金山上》《南泥湾》和《团结就是力量》这些歌曲都曾经一度在越南被广为传唱。胡志明就特别推崇《团结就是力量》。

越南人对中国歌曲的唱法形式多样。其一是直接用中文唱，像一度火遍中国大街小巷的网络歌曲《老鼠爱大米》，在越南就是直接用汉语唱的。在当时，几乎每个去唱卡拉OK的越南人都会用汉语唱这首歌。还有《花心》《朋友》《纤夫的爱》《两只蝴蝶》《黄昏》《对面的女孩看过来》等流行歌曲也是被很多越南人直接用汉语传唱。其二是将华语歌曲的歌词翻译成越南语进行翻唱，如《卷珠帘》《凉凉》等都把中文歌词很传神地翻译成了越南歌词，再由歌手们进行深情演绎。其三更多的华语音乐是以 nhạc Hoa lời Việt（华语曲子越语歌词）的形式进行"再创作"，保留华语音乐的曲子，配上越南音乐人写的歌词进行演唱。例如改编后的《大中国》在越南的翻唱异常火热。这些 nhạc Hoa lời Việt 歌曲带动中国海峡两岸和香港的很多流行音乐明星在越南都家喻户晓，20 世纪 90 年代名噪一时的香港"四大天王"（张学友、刘德华、郭富城、黎明）、邓丽君、张国荣、梅艳芳、张宇等人的歌曲在越南有着人数可观的歌迷。近几年的流行音乐歌手像周杰伦、霍尊也颇受越南歌迷的追捧。更多的流行音乐或流行歌曲则来自于中国的电视剧插曲和主题曲。

正是因为中越这种长久以来的文化相通，造成高度一致的审美价值观和鉴赏水平。华语音乐在中资企业的越南员工中也大受欢迎，这是整个越南社会对华语音乐态度的一个缩影。在越南所有外来音乐中，华语音乐一直占据霸主地位，很多时候甚至有压倒本土音乐的架势。20 世纪末《上海滩》《渴望》《射雕英雄传》等经典中国电视剧在越南热播时，越南大街小巷播放的几乎都是这些影视剧的主题曲。《新上海滩》的主题曲在越南被翻唱后，在很长一段时间里甚至成为越南人婚礼的伴奏曲。近年来，中国内地情感剧《三生三世十里桃花》《花千骨》《步步惊心》《芈月传》在越南热播，这些电视剧的主题曲也随即以不同的形式流行开来。

第三节　越南中资企业与改善中国形象的关联

近年来，很多中资企业走出国门，不仅把中国技术和资金带到了国外，同时也把中国文化传播到了企业所在的国家和地区。中资企业与所在国的各个领域有着深层接触，又需要充分融入当地，因此很多当地民众特别是中资企业里的外方员工很大程度上从企业本身及与企业相关的事物来了解中国、认识中国，无形中这些企业成了中国形象的代表。

一 越南中资企业很大程度上代表了中国形象

随着经济全球化和区域经济一体化的快速推进，中国和越南在各领域的合作不断增加，很多中资企业大举投资越南，雇用越南当地人，融入越南社会。据越南中国商会的数据显示，截至 2015 年 6 月，在商会注册成为会员的企业有近 700 家。[①] 据报道，"2019 年一季度，越南吸引外资总额达 108 亿美元，同比增长 86.2%，其中来自中国的资金占了一半，中资扮演着重要角色"[②]。大量走出国门的中资企业在融入越南经济社会的同时，也把企业自身的文化和中国形象带到了越南。因此，中资企业有什么样的企业文化，如何在越南员工面前讲好中国故事，会深刻地影响越南员工对中国的认识。一位在中资企业工作的越南员工就说过："同在越南的欧美和日韩企业相比，中国企业的文化更容易被我们接受。透过企业文化，我们对中国文化和中国发展有了更多了解……公司还定期为越南的孤儿院、养老院等机构奉献爱心，让我看到了中资企业强烈的社会责任感……自从在中资企业工作后，我就对报纸、电视、网络上有关中国的报道非常关注。中国的和平发展为中国同周边国家和全世界的经贸合作营造了良好氛围，中资企业是我们了解中国的一扇窗。"[③] 从这个层面来说，中资企业在维护和改善中国形象的事业中担负着非常重要的责任。

二 越南中资企业对改善中国形象的重要作用

通过前文的数据和分析可以看出，随着互联网的发展，以中资企业里的越南员工为代表的越南人了解中国的途径发生了很大的改变。传统的媒体如广播、报刊已经不再是人们关注外界信息的主要渠道，

---

① 《会长致辞》，越南中国商会，http：//vietchina. org/shjs/hczc/，2015 年 6 月 30 日。

② 《实地考察：中资企业在越南的投资情况究竟如何？》，投资并购法律网，http：//www. bizchinalaw. com/archives/17014，2019 年 5 月 17 日。

③ 《中国公司，有人情味！——中资企业外籍员工的故事（下）（4）》，人民网，http：//world. people. com. cn/GB/157578/14049379. html，2011 年 3 月 3 日。

特别是青年一代和受教育程度较高的群体，通常都通过互联网获取外部资讯。在中资企业工作的越南员工，他们关注中国的渠道除了互联网、电视、报刊等外，企业内部员工和企业内部资料也是他们了解中国信息的主要渠道。因此，海外的中资企业及中方员工在建立企业文化、树立中国形象方面应担负起重要的责任。

从调研结果来看，大多数越南员工对中资企业的企业文化比较认同，特别是一些生产型企业的越南员工，对中资企业的企业文化及企业形象持肯定的态度。比如在是否按时发放工资、是否尊重当地居民风俗习惯、是否对当地进行慈善捐助、是否严格执行劳动合同关系、是否关心员工劳动强度（比如加班、延迟下班时间等）、是否给员工提供社会保障等问题上都给出了肯定的回答。在问及"如果您认为本企业没有履行劳动法规，您最有可能采取什么方式解决纠纷"时，不管是管理人员还是非管理人员选择"找企业管理部门投诉"和"找企业工会投诉"的员工居多，其中管理人员选这两种方式的人超过了七成（参见本书表7-14"管理人员与非管理人员解决纠纷方式的差异"），而非管理人员选择这两种途径解决的比例也达到69.22%。而选择企业以外的机构（如行业工会、劳动监察部门）以及采取极端行为（停工辞职、参与罢工、上网反映情况等）进行解决的员工只占很小的比例。这说明中资企业里的越南员工比较相信自己所在的企业，与中资企业发生纠纷时一般都采取内部解决的方式。而在对中国在本地区的影响力评价中有近七成（68.89%）的员工认为中国对当地的影响为正面，认为中国对当地有负面影响的比例不到两成（17.53%）（参见本书表10-17"越南员工对中美在本地区的影响力评价的差异"）。这些现象说明在越南员工心目中，中国的形象总体上是正面、积极的，而这些印象更多的是由中资企业传递给越南员工的。因此，中国在海外的国家形象如何，很大程度上与中资企业给当地员工形成的印象有密切关系。

第四节　华语影视剧在越南消费
情况的延伸调查

20 世纪 80 年代末，越南人也和中国人一样，以晚饭后坐在电视机前观看各种电视节目为最普遍的娱乐消遣方式。中国影视剧和华语音乐一度成为越南一代人甚至几代人的记忆。"国剧（中国电视剧）'横扫'越南 30 年，甚至承包了几代人的荧屏。"① 通过观看中国影视剧，越南人领略了中国文化的无穷魅力，从承载中华文化的华语影视剧和华语音乐中感受了文化娱乐产品带给他们的精神享受。从前文的调查数据中可以看出，21 世纪初，以中资企业的越南员工为代表的越南民众对中国文化产品（主要为华语音乐和华语影视剧）的热情依然是其他国家文化产品所不能替代的。为进一步了解当下广大越南民众对中国文化产品特别是华语影视剧的消费情况，课题组又专门从越南的几大网站做了调查分析。

一　中国影视产品是越南人重要的精神消费品

如果说电视是 20 世纪 80 年代末的华语影视剧"远嫁"越南的"新娘"，那么网络就是 21 世纪初期熬成的"婆"。当下越南除了少数人仍然对传统的电视不离不弃以外，大多数越南人已经移情于更便捷的媒体新秀——网络。网络的飞速发展使人们可以更便捷、更容易地获取大量的信息，也让越南民众可以更容易地了解和接触中国的文化产品，从而促使越南民众对中国文化产品的需求更加旺盛，该现象也使得华语影视剧和华语音乐在越南长盛不衰。

近几年来美国、日本、韩国等的文化产品在越南也受到追捧，但是中国文化产品（以影视剧和音乐为代表）历来都是广大越南文化

---

① 《独家调查：被国产剧"支配"的越南荧屏》，腾讯网，https：//ent.qq.com/a/20170410/034055.htm，2017 年 4 月 10 日。

产品消费者的首选。越南民众对华语影视剧和音乐的喜爱程度，可以从各个方面得到印证。"在越南电视剧点击排行榜前 10 名中，华语电视剧占据了 4 席。"① 细心的网友也可以看到，在越南的各大视频网站的头版都不乏中国影视剧的广告和链接。比如 2019 年 7 月 14 日，越南本土最大的视频网站 ZingTV 上，一些正在中国国内热播的电视剧《春花秋月》（*Xuân Hoa Thu Nguyệt*）、《悲伤逆流成河》（*Bi Thương Ngược Dòng Thành Sông*）、《猪太狼的夏天》（*Mùa Hè Của Trư Thái Lang*）、《蜜汁炖鱿鱼》（*Cá Mập Hầm Mật*）、《噗通噗通我爱你》（*Thình Thịch Anh Yêu Em*）以及《陈情令》（*Trần Tình Lệnh*）等的宣传海报已经占据了其首页，而且更新速度并不比国内慢。前几年在中国热播的电视剧《三生三世十里桃花》（*Tam Sinh Tam Thế, Thập Lý Đào Hoa*）和《微微一笑很倾城》（*Yêu Em Từ Cái Nhìn Đầu Tiên*）也一度占据了该网站的首页，其播放率和评分也相当高，其中，《微微一笑很倾城》评分高达 9.8，播放量突破 3700 万。《三生三世十里桃花》评分 9.6，播放量也超过了 3000 万。甚至《恶魔少爷别吻我》《我的吸血鬼男友》等诸多中国网剧在 ZingTV 的点击量也非常可观。由此可见华语影视剧在越南的影响力之深远。

除此之外，在一个专门介绍影视剧的越南网站 Review Phim AZ 上，首页目录上直接就有"中国影视剧"（*Phim Trung Quuốc*）频道。在主频道下面分有"最好看台湾偶像剧""中国 10 大侦探电影""中国 10 大武侠电影""中国 10 大历史题材电影""中国 10 大情感剧""中国最好看的 8 大穿越剧""中国 10 大古装剧""2018 年最好看的 10 部中国武侠剧""25 部中国校园剧""2018 年中国 10 大青春校园剧"等各种渠道丰富的点击入口。其中一些经典影视剧如《西游记》（*Tây Du Ký*）、《天龙八部》（*Thiên Long Bát Bộ*）、《射雕英雄传》（*Anh Hùng Xạ Điêu*）、《三国演义》（*Tam Quốc Diễn Nghĩa*）、《武则天

---

① 《独家调查：被国产剧"支配"的越南荧屏》，腾讯网，https：//ent. qq. com/a/20170410/034055. htm，2017 年 4 月 10 日。

传奇》（*Võ Tắc Thiên Truyền Kì*）、《鹿鼎记》（*Lộc Ĕinh Ký*）、《倚天屠龙记》（*Ỷ Thiên Ĕồ Long Ký*）、《碧血剑》（*Bích Huyết Kiếm*）以及《还珠格格》（*Hoàn Châu Cách Cách*）等悉数在列。而一些近几年的影视剧如《命中注定我爱你》（*Ĕịnh Mệnh Anh Yêu Em*）、《流星花园》（*Vườn Sao Băng*）、《少林藏经阁》（*Thiếu Lâm Tàng Kinh Các*）、《六指琴魔》（*Lục Chỉ Cầm Ma*）、《仙剑云之凡》（*Tiên Kiếm Kỳ Hiệp 5 – Vân Chi Phàm*）、《甄嬛传》（*Hậu Cung Chân Hoàn Truyện*）、《芈月传》（*Mị Nguyệt Truyện*）、《锦绣未央》（*Cẩm Tú Vị Ương*）、《何以笙箫默》（*Bên Nhau Trọn Đời*）、《步步惊心》（*Bộ Bộ Kinh Tâm*）、《可惜不是你》（*Đáng Tiếc Không Phải Anh*）、《春风十里不如你》（*Mười Dặm Gió Xuân Không Bằng Em*）、《龙日一，你死定了》（*Long Nhật Nhất, Cậu Chết Chắc Rồi*）以及《微微一笑很倾城》（*Yêu Em Từ Cái Nhìn Đầu Tiên*）等都有详细介绍。还有一些青春剧如《杉杉来了》（*Sam Sam Đến Rồi*）、《偏偏喜欢你》（*Vẫn Cứ Thích Em*）、《泡沫之夏》（*Bong Bóng Mùa Hè*）、《原来你还在这里》（*Hóa Ra Anh Vẫn Ở Đây*）和校园剧《班长大人》（*Lớp Trưởng Đại Nhân*）、《愿有人陪你颠沛流离》（*Nguyện Có Người Phiêu Bạt Cùng Em*）也都赫然在列。网站还对《湄公河行动》（*Điệp Vụ Tam Giác Vàng*）、《寒战2》（*Điệp Vụ Đối Đầu2*）、《非凡任务》（*Nhiệm Vụ Phi Phàm*）、《逆战》（*Nghịch chiến*）、《法医秦明》（*Pháp Y Tần Minh*）、《心理罪》（*Tâm Lí Tội Phạm*）以及《卧底归来》（*Nằm Vùng Trở Về*）等侦探剧也进行了非常用心的推荐。

二 华语影视剧在越南的"幸"与"不幸"

透过华语影视剧在越南各大网站的播放热度介绍以及评价的热度，可以看出华语影视剧受越南观众的喜爱程度非常高，这些影视剧给越南观众带来极大的观影享受，因此得到很高的评分。比如《夜空中最亮的星》（*Ngôi Sao Sáng Nhất Bầu Trời Đêm*）和《陈情令》（*Trần Tình Lệnh*）在 ZingTV 上都得到 9.7 的评分，而《陪你到世界之巅》（*Cùng Em Đến Đỉnh Vinh Quang*）以及《我的波塞冬》（*Poseidon Của Tôi*）在该网站也有 9.5 分的评价。

从这些现象中可以欣喜地看到，越南观众对中国文化有较高的认同度，非常乐意接受中国影视剧所传达的各种价值观及人生观。这对中国文化特别是华语影视剧走出去是一个好消息。然而在这些现象背后，也不得不直面一个关乎影视剧制作者生存的问题——盗版。由于版权交易模式的差异，中国国产剧在包括越南在内的东南亚国家以"白菜价出口，一集不到两千块"，[①] 尽管如此，中国的这些影视剧在越南也很难有正规的电视台或代理商购买版权，盗版之风十分猖獗。《三生三世十里桃花》《微微一笑很倾城》在越南的唯一官方授权播出平台只有 *YouTube* 克顿传媒频道，而作为越南最大的视频播出平台 *ZingTV*，未经授权也擅自播出《三生三世十里桃花》。据说对于这种侵权行为，克顿传媒方面曾与 *ZingTV* 沟通，但"对方依然我行我素"。由于越南对知识产权保护的相关法律还不完善，尤其是针对国际版权交易更是缺乏法律监管，侵权成本的低廉甚至"零成本"带来的暴利，使得不少越南平台铤而走险，中国国剧的盗版、盗播行为现象层出不穷。这也是华语影视剧在越南大行其道的一个重要原因。另外，越南近年来网络技术的快速发展和网民数量的剧增也是华语影视剧在网上的点击率较高的推手，特别是智能手机的普及给广大网民选择观看网络影视剧提供了更便捷的途径。数据显示，"越南网络普及率高达 67%，94% 的人每天都上网，71% 的人每天都看视频"。[②]

另外，与在网络上对中国影视剧的热情不减的现象不同的是，越南通过电视台的渠道对中国影视剧的引入和播出有较大的变化。"据统计，越南 60 多家电视台 2000—2006 年共播出了中国电视剧 300 多

---

① 《独家调查：被国产剧"支配"的越南荧屏》，腾讯网，https：//ent. qq. com/a/20170410/034055. htm，2017 年 4 月 10 日。

② 《2018 越南网民数据报告》，百度文库，https：//wenku. baidu. com/view/b01fcc895122aaea998fcc22bcd126fff6055d55. html，2019 年 7 月 12 日。

部，这些电视台几乎涵盖了所有省级卫视。另据统计，中国电视剧占了越南每年向全世界引进的电视剧总量的40％，在越南中央电视台的引进剧中，中国电视剧更是占了57％……之后在2011年大量播放中国电视剧（越南中央三台在2011年重复播放19部中国电视剧），然后在2012年却大幅减少播放中国电视剧，到2014年形成低谷，只有6部……究其原因，主要是由于中越领土争端导致了越南直接限制了越南的电视台播放中国电视剧的数量"，① 但是从其他的角度来看，越南电视剧来源的日趋多元化和本土电视剧数量和质量的进一步提升也是中国电视剧在越南发展遇到瓶颈的主要原因。

三 华语影视剧在越南市场的发展趋势

通过对中资企业的越南员工对中国文化产品的消费情况进行具体调研，再到课题组对越南网络平台对华语影视剧的消费情况分析可以得知，由于中越两国上千年的密切往来所形成的相近的思想观念和价值观，使得越南民众非常容易接受甚至迷恋承载着中国文化的影视剧。华语影视剧在越南受追捧为中国文化输出打开了便捷之门，也为中越文化交流提供了更多的平台和渠道。但另一方面，由于法律监管缺失等问题，华语影视剧在越南没有得到相应的法律保护，盗版之风猖獗，相关平台低成本甚至零成本消费中国的影视产品，使影视剧制作人的权益受到损害。甚至一些制作粗糙、剧情毫无新意的影视剧也可以在越南获得很高的收视率，这也可能是因为消费成本太低。试想有朝一日相关法律健全了，监管严格了，华语影视剧是否还能在越南市场中占有一席之地，这是摆在中国影视人面前的一个问题。

但是，中越两国文化相近，民心相通。两国人民都有着追求真善美的思想境界，追求刚毅进取、自强不息的奋斗精神和安贫乐道的人生修养等处世观念和人生价值观，当下又有共建"一带一路"的各

---

① 陈红玉、刘健：《中国电视剧在越南传播研究》，《西南民族大学学报》（人文社会科学版）2018年第10期。

种举措，加强了中越两国相关领域的合作、促使制作出精良的文化产品。2019 年 7 月 12 日，由广西广播电视台与越南数字电视台共同主办的电视剧《红楼梦》（1987 版）越南语译制研讨会在越南河内举行，① 此举有望将 1987 年版《红楼梦》进行越南语译配，以改变过去越南观众看中国电视剧只能从头至尾听原声的局面，让越南观众重温经典，从而获得全新的视听体验。在中越两国共建全面战略合作伙伴关系的大环境下，相信通过各方的努力，包括电视剧在内的中国文化产品在激烈的市场竞争中仍能俘获越南消费者的芳心。

① 《电视剧〈红楼梦〉越南语译制研讨会在河内举办》，北部湾在线，http://www.bbrtv.com/2019/0714/485710.html，2019 年 7 月 14 日。

第 十 章

国内议题与对外关系

本章主要根据越南中资企业员工调查问卷所涉及的问题，包括国内议题、中国品牌、企业社会责任以及大国影响力四个模块，根据员工回答制成的图表进行分析。国内议题主要涉及的是接受访问的员工最近一次参加全国性大选的情况以及这些员工自其获得投票资格以来投票的频率，从而分析员工参与投票选举等参政议政活动的实际情况。中国品牌部分相关的问题主要包括是否知道本企业以外的中国品牌，以及员工印象最深的中国品牌，进而了解中国品牌在越南员工中的认知情况。企业社会责任模块主要是访问员工所在的越南中资企业开展援助的类别情况，以及员工希望企业进一步开展的援助有哪些，从而建议企业有针对性地履行社会责任，提升企业形象。大国影响力部分是本章关注的重点，主要是访问员工认为的目前以及未来十年亚洲地区最有影响力的国家，并对中美两国的影响力进行正负面评价。同时还就越南未来发展应借鉴的国家以及对越南援助最多的国家进行了调查访问。如接受访问的大部分员工认为中国在亚洲地区的影响力最大，且认为中国对越南有很大影响。对于美国，员工倾向于认为美国对越南有影响，但就影响的程度而言不及中国。同时受访员工对于中美在亚洲地区影响力的评价上，普遍持积极乐观的态度。在对未来十年哪个国家在亚洲影响力最大的访问中，绝大部分受访员工选择的是中国，由此可见中国的发展潜力得到了越南员工的普遍认可。关于越南未来发展需要学习借鉴的对象，排名第一的选择依然是中国，日本第二，但与中国的比例差距非常小，且以学历为划分标准，本科及以上的员工选择日本的比例甚至高于中国，可见日本的发展模式在越南的认可度还是非常高的。在选择援助越南最多的国家中，就总体分布而言，选择比例最高的是不清楚，其次是中国，再次是日美等国；而按学历划分，本科及以上学历员工选择日本作为最大援助国的比例最高，超过中国。

第一节　国内议题

自革新开放以来，越南经历了从传统模式社会主义向革新开放社会主义的转型过程。与这一转型过程相伴的不仅是经济体制的大转变，同时也意味着政治体制改革的真正开启。而在政治体制改革中，又尤以选举为改革的主攻方向。随着革新开放进程的起步，包括立法选举、基层自治组织选举和党内选举在内的越南选举制度改革也相继启动，越南的普选和差额选举从 1993 年第十届国会选举即开始。①2006 年，越南共产党在其十大上，就已经实现了总书记的差额选举；同年，越南加入世贸组织，国会议员实现了直选，国会甚至可以否决政府总理提出的关于建设河内—胡志明高铁的提案；2009 年，越南又实现了地方党委书记由党员直选的制度。由此可见，越南和越共选举的范围在不断扩大。

一　越南员工参与全国性选举活动的情况

本次问卷调研，也涉及了少部分关于越南国内政治的内容，具体而言就是越南员工参与全国性大选的状况。通过调研数据了解越南员工关于选举投票的实际情况，换言之，通过定量化分析从一个侧面更

① 刘旭东：《越南选举制度改革：历程、特征与展望》，《东南亚研究》2016 年第 1 期。

加客观理性地看待员工参与全国性大选的程度及其态度。就越南员工参与越南全国性大选的情况而言，在问卷中具体体现为问题"最近一次全国大选，您投票了吗"，回答选项为"是""否"。如表 10 - 1 所示，在 1007 个有效样本中，按性别划分的员工参与最近一次全国大选状况来看，无论男女，参与投票的比例均超过五成，其中男性员工参与投票的比例为 55.32%，女性员工相应的比例为 56.19%。未参与投票的男性比例为 44.68%，女性员工稍低一点，为 43.81%。由此可见，性别因素在参与全国性大选方面并不存在明显的差异，参与投票的男女性员工均超过了半数，说明员工对选举具有一定的参与度，但仍存在很大的发展空间，因为未参与投票的男女性员工仍超过了四成。

表 10 - 1　　　　　　　　按性别划分的越南员工参与最近
一次全国大选状况（$N = 1007$）　　　　　　（单位:%）

性别	参与投票	未参与投票
男	55.32	44.68
女	56.19	43.81
合计	55.91	44.09

就按受教育程度划分的越南员工参与最近一次全国大选状况而言，如表 10 - 2 所示，在 998 个有效样本中，未受过教育的员工参与投票的比例非常高，一方面说明未受教育的员工也有了参与选举的意识，并在实际大选中有所参与。但另一方面也要注意到，可能未受过教育的员工样本量有限，导致极少数就代表了全部，与实际参与投票比例存在较大差异。小学学历和中学学历的员工参与投票的比例都在五成左右，其中小学学历的员工参与投票的比例为 54.55%，中学学历的员工参与投票的比例为 49.01%，本科及以上学历的员工参与投票的比例为 71.02%，这说明对于教育程度高的员工，相对而言其对政治的热情和参与程度也较高，愿意采取投票的方式表达自身的政治意愿。

表 10 - 2　　　　　　　　　　按受教育程度划分的越南员工参与
最近一次全国大选状况（*N* = 998）　　　　（单位:%）

最高学历	参与投票	未参与投票
未受过教育	100.00	0.00
小学学历	54.55	45.45
中学学历	49.01	50.99
本科及以上	71.02	28.98
合计	56.21	43.79

如表 10 - 3 所示，在 1007 个有效样本中，从按族群划分的越南员工参与最近一次全国性大选状况来看，参与投票比例最高的是芒族，为 66.67%；其次是京族，参与投票的比例为 56.48%；而岱依族和其他族群参与投票的比例也都达到了五成（50.00%）；泰族参与投票的比例在已知的几个族群中最低，为 36.36%。由此可见，对于全国性选举，各族群员工都有一定的参与度，但参与投票的比例还存在一定差距，因此政府有必要在泰族等族群内加强对于选举相关问题的宣传，从而提高选民对选举性质意义的认知，提高少数族群的参与度。

表 10 - 3　　　　　　　　按族群划分的越南员工参与
最近一次全国大选状况（*N* = 1007）　　　　（单位:%）

族群	参与投票	未参与投票
京族	56.48	43.52
岱依族	50.00	50.00
泰族	36.36	63.64
芒族	66.67	33.33
其他族	50.00	50.00
合计	55.91	44.09

从按月收入划分的越南员工参与最近一次全国大选的状况来看，如表 10 - 4 所示，在 933 个有效样本中，个人月收入与参与投票的情

况并没有呈现出线性正相关的关系。但高收入的员工参与投票的比例更高，如个人月收入为910万—2300万越南盾的员工参与投票的比例超过六成（63.64%），说明这部分收入的员工对于参与投票选举实现自身政治权利有较高的自觉和认知。其次是月收入为500万—590万越南盾的员工参与投票的比例，为61.07%，高于月收入为600万—700万越南盾的员工参与投票的比例（50.80%）以及月收入为710万—900万越南盾的员工参与投票的比例（54.42%）。因此，从按个人月收入划分的员工参与最近一次全国大选状况来看，无论处于哪个收入阶段，员工参与全国性大选的比例都超过了五成，这在一定程度上说明大部分员工的政治参与度较高。

表 10 – 4　　　　　　　　　按月收入划分的越南员工参与最近

一次全国大选状况（N = 933）　（单位：百万越南盾、%）

个人月收入	参与投票	未参与投票
3—4.9	51.30	48.70
5—5.9	61.07	38.93
6—7	50.80	49.20
7.1—9	54.42	45.58
9.1—23	63.64	36.36
合计	55.63	44.37

二 自获得投票资格以来越南员工的投票频率

调查问卷不仅关注了越南员工最近一次参与全国性大选的情况，同时还涉及员工获得投票资格以来的投票频率，从而可以从更长时间段、更为全面地了解员工参与投票的实际情况。在问卷中具体体现为问题"自从您获得投票资格以来，您是每次选举都参与投票、参与了大多数投票还是几乎不去投票"，回答的选项有"每次都投票""参加多数投票""参与部分投票""几乎没参与投票""以上均不是"。

如表 10 – 5 所示，在 1010 个有效样本中，从按性别划分的越南员工获得投票资格以来的投票频率来看，男性每次都投票的比例超过四成（40.12%），参与多数投票的比例为17.63%，参与部分投票的比例为两成（20.06%），几乎没参与投票的比例为两成（20.97%）。说明参与投票频率较高（每次都投票与参与多数投票频率之和）的男性超过五成（57.75%）。由此可见，男性员工参与投票的频率较高。女性员工在各项投票频率的比例上，与男性员工的总体差距并不明显，女性员工每次都投票的比例也超过四成（40.38%），参与多数投票的女性比例稍低于男性为15.86%，女性员工参与部分投票的比例（20.12%）与男性员工几乎一样，女性员工几乎没参与投票的比例（22.03%）略高于男性员工相应的比例。女性员工投票频率较高的比例（每次都投票与参与多数投票频率之和）同样超过了五成（56.24%）。说明自获得投票资格以来，男女性员工在投票频率上并无多大的差异，投票频率较高的比例均超过了五成。

表 10 – 5 　按性别划分的员工获得投票资格以来的投票频率（*N* = 1010）　　（单位：%）

性别	每次都投票	参加多数投票	参与部分投票	几乎没参与投票	以上均不是
男	40.12	17.63	20.06	20.97	1.22
女	40.38	15.86	20.12	22.03	1.62
合计	40.30	16.44	20.10	21.68	1.49

从按受教育程度划分的越南员工获得投票资格以来的投票频率来看，如表10 – 6所示，在1001个有效样本中，每次都参与投票的比例中，本科及以上学历的员工比例最高，超过四成（47.60%），其次是小学学历的员工，比例为四成（40.91%）。从参与多数投票的比例来看，未受过教育的员工占比最高，超过六成（66.67%），而其余学历员工参与多数投票的比例均不超过两成。在几乎没参与投票的选项中，占比最高的是中学学历员工，比例为24.59%。在参与投票频率较高（每次都投票与参加多数投票频率之和）的学历中，本科及以上学历员工比例超过六成（62.94%）；小学学历以及中学学

历员工也均超过了五成，比例分别为 54.55% 和 54.30%。说明本科及以上学历的越南员工大部分经常性参与选举投票，小学和中学学历的员工参与投票的频率也相对较高。

表 10－6 按受教育程度划分的越南员工获得投票
资格以来的投票频率 （ N ＝1001 ） （单位:%）

最高学历	每次都投票	参加多数投票	参与部分投票	几乎没参与投票	以上均不是
未受过教育	33.33	66.67	0.00	0.00	0.00
小学学历	40.91	13.64	22.73	22.73	0.00
中学学历	37.41	16.89	19.46	24.59	1.66
本科及以上	47.60	15.34	21.73	14.06	1.28
合计	40.66	16.48	20.18	21.18	1.50

如表 10－7 所示，在 1010 个有效样本中，从按族群划分的越南员工获得投票资格以来的投票频率来看，每次都参与投票比例最高的是芒族，达到五成（50.00%），其次是岱依族（42.86%），京族（40.63%），均超过了四成；泰族相较以上族群而言偏低，比例为 27.27%。就参与多数投票的比例而言，除了泰族（27.27%）外，在已知的几个族群中，比例都未超过两成，其中京族参与多数投票的比例为 16.27%，芒族参与多数投票的比例为 16.67%，岱依族参与多数投票的比例为 10.71%。参与部分投票的比例依次为，岱依族 28.57%，京族 20.15%，芒族 16.67%，泰族 9.09%。而在几乎没参与投票的比例中，泰族的比例最高，占比超过三成（36.36%），其他已知族群都在两成左右，其中京族 21.34%，岱依族 17.86%，芒族 16.67%。总体而言，从投票频率较高的比例（每次都投票与参加多数投票比例之和）来看，最高的是芒族，比例为 66.67%，其次是京族（56.90%），泰族（54.54%），岱依族（53.57%），这说明各族群投票频率相对较高，都超过了五成。

表 10 - 7　　　　　　　　　按族群划分的越南员工获得投票
资格以来的投票频率（N = 1010）　　　　　　（单位:%）

族群	每次都投票	参加多数投票	参与部分投票	几乎没参与投票	以上均不是
京族	40.63	16.27	20.15	21.34	1.62
岱依族	42.86	10.71	28.57	17.86	0.00
泰族	27.27	27.27	9.09	36.36	0.00
芒族	50.00	16.67	16.67	16.67	0.00
其他族	32.43	21.62	16.22	29.73	0.00
合计	40.30	16.44	20.10	21.68	1.49

从按月收入划分的越南员工获得投票资格以来的投票频率来看，如表 10 - 8 所示，在 937 个有效样本中，每次都投票的选项中，比例最高的是月收入为 500 万—590 万越南盾的员工，占比 45.64%，月收入为 910 万—2300 万越南盾的员工比例紧随其后，为 43.64%，月收入为 600 万—700 万越南盾的员工比例为 41.83%，月收入为 300 万—490 万越南盾的员工以及月收入为 710 万—900 万越南盾的员工每次都投票的比例均为 33.33%。参加多数投票比例最高的是月收入为 300 万—490 万越南盾的员工，占比 25.64%，其余月收入员工选择该项的比例均未超过两成。由此可知，就投票频率较高的比例（每次都投票与参加多数投票比例之和）而言，月收入为 300 万—490 万越南盾的员工比例接近六成（58.97%），月收入为 500 万—590 万越南盾的员工比例同样也接近六成（57.72%），而月收入为 600 万—700 万越南盾的员工比例为 57.77%，月收入为 710 万—900 万越南盾的员工以及月收入为 910 万—2300 万越南盾的员工比例分别为接近五成（49.07%）、六成（59.40%）。因此，按月收入划分来看员工获得投票资格以来的投票频率，不同月收入的员工，投票频率较高的比例差异并不显著，除了月收入为 710 万—900 万越南盾的员工比例接近五成（49.07%）外，其余基本都接近六成，说明个人月收入并不会直接影响投票频率。

表10-8　　　　　　　按月收入划分的越南员工获得
投票资格以来的投票频率 (N = 937)

(单位：百万越南盾、%)

个人月收入	每次都投票	参加多数投票	参与部分投票	几乎没参与投票	以上均不是
3—4.9	33.33	25.64	15.38	24.36	1.28
5—5.9	45.64	12.08	18.79	21.48	2.01
6—7	41.83	15.94	15.94	25.50	0.80
7.1—9	33.33	15.74	27.78	21.76	1.39
9.1—23	43.64	15.76	23.03	16.97	0.61
合计	39.38	16.86	20.28	22.31	1.17

第二节　中国品牌

越南员工对品牌的选择实际上包含了对品牌的认可、喜爱和信任等重要的无形资产。而中国品牌关乎中国企业的形象，进而关系到中国在越南的声誉、地位、国家形象和软实力。因此，明确员工对于中国品牌的认知非常有必要。通过了解员工整体上对中国品牌的认知程度以及中国哪些品牌在员工中具有较高的知名度，为今后在越南发展中国品牌提供参考价值。

一　越南员工对中国品牌的认知

这部分具体在问卷中体现的问题为"除了本公司的产品（如有）之外，您是否知道中国其他的产品品牌"，回答选项包括"是""否"。如图10-1所示，在995个有效样本中，可以看到按性别划分的员工对本企业以外的中国品牌的认知状况为：超过七成（75.68%）的男性员工知道中国的其他产品品牌，知道本企业以外的中国品牌的女性员工比例超过六成（66.52%），说明中国品牌在越南员工中有相当高的认知度，而男性员工相较女性员工，对中国品牌的认知度更高。

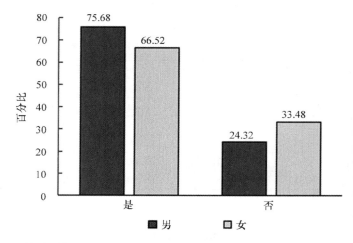

图 10 - 1　按性别划分的越南员工对本企业外的中国品牌的认知状况 （N = 995）

如图 10 - 2 所示，在 986 个有效样本中，从按受教育程度划分的越南员工对本企业外的中国品牌的认知状况来看，对中国品牌认知度最高的为本科及以上学历员工，比例接近九成（88.71%），说明中

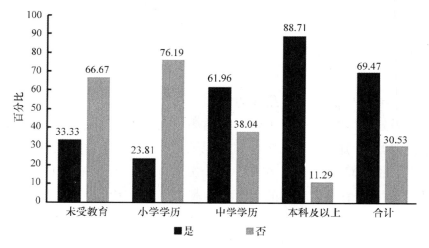

**图 10 - 2　按受教育程度划分的越南员工对本企业外的中国
品牌的认知状况 （N = 986）**

国品牌在知识层次较高的员工中具有非常高的认知度。中学学历员工知道本企业外的中国品牌的比例居第二，为六成（61.96%），未受教育的员工知道本企业外的中国品牌的比例（33.33%）高于小学学历的员工比例（23.81%）。说明学历越高对于中国品牌的认知度相应较高，而中国品牌在一定程度上已扩散到较低知识层次的员工中，但同时深入的程度还远远不够。因此，中资企业应该加大在越南普通民众中的宣传力度，努力在越南普通民众中树立良好的品牌形象。

如图 10 - 3 所示，在 995 个有效样本中，从按管理人员与非管理人员划分的对本企业外的中国品牌的认知状况来看，管理人员知道中国品牌的比例超过八成（80.32%），非管理人员知道中国品牌的比例也将近七成（67.04%）。这表明中国品牌在员工中确实有较高的认知度，但管理人员的认知度相对而言要高于非管理人员，因此，越南中资企业可进一步采取措施提高中国品牌在普通员工中的认知度。

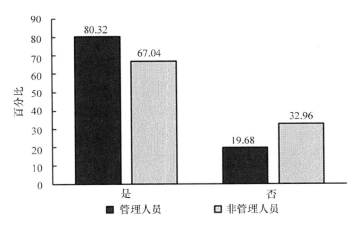

图 10 - 3　管理人员与非管理人员对本企业外的中国品牌的认知状况（N = 995）

上网频率在一定程度上可以反映员工通过互联网接触外界信息的情况。按上网频率划分的员工对本企业外的中国品牌的认知状况来看，如表 10 - 9 所示，在 992 个有效样本中，除了少数数据存在一定的偏差，大体而言上网频率与对中国品牌的认知度呈正相关的关系，即上网频率越高对中国品牌的认知度越高。上网频率为一周至少一次的员工知道中国品牌的比例为80%，而上网频率为一年几次的员工知道中国品牌的比例为0，这两个数据比较特殊，很可能是因为这两个频率的员工样本量极少，出现极少数的员工就代表了整体的情况，导致数据出现偏差。因此也可以看出，通过网络宣传品牌是一种很好的途径，也有一定的效果，但对于上网频率较低的员工而言，网络宣传意义就不是特别明显。因此，中资企业在越南本地的品牌推广方式需因地制宜，以便达到更好的宣传效果。

表 10-9　　　　　按上网频率划分的越南员工对本企业外
的中国品牌的认知状况（N = 992）　　　　　　（单位：%）

上网频率	是	否
一天几个小时	75.63	24.37
一天半小时到一小时	59.87	40.13
一天至少一次	60.00	40.00
一周至少一次	80.00	20.00
一个月至少一次	33.33	66.67
一年几次	0.00	100.00
几乎不	19.05	80.95
从不	17.24	82.76
合计	69.66	30.34

二　越南员工印象最深的中国品牌

在各个层面了解员工对中国品牌的认知程度之后，进一步深入了解了越南员工具体对中国的哪些产品品牌有更高的认知度。这在问卷中体现为填空题"请列举3个中国品牌"。以下图表根据受访者回答的第一个中国品牌的比例制作而成。由图10-4可知，在335个有效样本中，男性员工选择其他品牌的比例超过三成（30.75%），选择华为的比例为两成（20.90%），接着是小米为一成（11.94%），选择OPPO的比例为8.96%，选择VIVO的比例为1.76%。这些数据说明中国手机品牌在员工中有较高的认知度，总比例（华为、小米、OPPO、VIVO 比例之和）超过四成（43.59%），这其中又尤以华为最为突出。而选择其他品牌的比例也相对较高，说明手机以外的其他品牌在员工中也有一定的知名度，但总体而言占比不及图中列出的手机品牌。而如图 10 - 5 所示，在 690 个有效样本中，在女性员工印象最深的中国品牌中，选择未回答的比例最高，超过三成（35.80%），选择华为的比例不到两成（18.26%），选择 OPPO 比例接近一成（9.71%），选择小米比例为 6.52%，选择 VIVO 比例为 2.61%。总体而言，男女性员工印象最深的中国品牌占比较大的为华为、小米、OPPO 和 VIVO，其他诸多中国品牌也有涉及，但单个品牌所占比例并未超过上述四种品牌。同时，男性员工未回答的比例超过两成（25.67%），女性员工未回答的比例超过三成（35.80%），说明中国品牌在越南发展仍有很大的拓展空间。

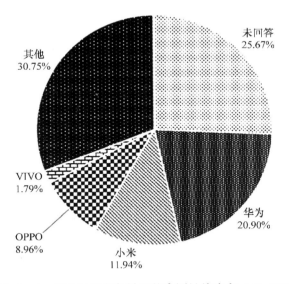

图 10 - 4　男性员工印象最深的中国品牌分布（N = 335）

而从按上网频率划分的越南员工印象最深的中国品牌分布来看，如表 10 - 10 所示，在 1022 个有效样本中，在上网频率为一天几个小

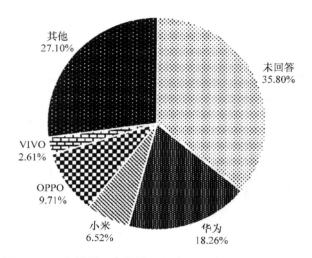

图 10 - 5 女性员工印象最深的中国品牌分布（*N* = 690）

时的员工中，选择其他品牌的比例为三成（30.28%），未回答的比例超过两成（25.56%），其余的选项按照比例分布，依次为华为超过两成（22.02%），OPPO 一成左右（10.48%），小米的比例为9.31%，VIVO 的比例为2.36%。在上网频率为一天半小时到一小时的员工中，未回答的员工最多，占比超过四成（43.83%），选择其他品牌的比例为26.54%，选择华为、OPPO、小米和 VIVO 的比例分别为9.88%、9.88%、6.79%、3.09%。而在上网频率为一天至少一次的员工中，未回答的比例更高，为五成（50.00%），其次为华为27.78%，其他13.89%，小米8.33%。其中未回答存在两种可能的情况，一种是知道中国品牌但说不出具体品牌名字，另一种是确实不知道中国品牌。无论哪种，都反映出中国品牌在员工中有一定的认知度，但仍存在很大的发展空间。选择"其他"选项的比例相对较大，说明中国有很多品牌在员工中有一定的认知度，但比较分散，未能在员工中形成很强大的品牌效应。员工对华为的认知度相对较高，对小米、OPPO 和 VIVO 也有一定的认知度，但不及华为。由此可见，中国品牌宣传可能在很大程度上依赖于网络宣传，这使得上网频率较低的员工对中国具体品牌的认知度相对较低。

表 10 - 10　　　　按上网频率划分的越南员工印象
最深的中国品牌分布（N = 1022）　　（单位:%）

上网频率	未回答	华为	小米	OPPO	VIVO	其他
一天几个小时	25.56	22.02	9.31	10.48	2.36	30.28
一天半小时到一小时	43.83	9.88	6.79	9.88	3.09	26.54
一天至少一次	50.00	27.78	8.33	0.00	0.00	13.89
一周至少一次	20.00	20.00	0.00	0.00	0.00	60.00
一个月至少一次	66.67	0.00	0.00	0.00	0.00	33.33
一年几次	100.00	0.00	0.00	0.00	0.00	0.00
几乎不	82.61	0.00	0.00	0.00	4.35	13.04
从不	82.76	0.00	0.00	3.45	0.00	13.79
合计	32.39	19.08	8.32	9.49	2.35	28.38

第三节　企业社会责任

　　企业社会责任不仅已经成为社会和市场评价企业的重要标准，也是提升企业形象的必由途径。经常参与社会责任事业的企业，相比而言更具知名度，更易获得人们的好感。企业承担社会责任可以获得更多的品牌忠诚度，从事公益慈善会使企业拥有良好的社会效应，树立良好的企业形象，提高核心竞争力。同时，长期来看，企业社会责任有利于企业经济绩效的提高。因为企业社会责任与企业形象密切相关，而企业形象作为企业的一种表现形式，在市场经济时代，其作用日益重要，企业的发展离不开良好的企业形象。良好的企业形象是企业生存和发展的根本，具有良好形象的企业，消费者更愿意购买该企业的产品或接受其提供的服务。[1]

---

　　[1]　顾文忠：《企业社会责任对我国对外贸易的影响》，博士学位论文，南开大学，2012 年。

一 越南员工对中资企业履行社会责任情况的认知

为了解越南员工对中资企业履行社会责任的认知情况，调查问卷就各种类别的援助项目具体开展情况对员工进行了访问。如表 10 – 11 所示，在 1025 个有效样本中，就援助项目来看，员工认为开展援助的比例最高的是文体交流活动，比例超过六成（67.02%），其次是以钱或实物形式进行公益慈善捐赠，比例接近六成（59.47%），再次是履行卫生援助，比例为五成左右（51.56%），接着是开展培训项目，比例超过四成（42.54%），通过提供文化体育设施展开援助的比例为四成（40.29%）。其余类别的援助项目选择"有"的比例均不超过四成，最低的为援助修建寺院，比例为 14.54%。在"不清楚"的选项中，比例最高的是水利设施的援助，将近四成（39.61%），而不清楚是否开展教育援助、基础设施援助以及修建寺院、电力设施以及社会服务设施援助的比例也都超过了三成。说明中资企业在越南开展文化交流活动援助的认可度相当高，同时更多是以捐钱捐物的方式进行公益慈善活动。相对而言，中资企业比较关注卫生方面的援助，具体的培训项目也多有涉及。但就修建寺院、水利设施、电力设施以及其他基础设施和社会服务设施援助而言，员工认为企业没有开展援助的比例也相对较高。

表 10 – 11　　　　　　越南员工对企业在本地开展援助

项目类型的认知状况（N = 1025） （单位：%）

援助项目类别	有	没有	不清楚	合计
教育援助	32.39	34.15	33.46	100.00
培训项目	42.54	33.76	23.70	100.00
卫生援助	51.56	24.71	23.73	100.00
基础设施援助	34.83	31.22	33.95	100.00
修建寺院	14.54	47.41	38.05	100.00
水利设施	22.24	38.15	39.61	100.00
电力设施	29.66	32.68	37.66	100.00
文化体育设施	40.29	30.54	29.17	100.00
文体交流活动	67.02	17.17	15.80	100.00

援助项目类别	有	没有	不清楚	合计
社会服务设施	30.83	33.76	35.41	100.00
以钱或实物形式进行公益慈善捐赠	59.47	14.94	25.59	100.00

二 越南员工最希望中资企业开展的援助

为深入了解中资企业履行社会责任情况，调查问卷中还涉及越南员工希望企业开展的援助项目类别的访问。如图 10 - 6 所示，在 1003 个有效样本中，员工希望越南中资企业开展现金捐赠的比例最高，为两成（20.44%）；其次是实物捐赠（16.95%），选择卫生援助和基础设施援助的比例均为 13.66%。由此可见，在员工最希望企业开展的具体援助中，企业进行公益慈善捐赠和卫生援助是做得相对很好的，既符合员工希望的援助需求，同时也是企业已经履行并被员工高度认可的。因此，在这两个方面的援助应继续保持。而就社会服务设施和基础设施援助而言，从表 10 - 11 可知，此两项是三成左右（分别为 33.76%、31.22%）员工认为企业没有做，但又非常希望企业开展援助的类别，占 23.93%（见图 10 - 6）。因此，今后企业应该加

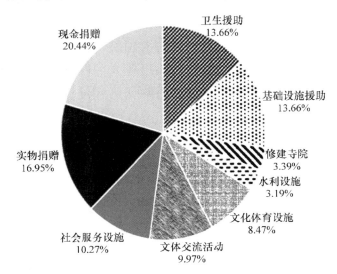

图 10 - 6 员工最希望本企业在本地开展的援助类型分布（N = 1003）

强在这两方面的援助。至于文体交流活动和文化体育设施，企业在这两方面的援助已经获得较高的认知度，今后可以根据实际需求酌情维持这两方面的援助，并在员工最希望的援助类别中投入更多的资源。同时也应当加强对当地的电力设施、水利设施的援助。

第四节　大国影响力

越南通过改善和加强与中美日等国的关系，为自身的革新开放进程创造了有力的外部环境，并且因此获得了各种形式的援助与支持。基于越南自身的核心和重要利益，越南与美国的双边关系存在局限性，美国仍旧是越南社会主义制度和越共执政地位的最大威胁，而中国在这方面却是越南最强有力的伙伴。但在经济方面，越南与美日等国的关系势必还会加强，这既是越南自身发展的需要，也是其平衡对中国依赖的需要。而在领土安全问题上，南海问题仍将是中越双边关系的最大障碍，同时也是越南发展与美日等国关系的重要推手。印越双边关系则仍然有很大的发展潜力和空间。总体而言，越南对中美日印等国都存在加强合作的需求。本节主要基于对图表数据的描述性分析，从实证的角度了解越南员工对各大国影响力及其对越南产生影响的态度。换言之，从员工层面上反映出各大国在越南输出实力的具体效果，感知当前越南对各大国影响力的认可程度以及对这些国家未来在越南发展的预期。

一　大国在亚洲地区的影响力

（一）当前亚洲最有影响力的国家

对于在亚洲最有影响力的国家的评价，在问卷中具体体现为问题"在亚洲哪个国家的影响最大"，其回答选项包括"中国""日本""美国""印度"和"其他"。如表10－12所示，在823个有效样本中，从性别划分的员工来看，将近七成（69.89%）的男性员工认为中国在亚洲的影响力最大，近两成（19.33%）的男性员工认为美国在亚洲影响力最大，认为日本在亚洲的影响力最大的比例则不到一成（7.81%）。而女性员工认为在亚洲影响力最大的国家排序分别为中国、美国、日本、其他和印度，其比例分别为64.44%、18.59%、11.91%、4.33%以及0.72%。由此可见，在大体分布上，男女差异性不大，均认为中国在亚洲的影响力最大，美国次之，日本排第三。但对日本在亚洲影响力最大的评价方面，女性选择的比例则超过男性。男女性员工均认为印度在亚洲的影响力很小。以上说明大部分员工认为中国在亚洲的影响力最大，这可能是出于地缘邻近性的原因，使得越南更容易感受到中国的影响力。

表 10－12 　　　　　　　　按性别划分的越南员工认为哪个
国家在亚洲的影响力最大 （N = 823） 　　　　　　（单位：%）

性别	中国	日本	美国	印度	其他
男	69.89	7.81	19.33	0.74	2.23
女	64.44	11.91	18.59	0.72	4.33
合计	66.22	10.57	18.83	0.73	3.65

按年龄组划分的越南员工来看，如表10－13所示，在823个有效样本中，越南年轻员工相较更年长的员工更为认可美国在亚洲的影响力。而年龄越大的员工，认为中国在亚洲影响力最大的比例越高，36岁及以上的员工有将近七成（69.34%）认为中国在亚洲的影响力最大。而对美国的认知则恰恰相反，即年龄越小的员工，认为美国在亚洲的影响力最大的比例越大，17—25岁的员工认为美国在亚洲影响力最大的比例超过两成（21.89%），是36岁及以上的员工认为美国在亚洲影响力最大的比例（10.95%）的两倍左右。就总体分布而言，按年龄段划分的员工认为哪个国家在亚洲影响力最大的排序依然是中国、美国、日本、其他和印度。只有在36岁及以上年龄段的员工认为日本在亚洲的影响力低于中国但高于美国。同时，在员工看来，印度在亚洲地区的影响力仍然很小。由此可知，随着越南革新开

放程度的提高，开放性、多元性更强，越南年青一代对美国在亚洲地区的影响力有了更强的认知，但与中国仍存在一定的差距。

表 10 – 13 　　　　　按年龄组划分的越南员工认为哪个
国家在亚洲的影响力最大（N = 823）　　　（单位:%）

年龄组	中国	日本	美国	印度	其他
17—25 岁	62.26	11.32	21.89	0.75	3.77
26—35 岁	67.70	8.55	19.48	0.95	3.33
36 岁及以上	69.34	15.33	10.95	0.00	4.38
合计	66.22	10.57	18.83	0.73	3.65

从按受教育程度划分的越南员工来看，如表 10 – 14 所示，在 816 个有效样本中，基本态势是倾向于在中美两国之间进行选择。其中本科及以上学历的员工认为中国在亚洲影响力最大的比例最高，超过六成（67.16%），该学历层次选择美国的比例不到两成（18.45%），选择日本的比例为一成（10.70%），选择其他国家的比例为 2.95%，选择印度的比例为 0.74%。与中学学历的员工选择相比较，比例上和排名上差别都不大。未受过教育和小学学历的员工选择基本呈中美两极分化的态势，这可能是处于该学历阶段样本量有限造成的，但总体判断依然是中国在亚洲的影响力大于美国。由此可见，学历层次相对高的员工同样认为中国在亚洲地区的影响力最大，这与按性别和年龄段划分的选择结果较为一致。

表 10 – 14 　　　　　按受教育程度划分的越南员工认为哪个
国家在亚洲的影响力最大（N = 816）　　　（单位:%）

受教育程度	中国	日本	美国	印度	其他
未受过教育	66.67	0.00	33.33	0.00	0.00
小学学历	50.00	0.00	40.00	0.00	10.00
中学学历	65.79	10.90	18.61	0.75	3.95
本科及以上	67.16	10.70	18.45	0.74	2.95
合计	66.05	10.66	18.87	0.74	3.68

从按族群划分的越南员工来看，如表 10 - 15 所示，在 822 个有效样本中，主要还是认为中国在亚洲的影响力最大，不管哪一族群，选择中国的比例都是最多的，其次是美国和日本。美日两国在不同族群员工的选择中，排名有所不同，如岱依族和泰族均选择日本影响力最大的比例次于中国但高于美国，而印度除了有部分京族员工选择以外，其他族群都没有涉及印度。岱依族和泰族认为中国在亚洲的影响力最大的比例都超过了七成，这两个族群选择日本在亚洲影响力最大的比例超过其他族群，说明岱依族和泰族对日本的影响力较为认可。而芒族、京族和其他族群则选择美国在亚洲影响力的比例高于日本。

表 10 - 15　　　　　　按族群划分的越南员工认为哪个国家
在亚洲的影响力最大（N = 822）　　　　　（单位：%）

族群	中国	日本	美国	印度	其他
京族	66.15	10.51	18.85	0.77	3.72
岱依族	70.59	17.65	11.76	0.00	0.00
泰族	75.00	25.00	0.00	0.00	0.00
芒族	50.00	0.00	50.00	0.00	0.00
其他族	64.71	5.88	23.53	0.00	5.88
合计	66.18	10.58	18.86	0.73	3.65

从按在受访企业工作时长划分的越南员工来看，如表 10 - 16 所示，在 823 个有效样本中，无论是工作时长少于一年还是一年及以上的员工，普遍认为中国在亚洲的影响力最大，且比例均已超过六成，其中最高的是在受访企业工作四年的员工，比例高达七成（74.00%）。认为美国在亚洲的影响力最大的比例普遍位于两成左右，但在受访企业工作四年、五年及六年以上的员工比例略微降低到 15% 左右，而这几个工作时长的员工选择中国在亚洲影响力最大的比例很高。说明在这一段工作时长内，中资企业自身在提高员工的认可度上做得相对较好，从而相应地使员工提高了对中国影响力的认可。认为日本在亚洲影响力最大的比例主要在一成左右，但在本企业工作

三年和四年的员工选择日本的比例分别降低为 7.22% 和 4.00%，而工作六年及六年以上的员工选择的比例又升高为 20.00% 左右。在越南中资企业工作六年及以上的员工认为美日在亚洲地区的影响力最大的比例增大，可能是工作时间越长的员工，逐渐认识到中资企业发展存在的不足之处，从而影响其对中国发展及其影响力的认可度，使其转而更倾向于选择美日。

表 10 - 16　　　　　　按在本企业工作时长划分的越南员工认为
哪个国家在亚洲的影响力最大 （N = 823）　　（单位：%）

工作时长	中国	日本	美国	印度	其他
少于一年	62.18	12.18	19.75	0.84	5.04
一年	69.12	10.60	17.97	0.46	1.84
两年	65.82	10.13	18.99	0.63	4.43
三年	67.01	7.22	21.65	1.03	3.09
四年	74.00	4.00	16.00	0.00	6.00
五年	70.37	11.11	14.81	3.70	0.00
六年	60.00	20.00	20.00	0.00	0.00
六年以上	61.29	19.35	16.13	0.00	3.23
合计	66.22	10.57	18.83	0.73	3.65

从按工作中是否使用电脑划分的越南员工来看，如图 10 - 7 所示，在 823 个有效样本中，工作中使用电脑的员工认为中国在亚洲影响力最大的比例超过六成（67.31%），其次是美国，接近两成（18.92%），再次是日本，将近一成（9.68%）。而使用电脑的员工选择印度的比例不超过 1%，仍然是低于选择"其他"选项的员工比例。未使用电脑的员工认为中国在亚洲的影响力最大的比例最高，超过六成（64.80%），认为美国在亚洲的影响力最大的比例同样不超过两成（18.72%），但认为日本在亚洲的影响力最大的比例超过一成（11.73%），高于在工作中使用电脑的员工。因此，可以从侧面说明日本在普通员工的认知或者实际生活中有一定的影响力，但总体而言，无论工作中是否使用电脑，认为中国在亚洲的影响力最大的比

例始终最高，其次是美国、日本，认为印度在亚洲地区影响力最大的比例极小。

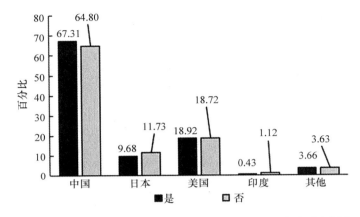

图 10 - 7 按工作中是否使用电脑划分的越南员工认为哪个国家在亚洲的影响力最大（N = 823）

从按去过其他国家外资企业工作划分的越南员工来看，如图 10 - 8 所示，在 153 个有效样本中，只有去过美国和印度企业的员工认为美国在亚洲的影响力最大的比例超过认为中国在亚洲的影响力最大的比例，但这部分比例过于集中，可能是样本量较小导致的。同时，去过美国企业的员工认为日本在亚洲的影响力最大的比例与认为美国在亚洲的影响力最大的比例相同，都为四成（40.00%），认为中国在亚洲的影响力最大的比例占两成（20.00%）。而去过印度企业的员工则全部都认为美国在亚洲的影响力最大，同去过欧盟企业的员工全部认为中国在亚洲的影响力最大一样。去过日韩企业的员工普遍认为中国在亚洲的影响力最大，均超过六成，其次是美国和日本。相较而言，与上述按照其他标准划分的员工认为亚洲影响力最大国家的排序和比例大致相同。

从按家庭是否上网划分的越南员工来看，如图 10 - 9 所示，在 823 个有效样本中，家庭能上网的员工选择中国在亚洲的影响力最大的比例最高，超过六成（66.49%），其次是美国，接近两成

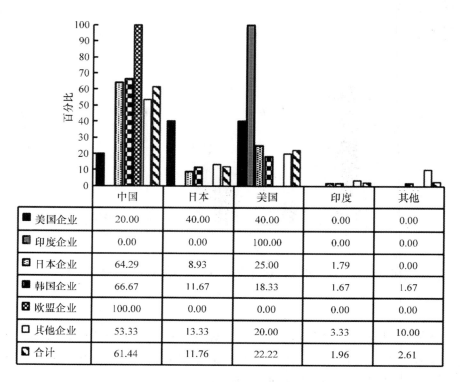

	中国	日本	美国	印度	其他
■ 美国企业	20.00	40.00	40.00	0.00	0.00
▣ 印度企业	0.00	0.00	100.00	0.00	0.00
⊞ 日本企业	64.29	8.93	25.00	1.79	0.00
▰ 韩国企业	66.67	11.67	18.33	1.67	1.67
▨ 欧盟企业	100.00	0.00	0.00	0.00	0.00
☐ 其他企业	53.33	13.33	20.00	3.33	10.00
◩ 合计	61.44	11.76	22.22	1.96	2.61

图 10 – 8　按去过他国外资企业工作划分的越南员工认为哪国
在亚洲的影响力最大（N = 153）

（18.96%），而选择日本的只有一成左右（10.39%），选择印度的不到1%。因此，可以看出家庭已上网的员工同样还是认为中国在亚洲的影响力最大。家庭未上网的员工中选择中国的比例最高，占比六成左右（62.26%），选择美国的居于其后，比例为16.98%。相较而言，家庭未上网的员工选择日本的比例比家庭已上网的员工选择日本的比例稍高，比例为13.21%。说明员工在没有通过家庭网络接收互联网信息的情况下，日本的影响力仍深入到他们当中。家庭没有上网的员工中没有选择印度的。由此可见，按员工家庭是否上网的状况来看，选择在亚洲地区影响力最大国家的排名都为中国、美国、日本。

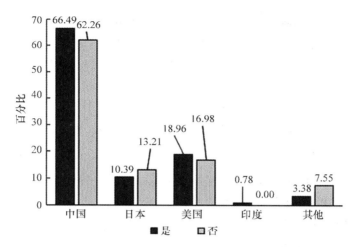

图 10 - 9　按家庭是否上网划分的越南员工认为哪个
国家在亚洲的影响力最大（N = 823）

从按手机是否上网划分的越南员工来看，如图 10 - 10 所示，在

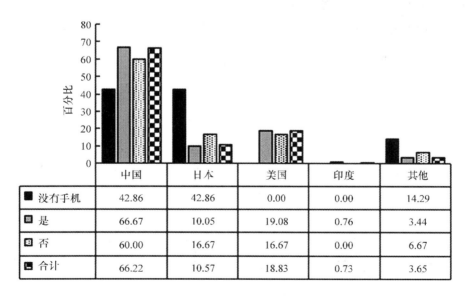

	中国	日本	美国	印度	其他
■ 没有手机	42.86	42.86	0.00	0.00	14.29
▨ 是	66.67	10.05	19.08	0.76	3.44
▩ 否	60.00	16.67	16.67	0.00	6.67
▦ 合计	66.22	10.57	18.83	0.73	3.65

图 10 - 10　按手机是否上网划分的越南员工认为哪个国家在
亚洲的影响力最大（N = 823）

823 个有效样本中，总体而言，认为中国在亚洲影响力最大的比例最高。没有手机的员工认为中国和日本在亚洲的影响力最大的比例相同，都在四成左右（42.86%）。在有手机并能上网的员工中，认为中国在亚洲的影响力最大的比例为 66.67%，认为美国在亚洲影响力最大的比例将近两成（19.08%），认为日本在亚洲影响力最大的比例为一成（10.05%）。在有手机但手机没上网的员工中，选择美国和日本的比例相同，均为 16.67%。按手机是否上网划分，认为中国在亚洲的影响力最大的比例最大，其次是美国和日本。

（二）中美影响力大小比较及正负面效应评价

在中国崛起的背景下，美国力量也开始往亚洲地区转移。为此，比较中美在员工视角下的亚洲影响力，既可以从一个侧面了解员工如何看待中美在亚洲地区的影响力，同时还可以了解其对中美影响力的对比态度。在问卷中具体体现的问题为"中国对越南的影响力有多大"，回答的选项为"没有影响""没多大影响""有些影响"和"很大影响"。从以性别划分的员工来看，如图 10 - 11 所示，在 903 个有效样本中，男性员工中认为中国对越南有很大影响的比例超过五

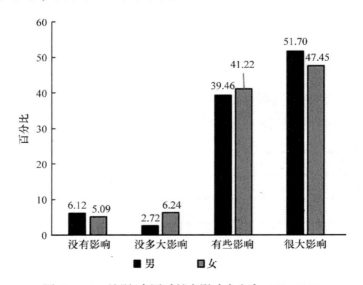

图 10 - 11　性别/中国对越南影响力多大（N = 903）

成（51.70%），认为中国对越南有些影响的比例将近四成（39.46%），也就是说员工认为中国对越南有影响的比例（认为中国对越南有很大影响与有些影响比例之和）高达九成（91.16%），认为中国对越南没有影响的比例为6.12%，认为中国对越南没多大影响的比例为2.72%。女性员工中认为中国对越南有很大影响、有些影响的比例分别为47.45%，41.22%，较男性而言，认为中国对越南有很大影响的比例稍低，认为中国对越南有些影响的比例稍高，但差距都不是很大。女性员工认为中国对越南没有影响和没多大影响的比例总和为一成左右（11.33%）。由此可知，就越南员工的性别而言，在看待中国对越南的影响力方面并不存在明显的差异性，绝大部分员工都认为中国对越南有影响。

就美国对越南的影响力而言，在以性别划分的越南员工中，如图10-12所示，在840个有效样本中，男性认为美国对越南有些影响和很大影响的比例分别为53.14%和26.94%，女性员工认为美国对越南有些影响和很大影响的比例分别为52.37%和26.19%。总体而言，男女性员工认为美国对越南有影响的比例上不存在太大的差异

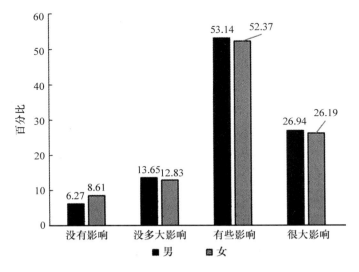

图 10 - 12　性别/美国对越南影响力多大（N = 840）

性。男女性员工认为美国对越南有些影响的比例都超过了五成。认为美国对越南没多大影响的男性（13.65%）比例多于女性（12.83%），认为美国对越南没有影响的女性（8.61%）比例多于男性（6.27%）。换言之，男性较女性更倾向于认为美国对越南有影响，但男女性员工选择的比例差异并不大。

从按年龄段分布的越南员工来看，如图 10-13 所示，在 903 个有效样本中，17—25 岁、26—35 岁与 36 岁及以上员工认为中国对越南有很大影响的比例分别为 50.00%、50.44%、42.33%，认为中国对越南有些影响的比例分别为 42.31%、39.65% 以及 40.49%，也就是前两个年龄段员工认为中国对越南有影响的比例总和都超过了九成，36 岁及以上年龄段的员工认为中国有影响的比例为八成左右（82.82%）。认为中国对越南没有影响以及没多大影响的比例在 36 岁及以上年龄段是最大的为 17.18%，高于 17—25 岁、26—35 岁年龄段的比例。由此可见，更年轻的员工相对而言更认可中国对越南的影

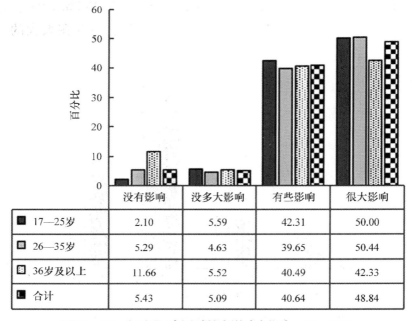

	没有影响	没多大影响	有些影响	很大影响
■ 17—25岁	2.10	5.59	42.31	50.00
▨ 26—35岁	5.29	4.63	39.65	50.44
▥ 36岁及以上	11.66	5.52	40.49	42.33
▦ 合计	5.43	5.09	40.64	48.84

图 10-13　年龄段/中国对越南影响力多大（N=903）

响力。这可能是由于更年青一代，通过各种渠道，对中越两国之间的交流合作有更多的了解，对中国的发展崛起有更强烈的感受，因此倾向于认为中国对越南有影响，且影响程度很大。

同样按年龄段划分，如图 10 - 14 所示，在 840 个有效样本中，处于 17—25 岁、26—35 岁与 36 岁及以上的年龄段的员工认为美国对越南有些影响的比例分别为 47.41%、56.09%、52.32%，认为美国对越南很大影响的比例分别为 31.11%、24.82%、22.52%。在 26—35 岁这一年龄段中，接近六成（56.09%）的员工认为美国对越南有些影响。17—25 岁这一年龄段的员工认为美国对越南有很大影响的比例（31.11%）是最高的。随着年龄的增加，认为美国对越南有很大影响力的比例是递减的，说明年青一代就美国对越南的影响力认知更强。与中国对越南的影响力总体比例相比，认为中国与美国对越南有些影响和有很大影响的比例上相差不大，但影响程度上中国仍超过美国。说明随着越南与各国开放交流的程度提高，年青一代对于大国

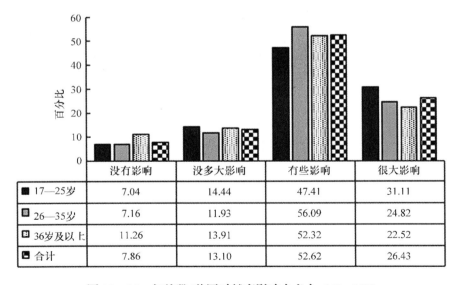

	没有影响	没多大影响	有些影响	很大影响
■ 17—25岁	7.04	14.44	47.41	31.11
▨ 26—35岁	7.16	11.93	56.09	24.82
▦ 36岁及以上	11.26	13.91	52.32	22.52
▨ 合计	7.86	13.10	52.62	26.43

图 10 - 14　年龄段/美国对越南影响力多大（N = 840）

的影响力相较于年纪稍大的一代，有更为明显的认知。

从按受教育程度划分的员工来看，如图 10 - 15 所示，在 895 个有效样本中，本科及以上学历员工认为中国对越南有很大影响的比例为 54.80%，是所有受教育程度里面比例最高的。中学学历员工认为中国对越南有很大影响的比例为 46.89%，小学学历员工认为中国对越南有很大影响的比例为 25.00%，说明学历越高的员工就中国对越南的影响力程度更为认可。此外，小学学历员工认为中国对越南有些影响和有很大影响的比例之和为 62.50%，中学学历员工认为中国对越南有些影响和很大影响的比例之和为 87.73%，而本科及以上学历员工认为中国对越南有些影响和很大影响的比例之和为 94.66%。由此可见，受教育程度越高的员工，越肯定中国对越南的影响程度。

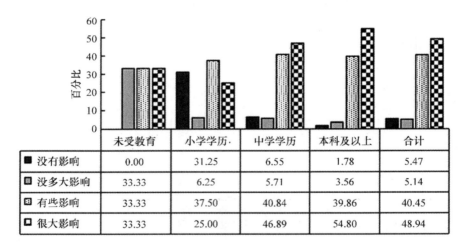

	未受教育	小学学历·	中学学历	本科及以上	合计
■ 没有影响	0.00	31.25	6.55	1.78	5.47
▦ 没多大影响	33.33	6.25	5.71	3.56	5.14
▣ 有些影响	33.33	37.50	40.84	39.86	40.45
▢ 很大影响	33.33	25.00	46.89	54.80	48.94

图 10 - 15 受教育程度/中国对越南影响力多大（N = 895）

就美国对越南的影响而言，从按受教育程度划分的员工来看，如图 10 - 16 所示，在 832 个有效样本中，大部分员工认为美国对越南有些影响，其中，本科及以上学历的员工认为美国对越南有些影响的比例最高，为 57.09%。小学学历和中学学历的员工认为美国对越南有些影响的比例分别为 46.15% 和 50.73%。说明随着学历层次的提高，认为美国对越南有些影响的比例也相应提高。除去未受教育的员工存在样本量有限的情况外，认为美国对越南有很大影响的比例也呈现同样的趋势，即学历越高，认为美国对越南有很大影响的比例也相应提高，其中比例最大的是本科及以上学历的员工的比例（31.72%），与图 10 – 15 本科及以上学历员工认为中国对越南有很大影响的比例（54.80%）相比，可以看出，高学历员工认为美国对越南有影响力，但程度上仍然不及中国。

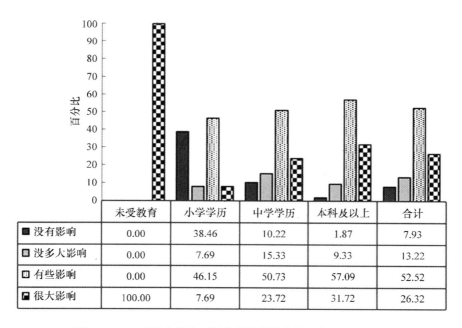

	未受教育	小学学历	中学学历	本科及以上	合计
■ 没有影响	0.00	38.46	10.22	1.87	7.93
▨ 没多大影响	0.00	7.69	15.33	9.33	13.22
▨ 有些影响	0.00	46.15	50.73	57.09	52.52
▩ 很大影响	100.00	7.69	23.72	31.72	26.32

图 10 – 16 受教育程度/美国对越南影响力多大（N = 832）

问卷中还访问了中美两国对亚洲的正负影响效应的评价。在问卷中具体体现为问题"美国/中国的作为对本地区有正面还是负面影响"，回答的选项包括"负面远多于正面""负面为主""正面为主"以及"正面远多于负面"。从表 10 – 17 可知，认为中国对越南本地区的影响正面为主的比例为 68.89%，正面远多于负面的比例为

17.53%，也就是说，越南员工认为中国对越南本地区的影响是正面的比例为86.42%。因此可以说绝大多数员工认为中国的发展给本地区带来了积极影响。认为中国在本地区的影响负面远多于正面的比例为3.83%，负面为主的比例为9.75%，即认为中国给本地区带来负面影响的比例为13.58%。而认为美国在本地区的影响正面为主的比例为67.16%，正面远多于负面的比例为18.84%，也就是认为美国在本地区的正面影响力的比例为86.00%。员工认为美国在本地区的影响力负面为主的比例为10.36%，负面远多于正面的比例为3.63%，即认为美国给本地区带来了负面影响的比例为13.99%。大体而言，员工普遍认为中美在亚洲地区的影响都是积极的，且比例上相差并不大。说明员工对中美在亚洲地区的影响力是普遍认可和接受的，并不排斥中美等国在亚洲地区的影响力。尤其是看待美国在亚洲地区影响力问题上，越南民众明显已不再以意识形态为主，而是更为现实和积极地看待美国的地区影响力。

表 10 - 17　　　　越南员工对中美在本地区的影响力评价的差异　　　　（单位:%）

国家	负面远多于正面	负面为主	正面为主	正面远多于负面
中国 N = 816	3.83	9.75	68.89	17.53
美国 N = 743	3.63	10.36	67.16	18.84

二　对大国未来影响力的评价

（一）十年后亚洲最有影响力的国家

问卷中访问了员工对十年后亚洲最有影响力的国家的预测。在问卷中的具体问题为"未来十年哪个国家在亚洲的影响力将会最大"，其回答选项包括"中国""日本""美国""印度"和"其他"。如图10 - 17所示，在761个有效样本中，从按性别划分的员工来看，男性员工选择中国、美国、日本、印度和其他的比例依次为79.30%、10.55%、7.03%、0.39%、2.73%。女性员工选择中国、美国、日

本、印度和其他的比例依次为 77. 03% 、10. 89% 、6. 93% 、0. 79% 、
4. 36% 。因此，从男女性别划分来看，选择国家的具体排序上没有差
异，接近八成的员工选择中国作为十年后亚洲最有影响力的国家，说
明员工对中国未来的发展潜力非常看好。其次都选择的是美国，比例
都在一成左右，与选择中国的比例差距还是非常大的，选择日本的男
女性比例与选择美国的比例差距不大，但都未超过一成，同时都只有
不到 1% 的男女性员工选择印度作为未来十年最有影响力的国家。

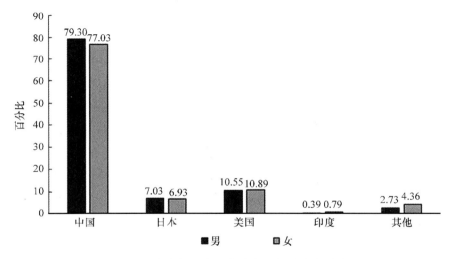

图 10 - 17　性别/未来十年哪个国家将在亚洲影响力最大（N = 761）

　　从按受教育程度划分的员工来看，如图 10 - 18 所示，在 754 个
有效样本中，本科及以上学历有超过八成（80. 15%）的员工认为未
来十年中国将在亚洲地区的影响力最大。而未受教育、小学学历、中
学学历的员工选择中国的比例相应为 50. 00% 、60. 00% 、76. 67% 。
说明随着学历层次的提高，选择中国的比例也相应提高，同时也说明
受教育程度较高的员工对中国未来的发展潜力普遍持积极的态度。而
选择美国是未来十年亚洲地区最有影响力国家的比例随着学历的升高
总体上是递减的，中学学历和本科及以上学历的员工选择美国的比例
都在一成左右，与选择中国的比例差距还是悬殊的。选择日本的比例

也呈现出与美国相似的态势，且中学学历和本科及以上学历的员工选择日本的比例均不超过一成，分别为 7.92%、5.34%。这说明学历层次越高的员工，越认为中国的未来发展潜力大于美国，也有少部分员工认可美、日的发展潜力，但比例上远小于中国。未受教育和小学学历的员工没有选择印度作为未来十年亚洲影响力最大的国家，中学学历和本科及以上学历的员工选择印度作为未来十年亚洲影响力最大的国家比例分别为 0.42%、1.15%，比例依然极小，说明员工基本不认为印度未来十年的发展会超过中美日等国，成为亚洲地区影响力最大的国家。

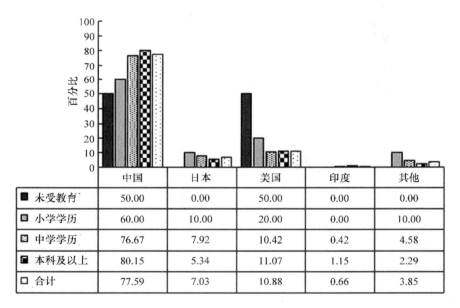

	中国	日本	美国	印度	其他
■ 未受教育	50.00	0.00	50.00	0.00	0.00
▣ 小学学历	60.00	10.00	20.00	0.00	10.00
▨ 中学学历	76.67	7.92	10.42	0.42	4.58
▦ 本科及以上	80.15	5.34	11.07	1.15	2.29
□ 合计	77.59	7.03	10.88	0.66	3.85

图 10 – 18　受教育程度/未来十年哪个国家在亚洲的影响力最大（$N=754$）

从按年龄段划分的员工来看，如图 10 – 19 所示，在 761 个有效样本中，17—25 岁、26—35 岁与 36 岁及以上的越南员工认为未来十年中国将在亚洲影响力最大的比例分别为 76.28%、78.41%、78.99%；认为未来十年美国将在亚洲影响力最大的比例总体排第二，比例分别为 12.25%、11.05%、6.72%；认为未来十年日本将在亚洲影响力最大的比例分别为 6.72%、5.91%、10.92%。总体而言，各个年龄段差距并不明显，其中认为未来十年中国在亚洲影响力最大的均接近八成。

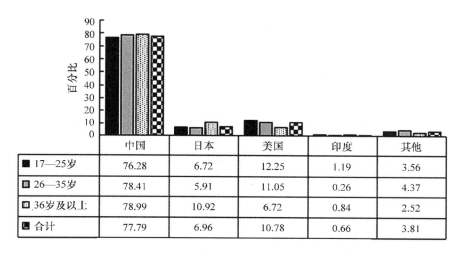

	中国	日本	美国	印度	其他
■ 17—25岁	76.28	6.72	12.25	1.19	3.56
▥ 26—35岁	78.41	5.91	11.05	0.26	4.37
▨ 36岁及以上	78.99	10.92	6.72	0.84	2.52
▦ 合计	77.79	6.96	10.78	0.66	3.81

图 10 - 19　年龄段/未来十年哪个国家将在亚洲影响力最大（$N = 761$）

（二）越南未来发展需要借鉴的国家

通过访问员工越南未来发展需要借鉴的国家，可以反映出员工对这些国家发展模式或者路径的认可程度。如图 10 - 20 所示，在 907 个有效样本中，总体而言，员工认为未来需要借鉴的国家中，中国的比例最高，四成左右（41.01%）的员工认为越南未来发展应该学习中国。紧随其后的是日本，比例为 33.30%，与中国的差距不大。这说明员工对中国和日本的发展模式还是很有信心且非常认可的。再次是美国，比例为 14.77%，这说明在员工看来，美国的发展模式未能得到很大程度的认可。认为越南未来发展需要借鉴韩国的比例为 4.47%。作为一个中等国家，能有这样的比例，说明韩国企业在越南有一定的影响力，得到部分员工的认可。认为越南未来发展需要借鉴印度的比例仍然很小，只有 0.33%，说明在越南员工看来，印度的存在感还是非常低的，这可能是由于越南与印度的交流合作相对较少。

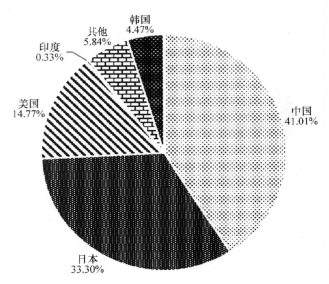

图 10-20 越南员工认为越南未来发展需要借鉴的国家分布（N=907）

从按照年龄段划分的越南员工来看，如图 10-21 所示，在 907 个有效样本中，认为中国应该成为越南未来发展需要借鉴的国家比例最高的是 36 岁及以上的年龄段的员工，比例为 51.97%；比例最低的是 26—35 岁年龄段的员工（38.19%），17—25 岁年龄段员工的比例为 39.86%，因此可以看出，年纪稍大的员工对中国的认同感更强，对中国的发展模式更为认可。从总体分布来看，每个年龄段认为日本应该是越南发展需要借鉴学习的国家的比例要高于美国，其中认为日本应该是越南发展需要学习的国家的比例最高的是位于 26—35 岁年龄段的群体，达到 37.34%，说明越南员工对日本的发展模式还是非常认可的。认为美国应该是越南发展需要学习的国家的比例总体排第三，其中最高的是位于 17—25 岁年龄段的员工的比例，为 19.22%，最低的是 36 岁及以上的年龄段的员工的比例，为 8.55%。说明年青一代的员工对美国的发展模式认可度比年纪稍大的员工高得多，表现出年青一代的选择更趋多样性。认为韩国应该是越南发展需要学习的国家的比例最高的是 36 岁及以上年龄段的员工，为 6.58% ，说明员工对韩国发展模式有一定的认可度。

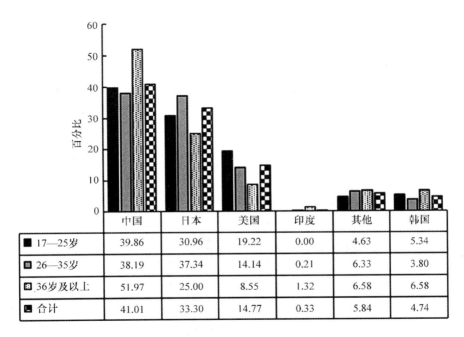

	中国	日本	美国	印度	其他	韩国
■ 17—25岁	39.86	30.96	19.22	0.00	4.63	5.34
▨ 26—35岁	38.19	37.34	14.14	0.21	6.33	3.80
▥ 36岁及以上	51.97	25.00	8.55	1.32	6.58	6.58
■ 合计	41.01	33.30	14.77	0.33	5.84	4.74

图 10 – 21　年龄段/以下哪个国家应该是越南发展需要借鉴学习的对象（N = 907）

从按受教育程度划分的员工来看，如图 10 – 22 所示，在 899 个有效样本中，总体而言，认为中国应该是越南发展需要借鉴学习的国家的比例最高。但随着学历层次的提高，认为中国应该是越南发展需要借鉴学习的国家的比例越小，其中比例最小的是本科及以上学历的员工，为 31.23% 。说明员工学历越高，对中国的发展模式或者路径的认可度反而越低。值得关注的是，日本在越南未来发展需要学习借鉴的国家中总体上排名第二，且随着学历层次的提高，认为日本应该是越南发展需要借鉴学习的国家的比例越大，其中比例最大的是本科及以上学历的员工，高达 43.51%，这与中国的情况恰恰相反，说明学历较高的员工对日本发展模式具有较高的认可度。中国应该关注这一点，采取有效措施，更有针对性地提高中国发展模式在越南高学历阶层中的认可度。认为美国应该是越南发展需要借鉴学习的国家的比例随着受教育程度的提高而递增，但相较而言，占比不及员工对日本的认可度。由此可见，学历越高的员工对越南未来发展需要学习借鉴的国家选择上更多元，对美日的认同度也更高。

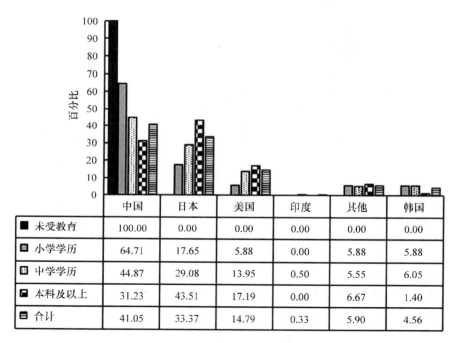

	中国	日本	美国	印度	其他	韩国
■ 未受教育	100.00	0.00	0.00	0.00	0.00	0.00
▦ 小学学历	64.71	17.65	5.88	0.00	5.88	5.88
▦ 中学学历	44.87	29.08	13.95	0.50	5.55	6.05
▨ 本科及以上	31.23	43.51	17.19	0.00	6.67	1.40
▤ 合计	41.05	33.37	14.79	0.33	5.90	4.56

图 10 - 22 受教育程度/以下哪个国家应该是越南发展需要
借鉴学习的对象 （N = 899）

（三）外援

据经合组织（OECD）数据显示，2007—2016 年，对越南已支付的发展援助达 385 亿美元，越南因此成为官方发展援助受益最多的国家之一。可以说，官方发展援助在将越南从一个穷国转变为一个中等收入国家方面发挥了重要作用。根据发展援助的数据显示，对越南贡献最大的国家主要是日本、法国、韩国、德国以及澳大利亚。其中日本是越南最大的援助国，2007 年至 2016 年，在越南所获得的全部发展援助中，日本提供援助所占的份额为 36%。日本对越南的官方发展援助主要侧重于五个领域：基础设施建设；机构援助和一般预算支持；环境保护；教育和医疗；农村发展。其中基础设施是重点，在 2007 年至 2016 年期间，越南交通部门一共接受了 66.4 亿美元援助，占日本对越南官方发展援助总额的 47%。[①]

问卷中同样涉及了对越南提供援助的问题，在问卷中的具体表述为"外援在越南的经济发展中扮演着重要角色，就您所知以下哪个国家为越南提供的外援最多"，其回答选项包括"中国""美国""日本""印度""韩国"和"不清楚"。根据表 10-18 可知，在 1011 个有效样本中，按受教育程度划分的越南员工来看，未受过教育的员工认为韩国为越南提供的外援最多的比例最高，达到 66.67%，其次是中国 33.33%，认为美日印等其他国家没有为越南提供援助。这说明韩国在受教育层次较低员工中的正面形象树立得很成功，但也不排除受教育层次较低的员工样本量有限，导致结果缺乏足够代表性的情况。受过小学教育的员工认为中国为越南提供的外援最多的比例为 40.91%，认为美国和日本为越南提供的外援最多的比例都未超过一成。受过中学教育的员工认为中国为越南提供的外援最多的比例为 35.86%，认为美国和日本为越南提供的外援最多的比例占一成左右。本科及以上学历的员工选择最多的选项是"不清楚"，说明员工就外国对越南的援助情况缺乏相应的了解。本科及以上学历的员工认为日本为越南提供的外援最多的比例居第二，为 27.71%，说明受教育程度越高的员工对越南官方发展援助状况相较而言更清楚一些。除了本科及以上学历的员工选择日本作为越南最大援助国的比例最高以外，其他学历群体除了不清楚的选项，都是将中国视为对越南提供外援最

① DEVAID LIMITED Development Aid, *Country Report Vietnam*, 2018, pp. 3-5.

多的国家，这可能是由于员工在中资企业工作加上爱屋及乌所致。

表 10 – 18　　　　按受教育程度划分的员工认为的为越南
提供外援最多的国家分布（N = 1011）　　　（单位：%）

最高学历	中国	美国	日本	印度	不清楚	韩国
未受过教育	33.33	0.00	0.00	0.00	0.00	66.67
小学学历	40.91	9.09	4.55	0.00	45.45	0.00
中学学历	35.86	12.95	11.61	0.15	37.05	2.38
本科及以上	19.43	14.65	27.71	0.32	35.99	1.91
总数	30.86	13.35	16.42	0.20	36.80	2.37

　　按照管理人员和非管理人员划分，如图 10 – 23 所示，在 1020 个有效样本中，管理人员中选择中国是对越南提供外援最多的国家的比例最高，达 31.91%，其次选择的是不清楚和日本，比例分别为 25.53% 和 25.00%，与选择中国的比例差距不是很大，选择美国的

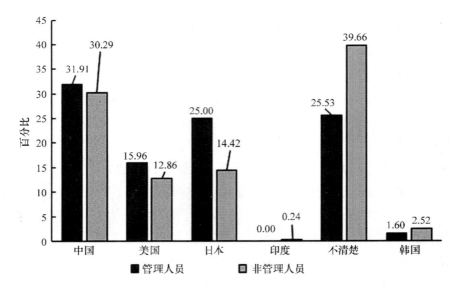

图 10 – 23　管理人员与非管理人员认为的为越南提供
外援最多的国家分布（N = 1020）

比例为 15.96%，没有管理人员选择印度作为对越南援助最多的国家。在非管理人员中，选择"不清楚"选项的比例高达近四成（39.66%），说明普通员工对外国援助一类的消息了解得并不多。选择将中国视为越南最大的外援国的比例为 30.29%，选择日本的比例为 14.42%，高于选择美国的 12.86%。尽管管理人员和非管理人员都选择日本作为最大援助国的比例次于选择中国的比例，但管理人员选择的中日两国之间的差距为 6.91%，明显小于非管理人员的 15.87%。

从按工作是否使用电脑划分的越南员工来看，如图 10-24 所示，在 1020 个有效样本中，根据实际调查的员工来看，工作中使用电脑的员工选择"不清楚"选项的比例为 36.23%，其余剩下的大部分工作中使用电脑的员工选择的是中国，比例为 28.26%，选择日本的比例为 19.38%，选择美国的比例为 14.49% 以及选择韩国的为 1.45%。在工作中未使用电脑的员工中，很大部分的员工选择的是"不清楚"，比例为 38.03%，其次选择的是中国，比例为 33.33%，接着选

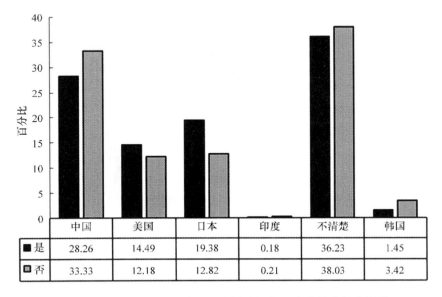

	中国	美国	日本	印度	不清楚	韩国
■ 是	28.26	14.49	19.38	0.18	36.23	1.45
▨ 否	33.33	12.18	12.82	0.21	38.03	3.42

图 10-24 按工作是否使用电脑划分的员工认为的为越南提供
外援最多的国家分布（$N = 1020$）

择的是日本，比例为 12.82%，其后是美国 12.18%，选择韩国的比例为 3.42%。按工作是否使用电脑划分的员工，在使用和未使用电脑的员工中选择印度作为最大的外援国的比例都极小。以上说明越南员工中不了解外援情况的比例最多，其次选择比例的排序为中国、日本和美国。

　　从按家庭是否上网划分的越南员工来看，如图 10－25 所示，在 1020 个有效样本中，家庭已上网的员工中选择"不清楚"选项的比例最高，为 36.73%，选择中国作为越南最大的援助国的比例为 30.61%，选择日本的比例为 16.76%，认为美国是越南最大援助国的比例为 13.64%，选择韩国的比例为 2.15%，最后是印度 0.11%。家庭未上网的员工中，选择最多的选项依然是"不清楚"，比例为 40.45%，选择中国的比例为 30.34%，认为日本对越南援助最多的比例为 12.36%，美国为 11.24%，之后是韩国的比例为 4.49%，选择印度的比例为 1.12%。除了选择"不清楚"的选项，认为中国是越南最大援助国的比例最高，均达到三成。选择日本的比例在各国中排第二，美国排第三。

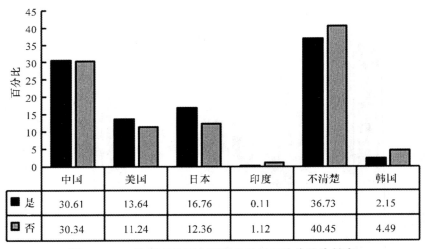

	中国	美国	日本	印度	不清楚	韩国
■ 是	30.61	13.64	16.76	0.11	36.73	2.15
▨ 否	30.34	11.24	12.36	1.12	40.45	4.49

图 10－25　按家庭是否上网划分的员工认为的为越南
提供外援最多的国家分布（N＝1020）

终　　章

　　2013 年以来，在革新开放的政策引领下，越南的政治、经济和外交工作取得了积极成效。其一，政治形势稳定，越共中央立足于全球化迅猛发展的时代背景，坚持走革新开放道路，加大反腐力度，适当简政放权，并切实推进信任测评工作，政局尚趋于稳定。对此，超过九成的受访中资企业对越南政治环境亦持乐观态度。其二，宏观经济维持高位增长，服务业成为发展主力。在谨慎稳健的财政政策和适度从紧的货币政策引导下，外贸外资规模持续扩大，通货膨胀控制在合理区间。其三，多元外交全面展开，积极推动东盟共同体建设，并将构建和谐周边和协调大国关系列为重点。越南以东盟主导的多边机制为契机，深入推进"越美全面伙伴关系""越日全面战略伙伴关系"等，加强与各大国在政治、安全、经济领域的合作。

　　值得注意的是，受中美贸易摩擦长期化的影响，为越南经济发展带来了诸多变数。由于美国对中国部分出口产品征收高关税，部分在华外资企业和中资企业将对美出口的生产基地转向越南等东盟国家，这将扩大越南等国的对美出口。同时，在全球价值链重组的背景下，部分在华外资企业和中资企业正将部分产业和生产工序转移到越南等东盟国家。但中美贸易摩擦加速新兴产业向越南转移的同时，也加大了越南对贸易摩擦转移的担忧。[1] 为了应对中美贸易摩擦升级引发的

---

① ［日］细川大辅：《美中贸易摩擦对于越南意味着什么》，《世界经济评论》2019年 7 月 1 日。

全球价值链和区域生产网络的重构，越南以签署 CPTPP 和 EVFTA 等多边经济合作协议为契机，积极调整产业政策和引资策略，采取各种有效措施不断加快基础设施建设，消除货物和服务流通障碍，利用比较成本优势，大力吸引跨国公司在当地投资设厂，承接部分劳动密集型产业和工序的转移，力争成为跨国公司的区域零部件供应商和组装厂，[①] 以延长越南的产业链，提升"越南制造"的质量和水平。越南的出口贸易、引进外资和产业升级因此获得了新的发展机遇，并给中国进一步扩大对越经济合作提供了难得的新机遇。但中资企业在越南面临诸多风险，其投资也存在一些问题，如何趋利避害，值得认真研究，并采取有效措施加以应对。

一　受访越南中资企业整体情况

近年来，中越关系也继续向纵深发展。两国高层领导互访频繁，虽受南海问题的影响而导致两国关系略有波动，但巩固与深化"全面战略合作伙伴关系"仍然是中越政治互动的主旨。对于南海问题分歧的管控，中越双方取得了共识，尝试通过新的方式来加强海上合作。两国在军事防务安全合作方面也取得了进一步的发展。两国各部门经常就党建、经济和社会发展、文化发展、对外工作、融入国际一体化等两党两国社会主义建设事业的重大议题开展深入讨论，并签订了多项重要合作协议。[②] 两国在政治安全领域的密切合作，促使经济领域的合作取得了长足进展。自 2013 年"一带一路"倡议提出以来，中越两国不断深化政策沟通和战略互动，初步实现了设施联通成果丰富、资金融通逐步推进、民心相通精彩纷呈的合作局面。据统计，2018 年，赴越中国游客达 500 万人次，中国成为越南最大客源国。

---

① ［新加坡］王勤：《中美贸易战对亚细安经济影响》，《联合早报》2019 年 7 月 18 日。

② ［越］《第十四次越中两党理论研讨会在胡志明市举行》，越南通讯社，https：// zh. vietnamplus. vn/第十四次越中两党理论研讨会在胡志明市举行/82678. vnp，2018 年 7 月 6 日。

同年，中越贸易额高达 1067 亿美元，同比增长 12.71%。其中，越南对华出口额约达 412.68 亿美元，同比增长 16.60%。越南对华进口 654.38 亿美元，同比增长 11.70%。[1]

关于受访中资企业，有六成左右（61.11%）为工业行业，五成（50.00%）为大型企业，中小型企业各占 25.00%，有 48.48% 的企业基于其的资质原因没有在中国商务部备案。有五成以上（58.33%）中资企业位于经济开发区，而且主要位于越南经济开发区内（50.00%）。有近三成（29.41%）的企业基于自身利益和企业规模的考虑而未加入越南中国商会；基于企业的规模、性质和越南员工的流动性等因素，有超过五成（54.29%）的企业没有建立自身工会。越南中资企业类型呈多元化态势，企业为国有控股占比仅两成左右（19.44%）。另外，受访企业中在中国有母公司的占比为六成左右（61.11%），其类型既有国有企业，也有私营企业和多元混合制企业。1995—2005 年注册和运营的企业占比相对较少，在一成左右；2006 年以后至今，在越南注册和运营的企业数量呈现出急剧和稳步增长的态势。这一变化客观上与中国实行"走出去"战略和"一带一路"倡议的推进以及越南对外经济政策和两国关系密切相关，相信在未来，将会有越来越多的中国企业赴越南投资。对于越南市场，受访企业普遍认为，政治环境变化对企业未来一年生产经营影响微乎其微。多数企业高管对越南市场都有着深刻的了解，并对在越投资项目充满热情，认为越南市场充满活力，投资潜力较大，有很大的发展空间。仅 2019 年 1—6 月，中国对越南出口同比增长 14%。一些中资企业加速把工厂迁往越南，把零部件和原材料从中国运往迁移目的地工厂的贸易也正在增加。[2]

---

① ［越］《越南与中国的双边贸易额突破 1000 亿美元大关》，《越南共产党电子报》，http://cn.dangcongsan.vn/news/越南与中国的双边贸易额突破 1000 亿美元大关/511383.html，2019 年 1 月 18 日。

② ［日］《中国贸易对象：美国被东盟取代降至第 3》，《日本经济新闻》2019 年 7 月 15 日。

据调查，在越南中资企业中，有近九成（87.87%）的企业是在2005 年之后开始在越南经营，中国股东基本一直控股。私营企业占比最多（45.46%），其次为国有企业（27.27%），再次为股份合作企业（22.73%）。私营企业主要位于中国经济开发区或者越南经济开发区。五成（50.00%）的私营企业位于中国经济开发区，41.67%的企业位于越南经济开发区。这与当地政府的经济开发区优惠政策以及企业集聚效应有关。从 2010 年开始，在中国商务部备案的中资企业数量急剧上升。2010—2015 年备案的中资企业较前五年增长 20%，达到 26.67%。2015—2016 年，在商务部备案的中资企业比例达到了 53.34%。备案企业的数量增长也从侧面说明中国商务部对赴海外投资企业的管理逐渐规范，企业投资人的备案意识也有所增长。其次，有超过三成（33.33%）的企业每周工作时间为 41—50 小时。许多中资企业为劳动密集型企业，实行每天八小时工作制以及每周六天工作制，多数越南员工没有加班意识。

由于国情不同，中资企业一般通过在越南投资前进行可行性调研，规避可能出现的投资风险。因行业不同、区域不同以及企业高层管理有无女性，中资企业开展可行性考察的比例略有不同。企业进行可行性调研与有无女性高管的关系密切度不高。但中资企业因行业不同、区域不同以及有无女性高管对企业未来一年生产经营风险预判有明显差异。其中，有女性高管的企业对于研发的关注度不足，更多关注中资企业数量的增加；而无女性高管的企业则认为研发后劲不足是未来一年中企业的主要经营风险。

关于越南中资企业的生产经营，超六成（66.67%）企业的主营产品在越南国内市场份额小于 10%，大部分企业的产品并未针对越南市场，以出口为主。今后，此类出口型为主的中资企业，应进一步改善其生产和销售等环节，以提高其主营产品在国际市场的份额。在销售方面，中资企业的竞争压力绝大部分来自外资同行，主要包括中国、欧美、日本以及韩国的企业。有超过六成的企业认为竞争越来越激烈，尤其是质量竞争以及价格竞争。这也要求中资企业进一步提升企业产品和服务的质量，并降低成本，从而不断增强核心竞争力。关于越南中资企业的融资情况，企业融资主要来源为母公司拨款，其次是银行贷款。一半（50.00%）企业的融资来自于中国国内母公司的拨款，两成左右（22.22%）的企业融资来自于越南国内银行和金融机构，超过一成（14.29%）的企业融资来自于中国国内银行和金融机构贷款。接近八成（78.26%）的中资企业没有贷款需求，经营与融资情况良好。

关于越南中资企业本地化经营程度，调查结果显示，中资企业中有非越南供应商的企业数量比例高出有越南供应商的企业数量比例约17个百分点，仅有一成（10.00%）的企业有越南本土销售商；在机器设备使用上，有超过七成的企业都或多或少地使用原产于中国的机器设备。受访企业的越南员工数量占全部员工的平均比例超过八成（82.31%），其中，越南员工数量占比最高的企业达98.35%。这说明企业在越南的供销本地化程度和生产本地化程度都不高，而雇用越南员工的本地化程度普遍较高，从一个侧面反映出中资企业赴越投资的目的之一在于利用当地相对廉价的劳动力。值得注意的是，在中资企业的中高层管理员工中，越南员工占比仅为24.39%，这不利于企业的本地化经营，需要下大力气培养并雇用更多的越南籍中高层管理员工。

针对越南基础设施对于中资企业的生产经营的影响，课题组调查发现，中资企业对于越南公共服务治理，税率、税收征收、工商许可对企业生产经营的妨碍程度，以及腐败、土地许可、政府管制与审批等问题对于企业生产经营的妨碍程度的认知，因企业所在区域和所属行业的不同存在明显差异。越南公共服务供给对中资企业的生产经营有着重要影响。税务机关对于中资企业的检查频次对企业生产经营因企业区域不同、行业不同影响略有不同。为减少损失，中资企业会通过向税务机构支付非正规费用来缩短进口申请时间。管理人员、技术人员的招聘难度对企业生产经营的妨碍也因区域和行业的不同，其影响也不尽相同。中资企业有无工会组织、有无女性高管与劳动力市场规制政策对企业生产经营有一定的妨碍，妨碍程度因行业不同而不同。而中资企业因区位、行业不同对水、电、网络和建筑的申请比例有着明显的差别，断水、断电和断网在一定程度上影响到企业的生产经营。对此，企业在一般情况下会采用向越南的主管部门或官员支付非正规费用来规避断水、断电、断网等情况，以避免更大的损失。

关于越南中资企业形象传播及越南对此的认可度，以及越南中资企业的公共外交，据调查，中资企业普遍存在海外宣传工作力度不够的问题，在此方面仍有较大的提升空间。有超过五成（55.56%）的中资企业并不重视对企业形象的媒体宣传，他们更加倾向于采取"只做不说"或"多做少说"的方式。在认可度上，企业主对企业产品与服务在越南本地认可度的打分中，均值在7—9分的分值最多（满分10分），这表明企业主对企业产品与服务在越南本地认可度基本持乐观态度。值得注意的是，企业社会责任的履行与国家形象两者呈正相关关系。从企业与当地政府官员和主要领导的接触来看，中资企业在越南开展公共外交仍处于起步阶段，与当地政府管理部门保持密切互动的情况并不理想。中资企业应提高企业公共外交的自觉意识和基本素养，完善规章制度，为传播中国文化、改善国家形象和维护国家利益发挥作用。

关于企业社会责任，大多数中资企业内部的社会责任机制还不够完善，但近年来都在加大对履行社会责任的资金投入。超过六成的企业在越南主要通过捐钱捐物来履行社会责任，也比较关注教育和社会服务方面的援助。因此，中资企业在越南开展文化交流活动援助的认可度相当高，同时更多是以捐钱捐物的方式进行公益慈善活动。相对而言，中资企业比较关注卫生方面的援助，但就修建寺院、水利设施、电力设施以及其他基础设施和社会服务设施援助而言，认为企业没有开展援助的员工比例相对较高。在员工最希望企业开展的具体援助中，企业进行公益慈善捐赠和卫生援助是做得相对很好的，而在社会服务设施和基础设施援助方面应予以加强。

二　受访越南员工整体情况

关于越南员工的基本人口统计特征，从年龄分布来看，主要以青壮年劳动力为主，即年龄段分布在 17—25 岁和 26—35 岁之间，占比超过了八成。从受教育程度来看，不论是按性别还是按年龄段划分，中资企业都偏向于招募受过中高等教育的越南员工，其占比都达到九成以上。从越南员工族群分布来看，以越南京族为主，占到91.99%，按性别进一步划分，其差异并不显著。从越南员工宗教信仰分布来看，不信仰任何宗教的占比极高，达到90.70%，男性和女性员工的宗教信仰差异并不显著。从越南员工婚姻状况来看，越南员工总体上处于结婚状态的比例较高，超过六成（63.32%），但是也存在着男女性别的差异，女性员工处于结婚状态的比例高于男性员工。在访谈过程中，女性员工更加关注个人隐私，因此处于其他状态的女性员工（3.33%）要远远高于男性员工（0.60%）。从员工出生地来看，越南员工有超过七成（73.54%）来自农村，按性别和年龄段划分员工出生地，其差别都不显著。

关于受访越南中资企业的员工构成，越南员工占比高达八成以上（82.31%），中国员工所占比例将近两成（16.76%），其他国家员工所占比例仅为 0.92%。这说明中资企业雇用员工本地化程度很高，一方面是由于外派中方人员的成本较高，中方外派人员主要以管理层、重要业务、核心技术人员以及市场开拓人员为主；另一方面是由于雇用本地员工的成本相对较低，可以有效地降低经营成本，而且还有利于避免文化差异造成的冲突。相比而言，越南劳动力素质比不少东南亚国家要高，年龄结构年轻的优势也很明显，而且民众普遍勤劳，但越南员工整体学历水平不高，集中于中学阶段，这在一定程度上制约了企业的发展，中资企业应充分挖掘这些员工的潜力和能力，根据企业的需求进行培训。

而随着大量的中资企业涌入越南，为求职者提供了大量的岗位，使得企业员工流动性变大。从 2017 年越南中资企业的招聘情况来看，

"求职者缺乏所需技能（72.80%）"和"求职者期望薪酬过高（58.00%）"是企业在招聘中面临的主要挑战；其次是"与求职者交流困难"和"求职者对工作条件不满"；然而"求职者过少"也成为企业即将面临的挑战。这说明招聘难已经成为越南中资企业普遍面临的困难，越南部分地区甚至出现了用工荒的苗头。面对招聘难问题，越南中资企业应全面、客观地分析判断，在劳动者就业、权益维护与企业生存发展之间找到平衡点，规范用工，落实员工福利待遇，树立"以人为本"的观念，积极改变内部就业环境。

随着中国企业"走出去"的快速发展，中资企业在越南与当地雇佣人员因劳动合同、工资福利待遇以及环境和资源保护力度不足等问题引发的纠纷时有发生。2018年，九成以上的中资企业与越南员工之间都没有发生劳动争议，说明绝大多数中资企业对越南的法律法规、风俗习惯、文化等还是有一定的了解，并按照越南相关规定和风俗做了一定的准备和安排，而且解决纠纷的效率也很高。但值得注意的是，产生劳资纠纷的企业，几乎都没有通过正规的途径来解决劳动争议。从中资企业自身的长远发展来看，采取非正规途径并不可取。中资企业需要对越南相应的法律法规进行深入的学习研究，采取正规、有效的举措加以应对，以避免引起不必要的争议。

对于越南员工的职业经历和工作环境、工作时间与职业培训和晋升情况，目前有一半（52.78%）的越南员工工作时长都少于两年，并且主要是通过招聘广告、通过亲戚朋友介绍和直接上门应聘这三种方式而获得现工作的。其中大多数（40.86%）员工都是通过亲戚朋友介绍而获得现工作的，且超过一半的（54.23%）员工有一个家人和自己在同一企业工作，这在一定程度上说明越南员工比较认同当前企业的工作环境和企业文化；超过七成（72.63%）的员工每周都需要工作6天，休息1天，而可以休息2天只工作5天的员工多为管理人员；各企业对员工进行的入职培训相对较少，培训最多的只有安全生产与技术性技能这两项，其余培训内容则很少涉及，说明中资企业对本地化人才的培训还不够重视，没有形成系统规范的职业培训体系与制度，是急需引起重视与亟待改进的部分。

关于越南员工的社会交往与社会距离，相比于建立疏远的社会关系，越南员工更愿意与外国人（美国人、日本人、韩国人、印度人、中国人）建立亲密的社会关系。同时，由于中越两国文化存在相似之处，绝大部分越南员工愿意与中国人保持亲密的社会关系。在对所在中资企业进行评价时，绝大部分越南员工认为企业尊重当地风俗习惯，对企业融入当地风俗习惯的政策和做法表示认同。对于中资企业是否尊重员工的宗教信仰问题，八成以上（86.21%）的越南员工表示企业尊重员工的宗教信仰。从越南员工对中资企业的工作时间评价来看，大部分（76.59%）越南员工对企业的工作作息时间表示认同。从对中资企业晋升制度的评价来看，接近七成（68.20%）的越南员工认为企业中外员工晋升制度基本或完全一致。由此可知，越南员工对中资企业的相关政策和做法有较高的认同感，对企业的相关政策和做法表示满意，这也说明中资企业在融入当地、员工管理的过程中制定的政策和办法与当地社会相适应。

关于越南员工个人和家庭收入、家庭地位和耐用消费品使用情况，目前，越南员工月收入普遍不高，大部分都属于中等阶层，且越南员工之间存在一定程度的收入差距，高薪群体绝大多数都是管理人员；男性比女性在收入和职业晋升上更有优势，而个人收入、家庭耐用消费品拥有率与受教育程度之间存在着正相关的关系，大多数越南员工都认为自己的家庭经济状况处于中等水平。越南员工家庭的汽车拥有率很低，且除手机以外，越南员工家庭拥有的耐用消费品超过半数都是日本品牌，而中国制造的产品占据的份额却是微乎其微，这体现出越南员工家电存在基本耐用消费品普及率较高，但是高档家电普及率低，城乡家电普及率差异大的现状。

关于中国产品和品牌，越南员工具有相当高的认知度，学历越高对于中国产品品牌的认知度相对较高，管理人员对中国品牌的认知度相对而言要高于非管理人员，且员工上网频率越高对中国产品品牌的认知度越高。关于越南员工印象最深的中国品牌，中国手机品牌在员工中有较高的认知度，其中尤以华为最为突出。而选择其他品牌的比例也相对较高，说明手机以外的其他品牌在员工中也有一定的知名度，但总体占比不及手机品牌。

关于受访越南员工对各国文化产品的消费情况，中国视听音乐产品是最受其欢迎的文化产品。其中有43.71%的越南员工经常观看华语影视剧，几乎是第二名韩国影视剧（24.39%）的两倍，而印度影视剧最不受员工待见。在音乐产品的消费方面，喜欢（包括喜欢和非常喜欢）华语音乐的越南员工达68.86%，而74.45%的员工选择不喜欢或非常不喜欢印度音乐。日本、韩国和美国的音乐受越南员工青睐（喜欢和非常喜欢）的比例都不超过四成。

通过越南员工对相关公共议题的评价数据可以看出，在大部分受访员工心里，普通民众与政治人物之间的心理距离相对较远；而普通民众之间的心理距离相对较近，相互之间有共同的利益和价值观是值得信赖的。同时，从政治决策参与意愿来看，受访员工有较高的政治决策参与意愿，但与此同时，有约一半的员工认为自己无法对政府的行为、决策产生影响。就越南员工参政议政而言，约有五成（55.91%）的受访越南员工参与了最近一次全国性选举的投票，这说明大部分越南员工的政治参与度较高，且男女性员工的投票频率差异不大，均超过了五成。学历和收入的不同对于越南员工参与投票的影响也不大。

在越南员工参与工会组织和社会保障方面，超过七成（74.80%）的员工都加入了企业工会，只有两成左右（20.47%）的员工加入了行业工会，当越南员工认为自身权利受到侵犯时，一般会先选择向企业管理部门和企业工会反映问题。

关于当前亚洲最有影响力国家，多数越南员工认为中国对越南的影响大于美国。就中美两国对亚洲的正负面影响效应的评价而言，员工对中美在亚洲地区的影响力是普遍认可和接受的，并不排斥中美等国在亚洲地区的影响力。员工对十年后亚洲最有影响力的国家的预测上，无论按照何种标准划分员工，其选择中国的比例都是最高的。员工认为未来需要借鉴的国家中，选择中国的比例最高，紧随其后的是日本，且与中国的差距不大。问卷中涉及了对越南提供援助的问题，员工均认为中国对越南提供的援助最多，但选择不清楚的员工比例相当高，说明实际上员工对于外国援助情况缺乏了解。

关于越南员工了解中国信息的渠道，越南员工获取中国信息的首要渠道为网络，占37.51%，企业内部员工和企业内部资料也是越南员工获取中国信息的主要渠道。不同层次的员工对获取中国信息的渠道体现出鲜明的特点。其中，低学历、低收入的中年女性员工使用电视了解中国信息的比例高于其他员工。而高学历、高收入青年男性员工从企业内部员工和企业内部资料里获取中国资讯的比例比其他员工高。从越南员工通过越南媒体关注中国信息的情况调查数据看，越南员工对接收有关中国的信息有一定的过滤，也可能是越南媒体对有关于中国的信息进行了过滤或把关。例如，越南员工对本国学生前往中国留学的新闻关注度最高（81.95%），对中国艺术演出新闻的关注度也非常高（71.59%），而对中国援建越南的道路、桥梁、医院和学校等新闻，只有不到一半（45.46%）的关注度，如何加大中国援越项目在越南的宣传力度和认知度，值得进一步研究。

三　越南中资企业面临的主要风险

总体来看，越南政治稳定、社会民主、投资政策环境基本稳定。越南与中国毗邻，文化相近，政治制度相同，近年来进一步融入国际经济，国内经济社会发展迅速，人民生活水平不断提高，但仍然处在从农业国走向工业国的过渡期，存在诸多不确定性和风险，值得认真对待。

第一，政策风险。越南实行革新开放以来，政府不断完善投资法律法规，朝着优化投资环境、完善投资配套服务的方向发展。但仍旧存在多方面的政治政策风险，需要中资企业密切关注。首先，政策调整频率较高，政策环境还不够稳定。越南并不满足于成为承接中国劳动密集型产业的洼地，为应对不断涌入的外资，将会逐步提高准入门槛，但其在"工业4.0"和"越南制造"上的雄心却仍然面临基础薄弱与能力不足的窘境。前往越南的中资企业既要依据越南中央规定的《外国投资法》和具体的实施细则，又要考虑各地不同的规避政策。一旦中央对地方进行约束，政府违约的风险就大大增加，损失最大的仍是中资企业。[①] 其次，地方政府的权限不断扩大，为吸引外资，各地政府给予外资的优惠政策差异较大。一些地方政府在制定区域规划上有欠考虑，其缺乏持续性的政策安排也让中资企业对投资越南心怀不安。再次，政策法规缺乏透明度，执行力不高。虽然近年来越南不断出台或修改与经济社会发展相关的法律法规，但频繁的政策调整势必会造成一定的不稳定性，且其法律法规在执行方面弹性较大，政策透明度低，一些优惠政策也存在不能及时兑现或肆意解释的情况。最后，政府行政效率不高，部分公务员存在腐败现象。一些政府主管部门的行政审批程序久拖不决，税务和税收手续繁杂。尽管越南已经颁布了严厉的反贪污法，惩治了不少贪污腐败者，并且予以曝光谴责，但腐败问题仍然比较严重。越南民众把贪污腐败称为"国难"，难以消除。[②] 此外，越南领导人虽然密集表态支持中国提出的"一带一路"倡议，但尚未正式把任何新的建设项目称作是"一带一路"倡议的一部分，[③] 这也值得引起注意。

第二，市场风险。首先，越南市场规模有限，经营风险较大。加入WTO后，越南政府大力吸引外资，世界许多国家与地区将投资目

---

① 自2017年以来，越南中央与地方政策的不确定性已成为外国企业前往越南投资的阻碍之一。例如，早在2018年8月，由中国承建的河内城市轻轨2A线（又称吉灵—河东线）项目就已完成列车与接触轨之间运作测试（即热滑测试），具备了运行条件，但直到2019年8月底，该轻轨仍未能正常运营。除合同遗留问题、扶梯、雨棚等细节之外，越南央地互动乏力和法律法规的对接困难也使整个项目被卡在最后一道关口而动弹不得。

② 潘金娥等：《越南革新与中越改革比较》，社会科学文献出版社2015年版，第112页。

③ ［新加坡］《5G不用华为，越南低调发展电信网络》，《联合早报》2019年7月22日。

光聚集越南。但越南市场规模较小，越南很难建立中国那样完整的工业部门和产业链，这导致即使企业在越南生产，其上游零部件还得从中国进口，企业生产成本增加，中资企业的投资风险较大。其次，中越产业结构趋同，企业竞争激烈。中越产业结构较为相似，尤其是在劳动密集型行业，中资企业在这些行业的投资将面临与其他外国企业和当地企业的竞争。而在资本与技术密集的行业，则面临来自日本、韩国及欧美企业的竞争压力。最后，经营成本上升，价格竞争压力开始凸显。近年来，越南原材料、劳动力、水电、地租等价格快速上升，增加了企业的经营成本。在调研过程中，很多受访中资企业高管也谈到了近一两年来越南劳动力成本不断上升的问题。而随着经济的快速发展，越南 CPI 指数居高不下，企业产品的价格优势开始下降，竞争压力增大。此外，越南近来对本国受益于中美贸易战的说法极为警惕，认为中美贸易战会让越南短期内受益，长期受损，越南政府甚至已经发出将对"过热"的投资市场展开清查的警告。①

第三，金融风险。首先，越南金融机构的发展滞后于总体经济的发展，金融体系仍不健全，金融体系还处于小、弱、差的状态，融资贷款和担保的渠道很有限，融资贷款和担保较难。其次，越南银行实力较小，不良资产比例较高，信誉不佳。近年来，中资企业对越出口贸易遇到多起越南商业银行无理或恶意拒付信用证的情况，应引起相关企业的高度重视。最后，越南政府对越南盾实行的是"管理浮动汇率制"，长期以来保持一种缓步贬值的格局，加上人民币汇率相对上升带来的风险，中资企业对越投资需要充分考虑这些因素。

第四，文化风险。从表面上看，越南的土地、厂房和人工成本确实比中国低，这也是中资企业近年来大举进军越南市场的主要因素。但由于中越双方的文化差异、语言差异，越南员工劳动效率较低且较缺乏稳定性和一定的诚信品质，也常出现翻译错误的问题和项目的欺

---

① 《中美贸易战赢家？越南不想接这顶帽子》，《环球时报》2019 年 7 月 26 日。

诈行为，这些会给中资企业带来意外风险。[①] 其中，文化差异是中资企业在越南面临的重要挑战之一。课题组通过调研发现，中资企业虽然在中国国内市场取得成功，但多数企业尚未改变其经营策略就进军越南市场。受制于中国式行政色彩的企业管理模式，加上企业过于依赖从中国派遣的高管和中国员工，导致中资企业难以和越南员工打成一片。从越南员工对所在中资企业文化的认同度来看，大部分越南员工对企业文化的认同度和信任度较高。但多位受访企业高管也谈到，中方管理层与越南员工之间依旧存在一些沟通不畅的问题，这值得中资企业注意。

四　规避投资越南风险的一些思考

针对以上风险，结合中资企业投资越南的经验和教训，对中资企业投资越南的风险规避提出以下建议：

一要熟悉并遵守越南法律法规，把握政策动向，利用好优惠政策。对一些与投资相关的土地、环保、进出口、金融、税收的政策走向一定要引起足够的关注。例如，越南正积极实施相关措施，鼓励和扶持中小企业参与全球价值链，这对于依托区域供应链推动产业集群形成的企业而言是个利好消息。[②] 但一些企业试图采取"转运""改签""组装"等方式将其产品经由越南出口至第三国的做法，将有可能面临巨大的风险。[③] 同时，企业要注意维护国家的整体形象，自觉遵守越南的法律法规，重合同，守信用，严格履行有关项目合同与融资合同，依法合规经营，按时还本付息付酬，对内对外都要树立诚实守信的良好形象。

---

① 《港媒：中国工厂从越南返回中国》，《环球时报》2019 年 7 月 15 日。

② ［新加坡］王勤：《中美贸易战对亚细安经济影响》，《联合早报》2019 年 7 月 18 日。

③ David Brown, "Why Vietnam Looks Like the Next Target of Trump's Tariffs", *World Politics Review*, 2 Jul 2019. ［新加坡］《中美贸易纠纷持续背景下，东南亚国家对美出口增加》，《联合早报》2019 年 7 月 6 日。

二要选择好项目，认真做好前期市场考察和项目调查。中资企业要优选有市场潜力、效益好、见效快且符合越南产业鼓励导向的行业作为重点投资领域，既充分利用当地资源，又有利于发挥中资企业在设备和技术上的比较优势。同时，要事先进行科学深入的项目可行性分析和论证，包括市场可行性分析、技术可行性分析、财务可行性分析以及投资硬环境和软环境的论证等。

三要加强投资风险防范，选择好合作伙伴。要未雨绸缪，采取积极稳妥的举措，有效应对越南产业链不完整、生产成本不断上升及其频繁调整进出口政策的局面。应充分考虑项目所在地的具体情况，选择那些经济实力较强、在当地有一定影响力、与政府关系良好而有信誉的企业开展合作。在合作中，还应注意充分发挥合作伙伴的作用。越南中央直属国有企业在各行业中占有重要地位，实力相对较强，资金较有保障，与其合作风险相对较小，但业务决策慢。越南私营企业数量很多，虽经营方式灵活，决策快，但规模小，信誉不一，抗风险能力弱，甚至个别企业在与中资企业合作过程中有恶性欺诈行为。

四要合法经营，规范操作，把好投资各个环节。中资企业要搞好生产经营管理，树立以质取胜的经营理念，也要不断拓宽销售渠道，延伸上下游产业链。企业与越方商谈合同时应严谨，对条款要认真推敲，仔细审核，避免漏洞。建议采取信用证结算方式，越方开证行应选择信誉好的银行，如越南外贸银行、农业与农村发展银行、投资发展银行等。此外还应特别注意防止越方在信用证条款中加入与国际惯例不相符的条款。执行时应严格按照合同，在商品质量、运输交货、制单等环节务必谨慎，防止被钻空子。此外，中资企业还要不断提高知识产权意识，重视商标专利延伸保护工作。①

---

① 商务部国际贸易经济合作研究院、中国驻越南大使馆经济商务参赞处、商务部对外投资和经济合作司：《对外投资合作国别（地区）指南：越南（2018 年版）》，2018 年，第 92 页。

五要认真核算成本，并充分利用中国出口信用保险公司（中信保）和中国进出口银行等提供的投保产品。中资企业在越投资的战略及实施中，应认真做好成本核算，选择好把哪些生产环节放在越南，既能发挥国内的优势，又能利用好越南的资源，以实现利润最大化。为支持中资企业"走出去"，中信保长期为企业提供海外投资保险、中长期信用保险和劳务出口保险。①

六要与国内外相关机构保持联络沟通，做好应急预案。为能掌握越南各项信息，中资企业一方面需要与国内相关机构多联络，如中国驻越南大使馆商务参赞处、总领事馆经商参室、越南中国商会及各地分会、在越中资企业各行业协会等，依法及时向商务部报备注册，随时关注中国驻越南使领馆和中国商会发布的各类信息；另一方面也应与越方机构沟通合作，如越南政府相关部门、越南驻华使领馆商务处、越南各行业协会等。企业在投资越南时，要有针对性地建立内部紧急情况预警机制，制定应对风险预案。在发生重大事故或遇重大问题时，应在第一时间向使领馆报告并做好协调，也应及时与当地政府有关机构进行联系，取得支持。②

五 深化中资企业本土化发展的若干思考

在"走出去"的过程中，中资企业很难将国内的成功经验不加删减地直接复制到越南，这使得"走出去"的中资企业想要获得与国内一样的政策支持几乎不可能，甚至还会遭遇投资对象国"朝令夕改"的情况。因此，对于中资企业而言，了解和严格执行越南的法律、政策和方针等是必需的，但完全依赖当地政府则是不现实的，而

---

① 商务部国际贸易经济合作研究院、中国驻越南大使馆经济商务参赞处、商务部对外投资和经济合作司：《对外投资合作国别（地区）指南：越南（2018 年版）》，2018 年，第 96 页。

② 商务部国际贸易经济合作研究院、中国驻东盟使团经济商务参赞处、商务部对外投资和经济合作司：《对外投资合作国别（地区）指南：东盟（2018 年版）》，2018 年，第 107 页。

且作为外国企业，在越南当地盲目进行所谓的政府公关在很多情况下甚至是危险的。① 有鉴于此，中资企业在越南能否做大做强，变"游牧式投资"为"落地生根"式投资，实现对越投资项目"走得出、站得稳、扩得大、延得长、回得来"这一可持续发展目标，就需要在如何融入越南经济社会方面认真谋划、切实执行。

第一，实施越南本土化战略，尽量雇用当地人才。中资企业融入越南社会的一个重要目的就是在管理、产品和技术的营销上尽快实现本土化。只有实现了经营管理中的本土化，才能真正贴近当地市场，因地制宜地制定适合与当地同行竞争的战略。企业要充分信任和使用越南员工，从而体现出对当地市场的信任和依赖，也表现出对当地民众的尊重，这有助于中资企业在越南民众和政府以及社会中树立良好的企业形象，并在激励员工方面发挥较大的作用，使得整个越南员工队伍更加稳定。因此，中资企业实施本土化战略的优势是显而易见的：一是为中越两种文化搭建桥梁，减少了因文化差异而造成的损失。二是更熟悉当地的经济法律制度，能及时做出正确且重要的决定。三是有助于降低人力资源使用成本，改善企业形象，也使本土员工队伍更加稳定。

第二，主动承担社会责任，热心公益事业，协助项目所在地的经济和社会发展。中资企业能否融入越南社会，其重要标志之一就是企业是否具有强烈社会责任感和积极回报当地社会。中资企业只有具备高度的社会责任意识，才能获得广泛的当地社会认可，实现持续长远稳定的发展。在调研过程中，也有很多中资企业表明在某些领域积极参与针对项目所在地的公益事业。今后，中资企业应更加积极地参与越南当地的各种社会公益事业，如环境保护、社区建设、扶贫助残，资助当地教育事业等。中资企业要注重可持续发展，保护当地生态环境，始终关注并及时解决由于自身业务发展所带来的资源、环境、安

---

① 张蕴岭主编：《海外公共安全与合作评估报告（2019）》，社会科学文献出版社2019年版，第74页。

全以及社会治理等问题。① 中资企业在实现自身发展的同时，也要力所能及地积极协助建设当地社区，兴建道路、桥梁、公园等基础设施，进行环境整治和美化。唯如此，才能不断培养和提升当地社区和民众对于中资企业的信任和情感。

第三，尊重当地文化传统和风俗习惯，密切与当地的关系，增强社会公德意识。越南社会有其特殊性，中资企业的中方员工要积极了解当地文化并学习当地语言，切记不要提及容易涉及民族感情的历史，自觉维护中资企业和中国公民的良好形象。中资企业要保持与越南政府和当地社区及居民的密切联系，适时拜会当地政府官员，邀请当地官员和社区代表参观企业和出席重大活动等，妥善处理与执法部门、工会和媒体的关系，重视企业形象宣传和公关工作，同时也要积极传播中国优秀传统文化。企业特别要重视企业形象的推广，可通过新闻公关、网络公关、举办企业庆典及参与社会公益活动等有效的传播方式来进行形象推广，让更多人认识与了解企业及其产品。

---

① 商务部国际贸易经济合作研究院、中国驻越南大使馆经济商务参赞处、商务部对外投资和经济合作司：《对外投资合作国别（地区）指南：越南（2018 年版）》，2018 年，第98—99 页。

参考文献

一 中文文献

（一）中文著作

毕世鸿：《冷战后日本与湄公河国家关系》，社会科学文献出版社 2016 年版。

毕世鸿等：《区域外大国参与湄公河地区合作策略的调整》，中国社会科学出版社 2019 年版。

蔡昉、［英］彼得·诺兰主编：《"一带一路"手册》，中国社会科学出版社 2018 年版。

查道炯主编：《一带一路案例实践与风险防范（经济社会篇）》，中国海洋出版社 2017 年版。

陈明凡：《越南政治革新研究》，社会科学文献出版社 2012 年版。

古小松：《越南国情与中越关系》，世界知识出版社 2008 年版。

古小松：《越南文化》，科学出版社 2018 年版。

谷源洋：《越南社会主义定向革新》，社会科学文献出版社 2013 年版。

广西社会科学院编著：《越南国情报告（2013）》，社会科学文献出版社 2013 年版。

广西社会科学院编著：《越南国情报告（2015）》，社会科学文献出版社 2015 年版。

国家市场监督管理总局国际合作司：《中国—越南营商环境比较研究》，中国工商出版社 2018 年版。

敬云川、解辰阳主编：《一带一路案例实践与风险防范（法律篇）》，中国海洋出版社 2017 年版。

柯银斌：《全球商业共同体：中国企业共建"一带一路"的战略与行动》，商务印书馆 2019 年版。

兰强、徐方宇、李华杰编著：《越南概论》，世界图书出版广东有限公司 2012 年版。

李志强：《中国企业赴菲律宾、越南、韩国投融资法律研究》，中国金融出版社 2018 年版。

罗梅主编：《越南国情报告 2015》，社会科学文献出版社 2015 年版。

潘金娥：《越南革新与中越改革比较》，社会科学文献出版社 2015 年版。

商务部国际贸易经济合作研究院、中国驻越南大使馆经济商务参赞处、商务部对外投资和经济合作司：《对外投资合作国别（地区）指南：越南（2018 年版）》2018 年版。

沈桂龙、张晓娣：《中国"一带一路"跨境园区发展报告》，上海社会科学院出版社 2018 年版。

滕成达：《越南当代民族问题和民族政策研究》，厦门大学出版社 2017 年版。

吴冰冰、于运全主编：《"一带一路"案例实践与风险防范（文化篇）》，中国海洋出版社 2017 年版。

习近平：《习近平谈"一带一路"》，中央文献出版社 2018 年版。

谢林诚主编：《越南国情报告 2016》，社会科学文献出版社 2016 年版。

谢林诚主编：《越南国情报告 2017》，社会科学文献出版社 2017 年版。

谢林诚主编：《越南国情报告 2018》，社会科学文献出版社 2018 年版。

薛力主编：《"一带一路"与企业行为：研究与实践》，中国社会科学出版社 2018 年版。

翟崑、胡然主编：《"一带一路"案例实践与风险防范（政治安全篇)》，中国海洋出版社 2017 年版。

张蕴岭主编：《海外公共安全与合作评估报告（2019）》，社会科学文献出版社 2019 年版。

赵磊主编：《"一带一路"年度报告：企业实践》，商务印书馆 2019

年版。

朱云影：《中国文化对日韩越的影响》，广西师范大学出版社 2007 年版。

［日］白石昌也：《越南政治经济制度研究》，毕世鸿译，云南大学出版社 2006 年版。

［日］园部哲史、大冢启二郎：《基于集群的产业发展：亚洲和非洲的比较研究》，包胜勇、尉建文、李国武译，民主与建设出版社 2015 年版。

（二）中文期刊与学位论文

陈红玉、刘健：《中国电视剧在越南传播研究》，《西南民族大学学报》（人文社会科学版）2018 年第 10 期。

陈明凡：《越南的司法改革》，《云南社会科学》2013 年第 1 期。

陈明凡：《越南的行政改革及其启示》，《世界社会主义与国际共运》2016 年第 1 期。

陈艺元：《2017 年东南亚国家"一带一路"五通指数解读》，《东南亚研究》2019 年第 1 期。

邓应文：《东南亚地区的中国商会研究——以越南、柬埔寨及印尼中国商会为例》，《东南亚研究》2014 年第 6 期。

金丹：《"一带一路"倡议在越南的进展、成果和前景》，《学术与探索》2018 年第 1 期。

李岚：《浅论跨国企业公共外交与企业社会责任实践活动的有机统一》，《国际市场》2012 年第 3 期。

刘旭东：《越南选举制度改革：历程、特征与展望》，《东南亚研究》2016 年第 1 期

孟广文、杜明明、赵钏、王继光、于淙阳、马祥雪、张宁月：《"一带一路"背景下中国海外工业园投资效益与启示——以越南龙江工业园为例》，《经济地理》2019 年第 6 期。

孟广文、杜明明、赵钏、王继光、于淙阳、马祥雪、张宁月：《中国海外园区越南龙江工业园投资效益与启示》，《经济地理》2019 年第 6 期。

潘金娥：《2013 年越南共产党党情：防治"内寇"与抵御"外敌"并举》，《当代世界》2014 年第 2 期。

潘金娥：《越南反腐的实践成效与借鉴意义》，《人民论坛·学术前沿》2018 年第 20 期。

潘金娥：《越南共产党关于党的建设的理论与实践》，《世界社会主义研究》2017 年第 8 期。

潘金娥：《越南以疑虑眼光审视"一带一路"》，《社会观察》2015 年第 12 期。

潘金娥：《越南政治权力结构特征探析》，《世界社会主义与国际共运》2017 年第 8 期。

曲智、李灿：《中国对越南直接投资现状及动因分析》，《现代商业》2016 年第 32 期。

太平、李姣：《中国企业对东盟国家直接投资风险评估》，《国际商务》（对外经济贸易大学学报）2018 年第 1 期。

杨健：《百年来越南的中国观演变轨迹及动因探析》，《云南师范大学学报》（哲学社会科学版）2018 年第 2 期。

张协奎、陈敬安：《中国企业投资越南基础设施建设探讨——中国企业投资东盟国家基础设施建设系列研究之二》，《广西大学学报》（哲学社会科学版）2019 年第 2 期。

赵卫华：《越南南海政策调整：演变与实质》，《东南亚研究》2019 年第 1 期。

陈光德：《中资企业在越南跨国经营的现状与对策研究》，硕士学位论文，广西大学，2017 年。

顾文忠：《企业社会责任对我国对外贸易的影响》，博士学位论文，南开大学，2012 年。

康琰：《中资企业赴越南直接投资影响因素探究》，博士学位论文，浙江大学，2017 年。

周进：《中国企业公共外交与国家形象塑造研究》，硕士学位论文，华中师范大学，2017 年。

二 英文文献

ASEAN Statistical Yearbook, 2018.

Chen Zhongxiao, Zhao Linlin, "SWOT Analysis of Chinese Iron and Steel Enterprises Investment in Vietnam Under the Background of New Policy and Economy in Vietnam", *DEStech Transactions on Economics, Business and Management icem*, 2016.

David Brown, "Why Vietnam Looks Like the Next Target of Trump's Tariffs", *World Politics Review*, 2 Jul 2019.

DEVAID LIMITED Development Aid, *Country Report Vietnam*, 2018.

Fang Lee Cooke, Zhaohong Lin, "Chinese firms in Vietnam: investment motives, institutional environment and human resource challenges", *Asia Pacific Journal of Human Resources*, Vol. 50, No. 2, 2012.

Goldstein, Andrea, *Multinational Companies from Emerging Economies: Composition, Conceptualization and Direction in the Global Economy*, Berlin: Springer, 2007.

IMF, *Country Report Vietnam*, April 29th 2019.

Kim Nguyen Thi, "The Significance and Performance of Listed Property Companies in Vietnam", *Pacific Rim Property Research Journal*, Vol. 16, No. 2, 2010.

Lamb, Vanessa, Nga Dao, "Perceptions and Practices of Investment: China's Hydropower Investments in Vietnam and Myanmar", *Canadian Journal of Development Studies/Revue canadienne d'études du développement*, Vol. 38, No. 3, 2017.

Ngo Christine Ngoc, "Industrialisation and the Triangular Rent-Seeking Relationship between Vietnam, Japan and China in Vietnam's Motorcycle Industry", *LIMESplus*, No. 3, 2014.

Odell, Andrew L., Marlene F. Castillo, "Vietnam in a Nutshell: An historical, political and commercial overview", *International Law Practi cum*, Vol. 21, No. 2, 2008.

OECD, *Country Report Vietnam*, 2018.

Ren Yi, "Motivation of Chinese Investment in Vietnam", *Chinese geographical Science*, Vol 16, No. 1, 2006.

Shieh Bih-Lian, Tzong-Chen Wu, "Equity-based Entry Modes of the Greater Chinese Economic Area's Foreign Direct Investments in Vietnam", *International Business Review*, Vol. 21, No. 3, 2012.

Stephen Frost, Mary Ho, "'Going out': the Growth of Chinese Foreign Direct Investment in Southeast Asia and Its Implications for Corporate Social Responsibility", *Corporate Social Responsibility and Environmental Management*, Vol. 12, No. 3, 2005.

Thomas Farole and Gokhan Akinci, eds., *Special Economic Zones: Progress, Emerging Challenges and Future Directions*, Washington D. C.: World Bank Group, 2011.

Vietnam Country Report, United Kingdom: Economist Intelligence Unit, 2019.

Vuong, Thi Minh Hieu, Kenji Yokoyama, "Is Vietnam Attractive to Japanese FDI Comparing to Thailand and China? An Attribute-based and Holistic Analysis", *The International Studies Association of Ritsumeikan University*, *Ritsumeikan Annual Review of International Studies*, No. 10, 2011.

ZulHazmi, *The state of Southeast Asia: 2019 survey report*, YUSOF ISHAK Institute, 2018.

后　记

　　自中国提出"一带一路"倡议以来，不得到了世界各国的响应，越来越多的国家加入共建"一带一路"。秉持"和平合作、开放包容、互学互鉴、互利共赢"的丝路精神和"共商、共建、共享"的合作理念，中国与"一带一路"沿线国家的合作不断加强和深化。作为以服务国家发展战略和地方经济社会发展为宗旨的综合性大学，云南大学积极响应国家"一带一路"倡议，并在校内设立了双一流项目"'一带一路'沿线国家综合数据调查"，旨在为中国"一带一路"建设和研究提供一套完整的跨国比较调查数据。

　　为了推动这一重大课题的顺利开展，由毕世鸿担任越南国别课题组长，邀请校内国际关系研究院、外国语学院、"一带一路"研究院相关师生组成课题组，2018 年 12 月至 2019 年 4 月期间，共对河内市、海防市、海阳省、太平省、北江省等越南北部地区的中资企业开展了密集调研，全面深入地了解越南的基本国情、中资企业在越南的营商环境，了解当地员工对区域合作和双边、多边关系的态度和看法以及掌握当前中资企业面临的问题和困难。同时加强校企合作，努力为企业解决所面临的问题和困难提供智力支持，从而进一步推动中资企业在越南的投资，服务国家"一带一路"建设和云南大学的"双一流"建设。

　　在调研和访谈过程中，根据商务部对越南投资企业备案名单，课题组从问卷的设计到样本抽取都严格按照社会调查的科学标准，以电子问卷和一对一访谈的方式进行，确保调查数据的真实可靠，具有较强的说服力和科学性。通过密集的现场调研，最终课题组共获得合格问卷1061份（其中企业问卷36份，越南员工问卷1025份），圆满完成了调研任务，达到了课题组事先确定的调研目标。首先，各部门紧密协调，企业与课题组相互配合、共同努力，确保了调研的数量和质量。其次，课题组将科研教学地点前移至中资企业现场，让云南大学师生走进中资企业，通过访谈亲身感受企业的文化及其经营环境，增进了师生们对中资企业及越南政治经济社会状况的了解，也增强了云南大学学生在今后择业过程中主动选择到越南中资企业工作的信心，为企业送上人才的同时也为解决学生就业问题找到了新途径。最后，在对中资企业的访谈和交流过程中，深化了中资企业对云南大学的认知，已有数家中资企业表达了希望成为云南大学教学科研实习基地的意愿，这将进一步促进云大开展校企合作和国际化发展的进程。

其后，在技术和后勤等各组的高效保障之下，同时吸收借鉴了有关专家学者的宝贵意见，课题组对调研所得数据做了详细分析，积极撰写研究成果，适时调整原定的研究框架，继而形成了本书这一最终成果。本书写作具体分工如下：毕世鸿（国际关系研究院）负责全书框架的设计，指导第一章、第二章、第三章、第六章、第十章的写作，并负责终章的撰写；史雷（"一带一路"研究院）完成第四章、李梅芳（外国语学院）完成第五章、金敏（外国语学院）完成第七章、王继琴（外国语学院）完成第八章、张绍菊（外国语学院）完成第九章的写作。国际关系研究院的苏蕾、林友洪、杨雨、宋洋、屈婕分别参与了第一章、第二章、第三章、第六章、第十章的初稿撰写，陈丽负责各章的修改和统稿等工作。最终成果由毕世鸿负责修改、更新、完善和校对。

课题组的调研工作得到了商务部、中国驻越南使领馆、云南省商务厅、云南省外事办公室、云南省驻越南（河内）商务代表处、越南相关高校、越南中国商会及其各地分会，以及受访越南中资企业的大力支持。在本书即将出版之际，我们要由衷地感谢为课题研究提供宝贵意见的各位领导和咨询专家，为课题组提供调研便利的国内外相关机构，以及接受课题组访谈的中越两国各界人士。没有这么多方面的支持与帮助，我们的研究规划、调研访谈和成果撰写是不可能顺利完成的。

　　本课题的研究和本书的写作属于文理工兼收、产学研结合、国内外联动的一项创新工程，打破了院系专业之间、学科之间、学科与社会之间的壁垒，体现了新文科建设交叉融合的特点，基本实现了云南大学通过本项目促进"科研、教学、就业和国际化全面发展"的目标。但由于受作者学识水平以及各种客观条件的限制，我们的研究成果肯定还有不足之处。特别是课题组未能对以胡志明市为中心的越南南方地区开展调研，实属憾事，此项工作将留待合适的时机逐步推进。凡此种种，不一而足。敬请各位专家和读者批评指正。

毕世鸿

2020 年 3 月